KB174871

한국고대사 탐색의 세 가지 시선

1 사료의 번역문 중 [　] 부분은 매끄러운 이해를 위해 저자가 보충하거나 부연 설명한 것이다. 사료의 번역은 가능한 우리말로 풀이하되, 필요한 경우 (　)에 원문을 병기하였다.

2 중국의 지명은 독서의 편의를 위해 한자음으로 표기하였다. 다만 이미 관용적으로 굳어진 것은 중국식 발음으로 표기하였다.

3 국왕의 명칭 옆에 병기한 것은 재위연도이다.

4 고고 자료의 명칭은 한글로 뜻을 풀이하고, 한문식 전문 용어를 병기하였다.

5 사진은 대부분 저자가 직접 촬영한 것이다. 박물관에서 촬영한 사진은 해당 박물관을 표기해 소장처를 밝혀두었다. 문화재청 홈페이지의 국가문화유산포털 사진을 활용했을 경우 출처를 표기하였다. 다른 책의 사진이나 도면을 활용한 경우 출처를 밝혔다. 다만 일부는 출처를 알지 못해 표시하지 못한 것도 있다. 해당 저작권자의 연락을 기다린다.

# 한국고대사 탐색의
# 세 가지 시선

장창은 지음

역사인

# 책을 내면서

올해는 저자가 강단에 선 지 16년째 되는 해이다. 저자는 국민대학교와 한국 방송통신대학교에 출강하다가 2015년 2학기부터 제주대학교 사학과에서 학생들에게 역사를 가르치고 있다. 그동안 강의한 교과목은 교양 한국사 성격의 것도 있었지만, 「고조선과 고대사회」, 「한국고대의 생활과 문화」, 「한국고대사」, 「역사학과 고고학」, 「역사학과 박물관」 등 한국고대사와 관련한 것이 많았다.

저자는 매주 강의할 때마다 강의할 내용의 자료를 정리하여 온라인상으로 수강생들에게 미리 배포한다. 여기에는 저자의 글씨 쓰는 속도가 워낙에 느려서 주요 용어 중심으로 간단히 판서하려는 얄팍한 의도도 있다. 하지만 수강생들에게 가능하면 많은 사료를 제시해 주고, 그것에 기반한 역사 해석을 시도하는 데 근본적인 이유가 있다. 대학에서의 역사 교육은 역사학자들이 정리한 이른바 '통설'을 무비판적으로 암기하는 것이 아닌, 비판적인 사고능력을 길러주는 방향으로 추구돼야 한다고 믿기 때문이다. 곧 역사 해석의 '결과'만이 아니라 우리에게 역사적 사실로 알려진 것들이 어떤 자료에서 추출된 것인지 '과정'을 보여주고 싶은 것이다. 특히 한국고대사의 경우 사료가 단편적이고 한정되어 있어, 다양한 해석의 영역이 존재하는 경우가 많다. 따라서 자유로운 사료의 음미와 비판적 검토를 통해 역사학 본연의 학문 가치를 체득할 수 있다.

이 책은 저자가 그동안 강의하면서 정리해 두었던 자료를 일반 독자들과 소통·공유하고자 기획되었다. 강의록을 기반으로 하고 있지만, 교재의 성격보다는 한국고대사를 쉽고 재미있게 이해하는 데 서술의 중점을 두었다. 시중에 나와 있

는 한국고대사 관련 교양도서는 국가별 또는 주제별로 구성되어 있다. 국가별 서술은 한국고대사 흐름의 전반을 이해하는데 유효하지만, 개설식이어서 독자들이 흥미를 가지고 읽어내기가 쉽지 않다. 반면에 주제별 서술은 흥미를 유발하기에 좋지만 자칫 서술 내용이 빈약할 가능성이 다분하다. 이에 이 책에서는 두 가지 서술방법을 조합하여 저자의 세 가지 시선으로 한국고대사를 탐색하는 방법을 선택하였다.

제1부는 '정치·사회사로 본 고대사'이다. 전체적으로 고조선으로부터 고구려·백제·신라 역사의 시대적 흐름을 담아내면서, 세부적으로는 주제를 잡아 재미있게 서술하고자 했다. 제2부는 '생활·문화사로 본 고대사'이다. 고대 사람들의 의·식·주와 요람에서 무덤까지의 각종 생활문화사를 선사시대부터 통일신라 시대까지 다루었다. 주제별 구성을 하면서도 세부적으로는 국가별 내용과 특징을 정리하였다. 제3부는 '유물·유적으로 본 고대사'이다. 선사시대부터 삼국시대의 중요한 고고학 발굴 성과와 그것이 가지는 역사적 의미를 소개하였다. 차례는 한국고대사의 시공간적 흐름을 감안하여 구성하였다.

한국고대사는 시기적으로 연구범위가 넓을 뿐 아니라 여러 국가들의 흥망성쇠가 복잡하게 얽혀 있어서 일목요연하게 정리하는 것이 쉽지 않다. 이 책의 경우 각 부만의 내용으로는 한국고대사 전체를 이해하는 데 부족한 부분이 많다. 다만 전체 3부의 내용을 조합할 경우 이러한 약점이 상쇄될 것이다. 그럼에도 불구하고 이 책에서 가야사와 발해사를 거의 다루지 못한 것은 아쉬운 면이자 분명한 한계이다. 저자의 학문 역량 부족에서 기인한 것임을 고백한다.

이 책의 내용 중에는 저자의 독창적인 생각도 곳곳에 있지만, 학계의 공인된 연구 성과를 정리·소개하는 데 주안점을 두었다. 제3부 고고자료의 현장 중에는 저자가 직접 가보지 못한 곳도 있다. 특히 중국에 남아 있는 고구려 산성과 고분은 동북아역사재단에서 발간한 책을 많이 참고하였다. 학술논문이라면 일일이 각주를 달아야 마땅하지만, 교양도서로서의 가독성을 고려해 각주를 생략하였다. 관련 연구자와 독자 여러분의 너그러운 양해를 구한다. 다만 책의 뒷부분에 각 부의 내용을 서술하는데 참고한 연구 성과와 도움이 될 만한 책을 소개하였다.

연구자로서의 족적도 변변치 못한 저자가 일반인을 대상으로 한 교양도서를 출간하는 데 주저됨이 많은 것도 사실이다. 그러나 '지식은 다른 사람들과 공유할 때 진정한 의미가 있다'는 소명의식을 가지고 강단에 선만큼 부족하지만 용기를 내기로 결심하였다. 이 책에서 채우지 못한 부분은 독자 여러분의 조언을 자양분으로 삼아 추후 보완할 것을 약속드린다.

저자가 학문의 길에 들어서서 그나마 지금 이 자리에 설 수 있었던 데에는 두 분 은사님의 영향이 절대적이다. 학부는 물론 석·박사과정 내내 저자를 지도해 주신 김두진 선생님께서는 사료에 입각한 실증사학적 연구방법과 역사학자로서의 소명의식을 내내 강조하셨고, 또 몸소 실천하는 모범을 보여주셨다. 선생님께서는 정년퇴직 후에도 두 권의 연구서(『삼국유사의 사학사적 연구』, 『삼국시대 불교신앙사 연구』)를 출간했고, 지금도 새로운 저서를 작업 중이시다. 국민대학교 한국역사학과의 문창로 교수님은 학문적 선배이자 인생 멘토로서 저자를 항상 이끌어주고 힘들 때마다 격려해 주신다. 그동안 두 분 선생님의 무한한 사랑이 담긴 거름을 담뿍 받고 연구자로서 성장해 왔다. 이제부터는 꽃을 피우고 열매를 맺어 보답을 드릴 때이다. 항상 건강하셔서 언제나 바라볼 수 있는 그 자리에 계셔 주시기를 기원한다.

저자는 2015년 2학기부터 제주대학교 사학과에 부임하였다. 서울에서의 시간강사 생활도 나름대로 만족하며 지내왔지만, 지금은 좀 더 안정적인 환경에서 연구와 교육에 매진할 수 있게 되었다. 저자를 한 식구로 받아주시고 마음 편하게 제주생활을 할 수 있도록 배려하고 격려해주는 사학과의 김동전·문혜경·정창원·전영준·양정필 교수님께도 진심어린 감사의 말씀을 드린다. 뭐든지 열심히 하고 착하기까지 한 학생들과 함께 하는 지금의 생활이 무척 행복하다. 이제 저자는 제주대학교 인문대학 사학과 숲의 한 그루 나무가 되었다. 앞으로 제자들에게 학문적 열매를 제공할 수 있는 튼실한 나무로 성장하기 위해 더욱 정진할 것을 다짐한다.

경인문화사의 한정희 사장님은 여러모로 녹록치 않은 사정에도 불구하고 이책의 출간을 선뜻 맡아주셨다. 이번에는 특별히 역사 교양도서를 전문적으로 출판하는 역사인에서 책을 예쁘게 편집해 주었다. 한정희 사장님의 후의와 편집자 유지혜 씨의 노고에도 감사드린다.

제주생활을 시작하면서 부모님과 장인·장모님께 자주 찾아뵙지 못해 죄송하다. 무뚝뚝한 성격 탓에 평소 당신들의 사랑에 대한 감사함을 잘 표현하지 못한다. 그나마 책을 낼 때마다 이렇게라도 내 마음을 표현할 수 있어서 다행이다. 자식과 사위에 대한 절대적인 지지와 성원은 저자가 어떠한 풍파에도 흔들리지 않는 원동력이다. 네 분이 건강하시기를 간절한 염원을 담아 기도한다. 마지막으로 역사를 전공하는 남편과 아빠를 둔 덕분에 본의 아니게 전국을 함께 답사해 준 사랑하는 아내 정미혜, 그리고 하나밖에 없는 나의 분신 현욱이와 이 책 출간의 기쁨을 나누고 싶다.

2019년 2월
제주대학교 연구실에서 장창은 씀

# 차
## 례

## 1부
# 정치·사회사로 본 고대사

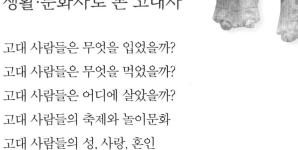

## 2부
# 생활·문화사로 본 고대사

## 3부
# 유물·유적으로 본 고대사

# 1부

# 정치·사회사로
# 본
# 고대사

# 단군, 신화에서 역사로

원시·고대인들은 인간사에 신이 개입한다고 믿었으며, 문화와 제도도 초자연적 존재에 의해 비롯된다고 여겼다. 때문에 신들의 서사적인 이야기인 신화神話를 남겼다. 신화는 얼핏 믿기 어려운 이야기적 요소가 많아 역사적 사실과 무관한 듯 보인다. 그러나 신화 역시 과거의 사실을 설명한다는 점에서 보면 역사의 일부분이다. 다만 고대 사람들의 논리와 사고구조에 따라 서술되어 있어 과거를 설명하는 방식이 역사시대의 기록과 다를 뿐이다.

신화는 대체로 오랫동안 구전되다가 나중에 문자의 형태로 역사책에 남겨지게 된다. 곧 시간의 흐름에 따라 후대적인 윤색이 계속 덧붙여질 수밖에 없다. 따라서 신화를 성립시킨 그 시대 사람들의 생각 논리를 이해하고 이를 바탕으로 신화에 반영된 역사적 사실을 찾는 것이 중요하다.

단군신화는 우리 역사상 첫 국가인 고조선의 개국신화이다. 단군신화를 살피지 않고 고조선의 건국을 이야기할 수는 없다. 그런데 누구나가 알고 있는 단군신화의 내용은 비합리적인 요소가 많다. 그 때문에 단군신화에서 객관적인 역사적 사실을 이끌어 내는 것이 쉽지 않게 생각된다. 하지만 그동안 역사학·인류학·민속학 등 다양한 관점에서 많은 연구자들이 단군신화를 분석해 왔다. 이러한 분석의 틀과 안목을 가지고 단군신화를 살펴보기로 한다.

## 『삼국유사』와 『제왕운기』에 남겨진 단군신화

단군신화가 오롯이 담겨 있는 역사책으로 오늘날까지 남아 있는 것으로는 일연의 『삼국유사三國遺事』(1283~1289)와 이승휴의 『제왕운기帝王韻紀』(1287)가 있다. 먼저 이들 사서에 전해지는 단군신화의 내용을 살펴보기로 하자.

『위서魏書』에 이르기를, 지금으로부터 2천 년 전에 단군왕검壇君王儉이 아사달阿斯達(경經에는 무엽산無葉山이라 했고, 또 백악白岳이라고도 했는데, 백주白州 땅에 있다. 혹은 개성 동쪽에 있다고도 하는데 지금의 백악궁이 이것이다.)에 도읍을 정하고 나라를 열어 조선朝鮮이라 불렀는데 [중국의] 고高[요堯]와 같은 때이다.

『고기古記』에 이르기를, 옛날에 환인桓因(제석帝釋을 이른다.)의 여러 아들 중 환웅桓雄이 자주 천하에 뜻을 두고 인간 세상을 탐하여 구했다. 아버지는 아들의 뜻을 알고, 삼위태백三危太伯을 내려다보니 인간세상을 널리 이롭게 할만 했다. 이에 천天·부符·인印 3개를 주어 가서 다스리게 하였다. [환]웅은 무리 3천을 거느리고 태백산太伯山(태백은 곧 지금의 묘향산이다.) 정상의 신단수神壇樹 아래로 내려와 이곳을 신시神市라 불렀다. 이분을 환웅천왕桓雄天王으로 불렀다. [환웅은] 풍백風伯·우사雨師·운사雲師를 거느리고, 곡식·생명·질병·형벌·선악을 주관하고, 무릇 인간[세상]에 관한 360여 가지 일을 맡아 세상에 머물러 다스리며 교화하였다.

이때에 곰과 호랑이 한 마리가 같은 굴에서 살았는데, 항상 신웅神雄에게 사람이 되기를 빌었다. 이때 신神[환웅]이 신령한 쑥 한 줌과 산蒜 20쪽을 주면서 말하기를 "너희들이 이것을 먹고 햇빛을 1백일 동안 보지 않으면 곧 사람의 모양이 될 것이다"라고 하였다. 곰과 호랑이가 그것을 얻어서 먹었다. 금기한 지 21일 만에 곰은 여자의 몸을 얻었으나, 호랑이는 금기하지 못해서 사람의 몸이 되지 못했다. 여자가 된 곰은 혼인할 상대가 없었으므로 항상 단수壇樹 밑에서 아이 배기를 빌었다. [환]웅은 이에 잠시 [사람으로] 변하여 그와 혼인하였다. [웅녀가] 임신하여 아들을 낳았는데 단군왕검壇君王儉이라고 불렀다.

[왕검은] 고[요 임금]가 왕위에 오른 지 50년이 되는 경인년(요 즉위 원년은 무진戊辰[기원전 2333년]이니 50년은 정사丁巳이지 경인이 아니다. 아마도 그것은 사실이 아닌 것 같다.)에 평양성平壤城(지금의 서경西京)에 도읍하고 처음으로 [나라 이름을] 조선朝鮮이라고 불렀다. 또 백악산 아사달로 도읍을 옮겼다. [그곳을] 궁弓(혹은 방方)홀산忽山 또는 금미달今彌達이라고 한다. [단군왕검은] 1,500년 동안 나라를 다스렸다. 주周 호왕虎王[무왕武王]이 왕위에 오른 기묘년己卯年[기원전 1122년]에 [무왕이] 기자箕子를 조선에 봉하였다. 단군은 이에 장당경藏唐京으로 옮겼다가 나중에 아사달에 돌아와 숨어서 산신이 되었으니, 나이가 1,908세였다.

－『삼국유사』 권1, 기이1 고조선 왕검조선

처음에 누가 나라를 열었던고
석제釋帝의 손자 이름은 단군檀君일세

(본기本紀에 말하기를, 상제上帝 환인桓因은 여러 아들 중 웅雄이라 불리는 아들이 있었다. [웅에게] 일러 말하기를 "내려가 삼위태백에 이르러 널리 인간을 이롭게 할 수 있을까"라고 하였다. 이에 웅이 천天·부符·인印 세 개를 받고 귀신 3천을 거느려 태백산 정상의 신단수神檀樹 아래로 내려왔다. 이분을 단웅천왕檀雄天王이라 이른다고들 한다. 손녀로 하여금 약을 먹어 사람이 되게 하여 단수신檀樹神과 혼인하여 아들을 낳았는데, 단군檀君이라고 불렀다. [단군은] 조선의 땅을 차지하여 왕이 되었다. 그러므로 시라尸羅[신라]·고례高禮[고구려]·남북옥저·동북부여, 예穢와 맥貊은 모두 단군의 자손이다. 1,038년을 다스리다가 아사달 산에 들어가 신이 되어 죽지 않았던 것이다.)

고제高帝[요 임금]와 더불어 무진년에 [나라를] 일으켜

순舜을 지나 하夏나라까지 왕위에 계셨도다.

은나라 무정武丁 8년 을미년에

아사달 산에 들어가 [산]신이 되었으니

(지금의 구월산이다. 일명 궁홀弓忽 또는 삼위三危라 한다. 사당이 여전히 있다.)

나라를 누리기를 1,028년 …

－『제왕운기』 권 하, 전조선기

『삼국유사』와 『제왕운기』는 편찬시기가 얼마 차이나지 않는다. 그럼에도 불구하고 자세히 살펴보면 두 사서에 전해지는 단군신화의 내용 요소는 사뭇 다른 것이 많다. 그것은 두 사서가 참고한 단군 관련 기록이 다른 것이었기 때문이다. 두 사서가 전하는 단군신화를 비교하여 간단히 표로 정리해 보면 다음과 같다.

『삼국유사』와 『제왕운기』의 단군신화 비교

| 책이름<br><br>내용 요소 | 삼국유사<br>(1283~1289) | 제왕운기<br>(1287) | 특징 | |
|---|---|---|---|---|
| | | | 삼국유사 | 제왕운기 |
| 단군의 탄생 | 환웅=웅녀 | 단웅천왕 손녀=단수신 | 부계전승 | 모계전승 |
| 단군의 이름 | 壇君 | 檀君 | 제단 '壇' | 박달나무 '檀' |
| 단군 개국연대 | 요 임금 50년 경인 | 요 임금 원년 무진 | 기원전 2283년 | 기원전 2333년 |
| 단군 후예인식 | 부여·고구려 | 부여·고구려·신라·<br>옥저·예·맥 | 왕력과<br>고구려조 참조 | |
| 단군 재위년 | 1,500년 | 1,028년 | | |

『삼국유사』는 단군이 환웅과 웅녀의 사이에서 태어난 것으로 되어 있다. 우리가 흔히 하는 내용이다. 이와 달리 『제왕운기』에는 단군이 단웅천왕의 손녀와 단수신 사이에서 태어났다. 곧 『삼국유사』는

아버지가 분명한 부계전승이 강조되어 있고,『제왕운기』는 아버지가 모호하고 어머니의 존재가 부각된 모계전승의 모습이다. 모계사회에서 부계사회로 변화되는 것이 문화인류학에서 일반적임을 감안하면,『제왕운기』가 좀 더 원형적인 신화의 모습에 가까운 것으로 볼 수 있다.

두 사서는 단군의 이름도 다르게 전한다.『삼국유사』가 제단 '단壇'자를,『제왕운기』는 박달나무 '단檀'자로 표기하였다. 단군이 고조선을 개국한 연대도 50년의 차이가 난다. 다만 고조선의 건국연대가 중국 전설상의 성군聖君인 요堯 임금 시기에 견줄 정도로 오래된 것임을 강조하기 위해 후대에 설정한 것이므로 큰 의미를 가지지는 않는다. 단군이 살았던 시기도 인간의 수명으로 불가능하기 때문에 두 사서가 전하는 5백 여 년의 차이보다는 그 의미에 대해서 살펴보는 것이 중요하다.

한편『삼국유사』의 왕력과 고구려조를 통해서 보면, 일연은 고구려와 부여가 단군을 계승한 것으로 인식하였다. 반면에 이승휴는 부여와 고구려는 물론 신라·옥저 등도 포함하였다.『제왕운기』에 따르면 만주와 한반도 일대의 국가가 모두 단군을 계승한 셈이 된다.『제왕운기』가『삼국유사』보다 공간적으로 폭넓은 단군의 후예 인식을 가지고 있음을 알 수 있다.

### 단군신화의 역사적 의미

그렇다면 단군신화가 이야기하고자 하는 바는 무엇일까? 단군신화에 담겨진 역사적 의미를 추적해 보자.

첫째, 단군신화의 서사 구조가 가지는 의미이다. 단군신화는 천신족天神族[환웅]과 지신족地神族[웅녀]의 결합으로 인해 탄생한 단군이 고조선을 개국하는 줄거리이다. 신화에서 하늘과 연결되어 있는 천신족은 선진 문물을 가지고 이주해 온 유이민을 상징한다. 반면에 지신족은 원래 거주하던 토착민을 상징한다.

환웅이 등장하기 전 곰과 호랑이는 같은 동굴에서 살았다. 이는 곰과 호랑이를 섬기던 두 집단이 연맹을 하고 있었다는 의미이다. 그런데 환웅의 등장으로 인해서 곰과 호랑이로 상징되던 두 집단의 유대관계가 깨졌다. 여기에는 먼저 정착해 있던 기존 집단을 해체하고, 자신의 집단을 위주로 새롭게 세력을 재편하려는 환웅의 의도가 있었다. 신화에서는 그것을 환웅이 곰과 호랑이에게 쑥과 마늘을 주어 인간이 될 수 있도록 경쟁시키는 것으로 에둘러 표현하였다. 환웅과 웅녀가 마침내 혼인함으로써 두 세력은 새로운 연맹체제를 만들었다. 그리고 둘 사이에서 탄생한 단군이 고조선을 건국하였다.

둘째, 단군신화를 통해 고조선의 개국을 전후한 시기 국가 발전단계와 사회체제를 엿볼 수 있다. 먼저 곰과 호랑이의 존재는 신석기시대의 공동체적 혈연의식이 담겨 있는 동물숭배, 곧 토템신앙이 있었음을 알려준다. 환웅이 기후신[풍백·우사·운사]을 거느리고 하늘에서 내려왔으므로 그들 사이에 상하관계가 설정되어 있음을 알 수 있다. 이것은 이미 계급이 발생했음을 시사한다. 인간집단의 계급은 신석기시대에 농업생산성이 증가하자 그에 따른 잉여생산물의 분배구조에서 생긴 것이다. 단군신화에서 기후신들을 거느리고 곡식을 주관하거나, 쑥과 마늘이 등장하는 것은 이 시기가 초기 농경사회단계임을 암시한다.

단군이 건국한 조선은 국가로 불리는 사회단위이다. 인류사에서 국가는 금속문명과 함께 태동하는 까닭에 청동기시대에 이르러야만 국가가 성립한 것으로 판단한다. 그렇게 보면 단군 탄생 이전은 신석기시대로 볼 수 있다. 따라서 환웅의 등장과 단군의 탄생, 그리고 고조선의 건국은 신석기시대에서 청동기시대로의 변동과 궤를 같이 하고 있다. 어떤 이는 이것을 고아시아족에서 알타이·예맥족으로의 실질적인 종족의 교체로 파악하기도 한다.

'단군檀君'은 몽골어에서 하늘이자 무당(Shaman)을 의미하는 'tengri'의 음을 한자로 표기한 것이다. 호남지방에서는 무당을 '당골'이라고 부른다. 우리가 흔히 이야기하는 상점의 단골에 대한 어원이다. '왕검王儉'은 '왕'과 임검의 '검'이 합쳐진 정치적 군장의 의미이다. 말하자면 '단군왕검'은 '무당임금'과 의미가 같다. 환웅이 주관했다는 농사·질병·생명/형벌·선악에서 전자는 종교적 측면을, 후자는 정치적 측면에서의 지배자의 역할로 이해하면 꼭 맞아 떨어진다. 결국 이 시기는 국왕이 제사와 정치를 모두 주관하는 '제정일치祭政一致'의 국가발전 단계였음을 알 수 있다.

그렇게 보면 단군이 1천 년 이상을 살았다는 신화의 내용을 다른 관점에서 바라볼 여지가 생긴다. 단군왕검을 개인의 이름이 아닌 고조선의 국왕을 가리키는 일반명사로 이해할 수 있기 때문이다. 실제로 고대 이집트의 국왕 파라오(Pharaoh)는 태양신이 육화肉化한 존재로서 개인에 국한된 호칭이 아니다. 티베트의 종교 지도자 달라이라마(Dalai Lama)도 마찬가지이다. 비합리적인 신화의 내용도 나무가 아닌 숲을 보는 심정으로 조망하면 합리적인 이해의 방향이 생길 수 있다.

셋째, 단군신화는 민속신앙 측면에서도 주목할 만한 내용을 담고 있다. 단군신화에는 아이가 태어나서 성장하는 과정에서 기념하는 의례일과 관련한 숫자가 남아 있다. 곰이 사람이 되기 위해 금기했던 21일은 예로부터 아이가 태어나면 대문에 외부인의 출입을 막았던 금줄을 둘렀던 삼칠일[3×7]과 맥락이 통한다. 곰과 호랑이가 애초에 약속한 기일 100일과 환웅이 인간에 관한 360여 가지 일을 맡아 세상에 머물러 다스리며 교화했다는 360이라는 숫자는 각각 아이 탄생 후 기념해주는 백일과 첫돌 잔치와 부합한다. 우연의 일치라고 하기에는 이와 같은 숫자의 상징성이 예사롭게 느껴지지 않는다.

그렇다면 왜 이러한 현상이 벌어진 걸까? 신화는 보통 지배자의 통치이념으로 기능하였다. 때문에 피지배층과 다르게 하늘의 자손으로 설정되면서 통치의 정당성을 확보하였다. 이런 점에서 단군신화도 마찬가지였다. 그런데 단군은 통치이념으로서 뿐만이 아닌 일반 백성들에게도 신앙된 존재였을 가능성이 크다. 우리가 흔히 아이의 잉태를 점지해준다는 삼신할머니는 다름 아닌 환인·환웅·단군이다. 그것의 사실 여부를 가릴 수는 없지만 오늘날의 많은 무당들도 삼신三神 혹은 삼성三聖상이라면서 환인·환웅·단군상을 모시고 기도를 한다.

| 동두천시 왕방사 국사당의 삼성상　　　 | 삼성상의 세부 모습

무당이 섬기는 신은 일반 민들과 친숙한 존재들로서 기도자들의 소원을 실현시켜 준다고 믿어지는 대상이다. 따라서 단군은 오랫동안 백성들의 삶 속에서 삼신신앙의 주요 대상으로서 숭배되어 왔을 것으로 추정된다. 그러한 까닭에 단군신화 속에 우리 민족이 가졌던 생명의 탄생 및 출산 후의 제례일에 관한 신앙이 응축되어 있었던 것이다.

넷째, 단군신화에는 '三'의 숫자 코드가 반복되고 있어 그 의미에 궁금증을 자아낸다. 환인·환웅·단군, 천·부·인, 풍백·우사·운사도 그러하거니와 환웅이 거느리고 내려온 무리의 규모도 3천명이다. 三

은 음양오행사상에 따르면 양陽의 기본수이다. 한마디로 재수가 들어오는 좋은 숫자라는 의미이다. 그래서인지 고대로부터 3년은 서약과 맹세의 기간으로 자주 나타났다.

신라 자비왕 13년(470)에 쌓은 삼년산성[충북 보은군 보은읍]은 3년 만에 완공하였기 때문에 붙여진 이름이다. 또 「임신서기석」에 따르면, 신라의 두 청년이 『예기』·『춘추』 등 유교 경전을 완전히 습득하는 기간으로 3년을 약속하였다. 결국 단군신화는 중국의 전국시대 이후 체계화된 음양오행사상과 그것의 영향을 받은 삼국시대의 각종 풍속이 덧붙여져 윤색되어 있음을 알 수 있다.

다섯째, 단군신화의 '숫자' 전승과 역사적 사실은 냉엄하게 구별해야 한다. 앞에서 이야기한 각종 숫자의 상징도 후대에 부회된 것이지만, 단군의 고조선 건국연대를 절대적으로 믿으며 '우리민족의 역사가 반만년'이라고 하는 인식은 몰역사적이다. 『삼국유사』 등에서 단군의 고조선 건국시기를 중국 황제 요의 시기에 견준 것은 우리 역사의 유구성을 중국과 대등하게 맞추려했던 후대적 산물이다. 중국의 요 임금조차 실존 인물로 보기 어려운 상황에서 그와 같은 시기에 단군이 고조선을 건국했다고 주장하는 것은 사막의 신기루를 쫓는 것과 같다.

국가의 성립은 금속문명의 보급·발달과 함께 하는 것이 상식이다. 고조선의 중심지로 언급되는 만주와 한반도 서북부의 청동기시대 상한은 기원전 15~10세기라는 것이 학계의 통설이다. 물론 최근에는 이를 기원전 20세기까지 소급하는 주장도 있지만, 설사 그렇게 규명된다고 하더라도 고조선의 건국과 관련짓기에는 아직 부족한 부분이 많다. 단군의 고조선 건국연대에 대해서는 좀 더 유연한 생각을 가지고 문헌자료와 고고자료를 엄정하게 검토한 연후에 도출해야 할 것이다.

## 단군신화의 시대별 인식

고려시대 단군에 대한 인식은 일연(1206~1289)의『삼국유사』(1283~1289)와 이승휴(1224~1300)의『제왕운기』(1287)가 최초의 기록이다. 다만 고려 초기부터 황해도 구월산 삼성사三聖祠에는 단군이 환인·환웅과 함께 모셔졌다. 단군 인식이 13세기에 고양된 까닭은 이 시기가 몽골침략기였기 때문이었다. 이민족의 침략에 따라 고려사회를 하나로 결속시켜 줄 구심점적인 존재가 필요했을 것이다.

조선 초기에는 단군을 '국가 시조'로 인식하였다. 이성계가 '조선朝鮮'을 국호로 정한 것에서 단적으로 알 수 있다. 태종 12년(1412) 평양에 기자箕子와 단군을 모신 사당을 세웠고, 세종 7년(1425)에는 단군을 독립하여 모셨다. 그리고 성종 6년(1476)에 편찬된『삼국사절요』와 15년(1484)에 편찬된『동국통감』은 단군을 첫 머리에 언급하였다. 두 사서가 모두 관찬사서라는 점에서 조선 초기 정부의 공식적인 역사인식을 대변한다.

16세기에 이르러 주자성리학朱子性理學을 신봉했던 사림士林이 등장하였다. 그에 따라 존화사대尊華(明)事大 의식이 높아지면서 문화 전파의 영웅으로서 기자箕子의 위상이 올라갔다. 반면에 단군은 실존 연대와 나이가 부정되는 등 주목을 받지 못했다. 한백겸의『동국지리지』(1615)와 홍여하의『동국통감제강』(1672) 등에 그러한 것이 잘 나타나 있다. 이로써 기자조선-마한-신라를 연결시킨 이른바 '삼한정통론三韓正統論'이 등장하였다.

17세기 중반 이후 임진왜란(1592~1598)과 병자호란(1636. 12~1637. 1)에 대한 반성의 차원에서 단군에 대한 논의가 다시 활성화되었다. 이것을 주도한 세력은 허목, 홍만종, 이익, 안정복 등 당시 집권 서인에 의해 소외받았던 소론·남인계 인물들이었다. 허목의『동사東事』(1667), 홍만종의『동국역대총목』(1705), 이익의『성호사설』, 안정복의

『동사강목東史綱目』(1778), 이종휘의『동사東史』(1780년대) 등이 대표적인 사서이다. 단군을 모신 사당도 1700년대 초 숭령전崇靈殿으로 지위가 격상되었고, 삼성사三聖祠 제사의식도 평양의 단군전과 같게 조정되었다. 특히 정조(1776~1800)의 단군에 대한 관심이 많아 사당에 대한 제사뿐만 아니라 단군묘를 수리하기도 했다. 다만 정약용은 단군조선을 부정하고 기자를 강조하였다.

1897년 대한제국이 선포된 이후 '조선' 계승의식 대신 '한韓' 계승의식이 더 강조되었다. 이에 단채 신채호는『독사신론讀史新論』을 통해 단군에서 부여로의 계승의식을 제기하였다. 1909년 나철 등에 의해 단군교가 탄생했는데, 1914년에는 대종교로 분리되었다. 1914년에는 대종교의 2대 교주 김교헌이『신단실기神檀實記』를 지어 단군은 '민족의 시조'로 부각되었다. 대종교는 일제강점기 만주지역 무장투쟁 노선의 정신적 지침 역할을 하였다. 이에 일제는 식민통치를 원활히 하기 위해 단군의 실체를 부정하였다. 기자조선과 위만조선을 중국의 식민정권으로 규정함으로써 자신들의 식민지배의 필연성과 정당성을 확보하고자 한 것이다.

일제가 단군신화를 부정했던 주요 근거는 두 가지였다. 먼저 단군신화에 불교 및 도교와 관련한 용어가 보이는 등 후대에 윤색한 흔적이 있다는 것이다. 또한 단군신화와 고조선의 건국신화인데 그와 관련한 문헌기록이 고려시대에 이르러서야 나온다는 점이다. 말하자면 단군신화가 일연에 의해 조작되었다는 것이다. 그러나 신화가 구전되면서 후대적인 표현이 덧붙여지는 것은 자연스러운 것이다. 따라서 불교·도교적인 용어가 있다고 해서 단군신화의 역사적 가치가 폄하돼서는 안 된다.

당연히 일제의 단군신화 말살에 대한 우리 학계의 반론이 제기되었다. 먼저 김재원은 중국 산동성 가상현의 무씨사당武氏祠堂 벽화

(147년)와 단군신화 내용의 유사성에 주목하였다. 그에 따르면, 늦어도 기원후 2세기 무렵에는 단군신화가 성립되어 산동 일대에서도 단군을 인식할 만큼 보급된 셈이다. 다만 단군이 아니라 치우蚩尤와 관련한 내용이라는 주장도 있다. 한편으로 씨름무덤[각저총]이나 장천 1호분 같은 고구려 고분벽화에 나오는 곰과 호랑이를 단군신화의 요소가 반영된 것으로 보기도 한다. 그러나 곰과 호랑이가 나온다고 해서 모두 단군신화와 연결시키는 것은 지나친 아전인수격의 해석이라는 비판이 많다. 실제로 장천 1호분의 곰과 호랑이는 수렵도에 나와 있는 여러 동물의 일부이다.

결국 『삼국유사』에서 인용한 『위서』와 『고기』를 주목해야 한다. 일연이 단군신화를 기록하면서 창작을 한 것이 아니라 이들 사서에 철저히 근거하여 서술하였기 때문이다. 다만 이들 사서가 현재 남아 있지 않아 편찬 시기를 알 수 없는 점이 안타깝다. 고려 초부터 구월산에 삼성사가 있었음이 중요하다. 이는 적어도 이 지역에서는 민간 전승적 차원의 단군신앙이 성립되어 있었음을 시사한다. 모르긴 해도 고려 이전에도 구월산을 중심으로 한 황해도 일대에는 단군 숭배신앙이 계승되어 왔을 가능성이 크다. 이와 관련하여 의미 있는 기록이 있는데, 『삼국유사』 왕력에 단군의 아들을 주몽으로 기록한 점이다. 물론 각각 고조선과 고구려의 건국시조인 두 인물이 부자관계일 수는 없다. 그럼에도 불구하고 그러한 전승과 기록이 남겨진 데에는 나름대로의 이유가 있을 법하다. 그것은 아마도 고조선와 고구려 후기의 중심지였던 평양과 그 주변에서 단군전승이 유유히 맥을 이어온 결과가 아닐까 싶다.

그렇다면 왜 삼국시대의 단군 관련기록은 남아 있지 않을까? 기록의 소실에 의한 것일 수도 있지만, 어쩌면 당연한 결과라고 생각된다. 신화는 왕실 지배층의 통치이념으로서 생성된 것이다. 그런데 잘

| 1993년 저자가 습득한 단군릉 관련 삐라 　　　| 단군상, 서울 수색초등학교

알려진 바와 같이 고구려와 백제·신라는 모두 각각의 건국신화가 성립되어 있다. 곧 삼국은 지배이념으로서 단군신화가 굳이 필요하지 않았던 것이다.

1993년 북한에서는 단군 부부의 인골이 출토되었다면서 단군릉을 대대적으로 조성하였다. 김일성 주체사관에서 비롯된 것인데, 고조선의 정통성을 평양에 두고 자신들이 독점하고자 한 것이었다. 그러나 남한학계에서 이를 믿는 연구자는 없다.

우리도 한 때 단군상 숭배의 찬반 논쟁이 있었다. 한문화운동연합 주도로 전국의 초등학교에 단군상 보급운동이 전개되었고, 일부 기독교 단체에서는 우상숭배라며 단군상을 훼손하였다. 단군이 개인이 아닌 고조선 군장의 칭호라면, 단군상을 만들어 숭배하거나 훼손하는 것 모두 지나친 행위가 아니었나 우려된다. 다만 단군의 실존 여부와 무관하게 단군이 우리 역사상 단합이 필요할 때마다 줄곧 정신적으로 큰 역할을 했음을 부정할 수는 없다.

남북관계가 개선되어 역사학 분야에서도 상호 교류가 활성화 될 것으로 기대된다. 통일시대에 단군은 분명 70여 년 동안 단절되어 온 남북한의 역사인식을 하나로 이어줄 수 있는 마중물 역할을 할 것이다.

### 단기檀紀란?

단군기원檀君紀元의 줄임말이다. 『삼국유사』와 『제왕운기』에는 요 즉위 원년을 무진년(기원전 2333년)으로 보았지만, 중국사 자체에서 송대 이후 요 즉위 원년을 갑진년(기원전 2357년)으로 수정하여 보았다. 『동국통감』에서 이것을 따라 요 즉위 25년인 무진년을 단군의 고조선 개국연대로 보았는데, 오늘날의 단기는 이것을 따른 것이다. 2019년은 단기 4352년이다.

### 개천절開天節의 유래

환웅이 태백산 신단수 아래에 내려와 홍익인간의 대업을 이루기 시작한 기원전 2457년 음력 10월 3일을 기념한 날이다. 1909년 나철에 의해 대종교 자체의 경축일로 제정하고 해마다 행사를 거행하였다. 대한민국 임시정부는 음력 10월 3일을 개천절로 정하고 중국으로 망명한 대종교와 합동으로 경축하였다. 1949년부터 양력 10월 3일을 개천절로 삼아 기념하고 있다.

# 뜨거운 감자, 고조선사의 바람직한 이해방향

## 고조선의 중심지는 어디인가

고조선의 중심지를 어디로 볼 것인지는 전통시대부터 논란이 분분하였다. 그 이유는 관련 기록이 너무 단편적으로 남아 있기 때문이었다. 전통시대 고조선의 중심지에 대한 이해는 크게 '대동강[평양] 중심설'과 '요동 중심설'로 나누어 볼 수 있다.

고조선의 중심지에 대한 주장은 역사적 진실의 규명보다 민족이 처해진 시대적 처지에 따라 다르게 분출되었다. '대동강[평양] 중심설'은 중국으로부터 침략을 받아 문화적으로 정체성을 위협받을 때 부각되었다. 반면에 '요동 중심설'은 북방 개척 의지가 있거나 우리 역사 무대를 한반도라는 좁은 땅으로 축소하려는 시도에 대항할 필요가 있을 때 분출되었다. 예컨대 고려 말 요동정벌론과 조선시대 효종(1649~59)대 북벌론北伐論이 제기되었을 때 등이다.

일단 고조선의 위치와 영역이 한반도를 벗어나 막연하게 방대했을 것이라는 선입관은 갖지 않는 것이 좋다. 역사에 있어 편견과 선입관은 최대한 배제해야 한다. 그래야 역사적 진실 추적을 할 수 있다. 평양 중심설을 무조건 일제 식민사학과 등치시키는 것도 곤란하다. 이미 고려시대부터 제기된 주장이기 때문이다. 이제 본격적으로 고조선의 중심지 논쟁의 쟁점과 바람직한 이해방향을 모색해보기로 한다.

첫째, '대동강[평양] 중심설'이다. 이 설은『삼국사기』와『삼국유사』이래 고려·조선시대의 가장 보편적인 주장이었다. 조선시대의

| 낙랑 봉니
(국립중앙박물관 특별전. 문자, 그 이후 한국고대문자전, 2011년)

| 낙랑예관(樂浪禮官)명 수막새(국립중앙박물관)

대표적인 사서인 『동국통감』, 『동국여지승람』, 『동국지리지』(한백겸),
『동사강목』(안정복), 『아방강역고』(정약용), 『해동역사』(한치윤) 등이
모두 대동강 중심설을 지지하였다. 특히 실학자들의 역사서는 1766
년 청에서 한반도의 역사를 청의 부족사로 인식하는 『만주원류고滿洲
源流考』를 펴낸 것에 대한 반발로 제기된 측면이 강했다. 일본의 학자
대부분과 이병도·송호정 등 남한학계 일부도 이 설을 주장하였다. 북
한학계도 1993년 단군릉 발굴 이후 입장을 바꾸어 대동강 중심설을
공식적으로 천명하고 있다.

　　대동강 중심설은 『삼국유사』에서 고조선의 중심지를 평양으로
기록한 사실을 중요 논거로 삼았다. 전한前漢대 환관桓寬이 편찬한
『염철론鹽鐵論』 벌공伐功편에 "연燕은 동호東胡를 엄습하여 패주시키
고 1천 리의 땅을 넓혔으며, 요동을 건너 조선朝鮮을 쳤습니다"라는
기록도 주목하였다. 문맥상 고조선이 요동보다도 동남쪽에 있었던 것
으로 묘사되어 있기 때문이다.

　　고고학적으로도 기원전 108년에 고조선이 멸망한 후 한이 설치

한 한사군漢四郡 중 낙랑군 관련 유물이 평양에서 다량으로 발견되었다. 중국식 벽돌무덤과 낙랑 관련 글씨가 새겨진 기와, 그리고 문서를 밀봉한 후 도장을 찍어 문서의 조작을 방지한 진흙덩이인 봉니封泥 등이 그 사례이다. 다만 낙랑군의 위치만을 근거로 한 고조선의 중심지는 고조선 말기에 국한된다는 한계가 있다. 고조선이 시종일관 평양 일대에만 있었겠는가 하는 의문이 제기될 수 있는 것이다. 이에 고조선이 평양을 중심으로 세력을 확장하여 요동지방으로 진출했다는 학설이 제기되기도 했다.

둘째, '요동 중심설'이다. 현재 중국 요령성에 해당하므로 '재요령설'이라고도 한다. 요동 중심설을 주장한 전통시대의 인물과 사서는 삼봉 정도전, 『응제시주』(권람), 『동국통감제강』(홍여하), 이익, 『동사』(이종휘) 등이다. 특히 병자호란(1636~37) 이후 효종대(1649~59)에 북벌론이 주장되면서 주체적인 역사인식을 키워 청나라가 우리 옛 영토를 차지한 것에 대한 남인南人 학자들의 반발로 제기되었다. 일제강점기에는 단재 신채호와 위당 정인보를 대표로 하는 민족주의 사학자들이 이 설을 지지하였다. 북한학계도 1993년 이전까지는 요동 중심설을 주장하였다. 윤내현 등 남한학계 일부와 기존에 재야사학자로 지칭되던 역사 애호가들은 요서지역을 고조선의 중심지로 보고 요동지역과 한반도 서북부를 포괄한 것으로 이해하였다. 고조선의 중심지와 세력

| 비파형 동검, 황해남도 신천군 출토(국립중앙박물관)

권을 가장 포괄적으로 본 것이다.

대동강 중심설의 주요 근거는 고고자료이다. 이들이 주목한 것은 비파형[요령식] 동검이다. 비파형 동검은 긴 직선형태의 중국식 동검과 차별되면서 만주 일대에서 주로 출토되었는데, 특히 요서지방의 출토 밀도가 가장 높다. 이들은 또한 비파형 동검과 함께 순장무덤을 주목하였다. 중국 요령성 대련에 소재한 강상무덤과 누상무덤에서는 100명 이상의 순장 흔적이 발견되었다. 두 무덤의 편년이 기원전 8~5세기이다. 따라서 이러한 규모의 순장과 무덤을 조성할 만한 정치권력을 가진 지배세력으로 고조선을 상정하는 것이 자연스럽다는 논리이다.

그러나 비파형 동검을 고조선만의 문화지표로 보는 것은 위험하다는 반론도 있다. 비파형 동검은 산융山戎·동호東胡 같은 요서지방의 유목민도 사용했을 가능성이 있다는 것이다. 비파형 동검은 교류가 가능한 동산動産 유물로서 사례가 많지는 않지만 남한지역 전역에서 꾸준히 발굴되고 있다. 그렇다면 비파형 동검의 출토 지역을 고조선의 세력권으로 치환해서 이해하는 것은 신중할 필요가 있다. 고조선이 요동에 계속 있었다면 고조선 멸망 후 설치된 한사군의 위치에 대한 설명이 안 된다. 따라서 고조선의 중심지에 대해서는 좀 더 유연한 접근을 시도하는 것이 타당하게 생각된다.

이에 최근에는 고조선 세력권의 문화지표로서 미송리형 토기와 탁자식 고인돌을 주목하였다. 미송리형 토기는 표주박

| 미송리형 토기(국립중앙박물관)

의 윗부분을 잘라낸 모양에 옆구리 양쪽에 손잡이가 있는 것이 특징
이다. 평안도와 중국 요령성 지방에서 주로 출토되었다. 같은 시기 대
동강 유역에서는 팽이 모양의 토기가 출토되는 양상을 보인다. 한편
기원전 4세기 이후 한반도의 대동강 이남지역에서는 세형 동검[한국
식동검]이 출토되는 경향을 보인다. 그렇다면 동검의 형태변화로 볼
때 고조선의 역사는 4세기를 분기점으로 설정해도 무리가 없을 것으
로 판단된다. 결국 4세기 이전 고조선의 세력권은 비파형 동검과 미
송리형 토기, 그리고 탁자식 고인돌을 종합적으로 고려해서 상정해야
할 것이다.

　　셋째, '이동설'이다. 고조선 전기 요동지방에 있다가 후기에 대동
강 유역으로 중심지를 옮겼다는 내용이다. 이동설을 주장한 연구자는

신채호·천관우·서영수·김정배·노태돈 등으로 많아 요즘 학계의 대세라 할 만하다.

　이들이 내세운 주요 근거는 『삼국지』 위서 동이전의 『위략魏略』에서 "연나라 장수 진개의 침입으로 [고조선이] 서방 2천리의 땅을 잃고 만번한滿番汗에 이르러 경계로 삼으니 조선이 드디어 약해지고 말았다"는 기록이다. 진개는 전국시대 연燕 소왕昭王대(기원전 311~279년)의 장군이다. 이 기록의 맥락에 따르면, 초기 고조선은 지금의 평양보다 서북쪽에 있어야 한다. 곧 요동지방에 있던 고조선이 연나라 장수 진개의 침입으로 서방 2천여 리의 땅을 빼앗기고 한반도 서북한으로 중심지를 이동했다는 논리이다. 고조선 멸망 당시의 중심지는 낙랑군의 위치를 고려해 평양일대로 보았다. 고고학적으로 초기에는 요동지역의 비파형 동검 문화를 건설하고 있던 고조선이 연의 동방 진출로 위축되어 평양 일대를 중심으로 세형 동검문화를 건설한 것으로 이해하였다.

　다만 고조선의 중심지가 이동했다는 것을 증명해 줄 다른 기록이 없다는 약점도 있다. 왜냐하면 『위략』 기록의 사료적 가치에 부정적인 견해도 있기 때문이다. 진개가 동호를 침략해 1천여 리의 땅을 넓히고, 이후 연나라가 고조선을 공격하였는데, 후대에 연나라가 고조선의 땅 2천리를 빼앗은 것처럼 기록되었다는 것이다. 또한 고조선과 연나라의 경계인 만번한의 위치를 비정한 연후라야 이동설이 좀 더 선명하게 부각될 수 있다.

　분명한 것은 고조선의 '영향력' 내지 '문화권'을 오늘날의 국경 개념으로 접근해 '통치영역'으로 단정해서는 곤란하다는 점이다. 고조선의 영역, 특히 서쪽의 경계선은 시대에 따라 유동적이었을 것이다.

## 문헌기록을 통해 본 고조선 중·후기의 모습

고조선 관련 기록 중 현전하는 가장 오래된 것은 중국 측 자료이다. 곧 기원전 7세기의 사실을 반영하는 『관자管子』와 기원전 3세기 이전의 사실을 반영하는 『산해경山海經』에 '조선朝鮮'의 기록이 단편적으로 남아 있다. 특히 『관자』 경중輕重 갑甲편에는 '제나라와 고조선이 호피虎皮와 모피毛皮를 교역한다는 사실과 두 나라가 8천리 떨어져 있음'이 언급되어 있다.

또한 『전국책戰國策』과 『삼국지三國志』 위서 동이전에도 기원전 4세기 전후 고조선 관련 기록이 전한다.

① 연의 동쪽에는 조선朝鮮과 요동遼東이 있고, 북쪽에는 임호林胡와 누번樓煩이 있다.

-『전국책』 권29

② 옛 기자의 후예인 조선후朝鮮侯는 주나라가 쇠약해지자, 연燕나라가 스스로 높여 왕이라 칭하고 동쪽으로 침략하려는 것을 보고, 조선후 역시 스스로 왕호를 칭하였다. [조선이] 군사를 일으켜 연나라를 공격하여 주 왕실을 받들려고 했는데, 대부大夫 예禮가 간하여 중지하였다. 그리하여 예를 서쪽에 파견하여 연나라를 설득하게 하니, 연나라도 전쟁을 멈추고 조선을 침공하지 않았다. 그 뒤에 자손이 점점 교만하고 포악해지자, 연은 장군 진개秦開를 파견하여 조선의 서쪽 지방을 침공하고 2천 여리의 땅을 빼앗아 만번한滿番汗에 이르는 지역을 경계로 삼았다. 마침내 조선의 세력은 약화되었다.

-『삼국지』 위서 동이전 한韓조 안의 위략魏略

이 기록들에 따르면, 고조선은 적어도 기원전 4세기 이전에 존재했고, 이때를 전후해 그 세력이 전국시대戰國時代(기원전 453~221년) 7웅

雄 중 하나인 연나라에 대항할 정도로 성장했음을 알 수 있다. 다만 지금 남아 있는 『관자』와 『전국책』은 기원전 1세기 말에 한나라의 유향劉向이 다시 편집했고, 『산해경』도 한漢대에 편집되었기 때문에 반드시 기원전 7세기~4세기대 역사적 사실로 볼 수 없다는 주장도 있다.

### 위만조선의 쟁점과 바람직한 이해의 모색

위만 관련 기록은 『삼국지』 위서 동이전에 남아 있다.

[기원전 202년] 한나라 때 이르러 노관을 연왕燕王으로 삼으니, 조선과 연나라가 패수浿水를 경계로 했다. [기원전 195년] 노관이 [한을] 배반하고 흉노로 들어가자, 연나라 사람 위만衛滿이 망명하여 오랑캐의 복장을 하고 동쪽으로 패수를 건너 준왕準王에게 항복하였다. [위만이] 서쪽 변방에 거주하도록 해주면 중국의 망명자를 거두어 조선의 번병藩屛이 되겠다고 준왕을 설득하였다. 준왕은 그를 믿고 아껴 받들어 박사博士로 삼고, 규圭를 하사했다. [또] 100리의 땅을 봉해 주어 서쪽 변방을 지키게 하였다.

위만이 중국의 망명무리들을 꾀어내 그 무리가 점점 많아졌다. 이에 사람을 보내 준왕을 속이며 아뢰었다. "한나라의 병사가 10군데로 쳐들어오니, [왕궁에] 들어가 지켜드리겠습니다." 마침내 돌아와서 준왕을 공격하였다. 준왕은 위만과 싸웠으나 상대가 되지 못했다.

　　　　　　　　　　　　　　　　－ 『삼국지』 위서 동이전 한조 위략

위만과 관련해서 먼저 주목된 것은 그의 출신 문제였다. 곧 위만을 연나라 출신으로 볼 것인지, 고조선 토착 인물로 볼 것인지의 여부이다. 먼저 역대 역사가들은 위의 기록을 충실히 믿어 위만을 중국 연나라 출신으로 보았다. 소중화의식小中華意識을 가지고 있던 전통시대에는 이러한 것이 문제가 되기보다는 자랑스러운 것으로 여겨졌다.

그런데 이것이 일제강점기에 이르자 식민사학에 악용되었다. 일제가 위만조선을 중국의 '식민정권'으로 규정함으로써 자신들의 지배를 정당화하고자 한 것이다. 곧 조선의 타율성론을 강조하여 일제 식민 지배의 필연성을 설파하기 위함이었다.

이에 대하여 두계 이병도는 위만의 출신을 토착 고조선계로 재조명하였다. 그 이유는 ① 위만이 관리로 있던 당시 연나라의 종족구성이 복잡하였다는 점, ② 그가 당시 조선 민족의 습속이던 북상투를 틀고 오랑캐[고조선] 옷을 입었다는 점, ③ '조선'이라는 국호와 관직제도 등을 그대로 답습하였다는 점이었다. 식민사학에 대한 대응 차원의 선구적인 업적이었다. 다만 위만이 상투를 틀고 오랑캐 옷을 입은 것은 망명을 위한 의도된 행동일 수 있고, 상투의 관습은 당시 흉노·남월 등 다른 종족들에게도 나타나므로 이것이 위만의 국적을 나타내주는 것은 아니라는 지적도 있다.

위만의 출신에 대한 논의는 발상의 전환이 필요하다. 현재적 관점에서 위만의 국적을 따지는 것은 의미가 없다. 당시 남만주 지역은 망명인의 국적을 따질 수도 없었고, 국경도 모호하였다. 종족적 출자로 국가의 성격이나 식민지 여부를 논단한다는 자체가 단순한 논리이다. 기록에 따르면 위만은 연나라 사람일 가능성 크다. 그러나 엄밀히 말하면 위만은 고조선 사회체제 내에 귀화한 귀화인이었다. 고조선 사람이 된 것이다. 1990년대 페루의 대통령이었던 후지모리가 일본인이라고 그 정권을 일본의 식민정권으로 규정하지는 않지 않는가? 곧 지배자의 혈통이 정권의 성격을 규정하는 것이 아니다. 위만조선의 성격은 위만과 그의 왕조가 지향한 국가 운영방식과 사회 성격을 밝히는 것이 중요하다.

위만의 집권은 고조선의 정치조직을 근본적으로 변화시킨 것이 아니라 그것을 계승하는 형태였다. 고조선 토착인과 중국계 사이의 연합정권이었다.

위만조선의 정치구조는 왕 밑에 상相과 장군將軍이 있고, 상과 장군 산하에 하급 관료로서 비왕裨王이 있었다. 상은 각 지방의 유력세력들을 중앙관직에 편제한 것

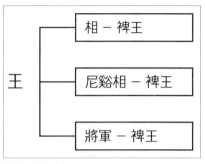

| 위만조선의 정치구조

으로 문관직文官職에 해당한다. 왕권에 의해 통제를 받았으나 나름대로의 지역기반과 자치권을 가졌다. 사료상 확인되는 상의 존재는 조선상朝鮮相 노인·한음·역계경, 니계상尼谿相 참이 있다. 장군은 왕실 직속 부대의 장으로서 무관직武官職이었다. 사료상 장군 왕겹이 확인된다. 비왕도 무관직인데 비왕 장의 존재가 기록에 남아 있다.

위만조선의 대외정책과 관련해서는 사마천司馬遷이 쓴 『사기史記』 조선열전에 흥미로운 기록이 전한다. 한나라가 고조선을 공격한 배경과도 관련이 있어 살펴볼 필요가 있다.

> [위만이 준왕의 왕위를 빼앗은 후] 요동태수는 곧 위만을 외신外臣으로 삼을 것을 약속하여, 국경 밖의 오랑캐를 지켜 변경을 노략질하지 못하게 하는 한편, 모든 오랑캐의 군장君長이 [중국에] 들어와 천자를 뵙고자 하면 막지 않도록 하였다. 천자도 이를 듣고 허락하였다. 이로써 위만은 군사의 위세와 재물을 얻게 되어 그 주변의 작은 읍邑을 침략하여 항복시키니, 진번眞番과 임둔臨屯도 모두 와서 복속하여 국토가 수 천리가 되었다.
>
> 아들을 거쳐 손자 우거右渠 때에 이르러서는 꾀어낸 한나라 망명자 수

가 많이 증가하였다. 또 천자에게 조알하지 않을 뿐만 아니라 진번 주변의 여러 나라들이 글을 올려 천자에게 알현하고자 하는 것을 가로막아 통하지 못하게 하였다.

-『사기』 권115, 조선열전

위만조선은 위만의 손자 우거왕右渠王 때 이르러 철기문화를 기반으로 한 군사력과 경제력으로 주변 국가들을 정복하였다. 그리고 중국과 토착사회를 잇는 중개무역으로 이득을 독점하여 동방의 강자로 성장하였다. 그런데 그것이 과해지면서 한나라로 하여금 고조선을 정벌하게 한 결정적인 이유가 되었다.

### 한 무제의 침략과 고조선의 멸망

한漢 무제武帝(기원전 140~87년)는 전한前漢시기 최고의 정복군주이다. 그의 재위시기가 곧 전한시기의 최전성기였다. 그렇다면 한 무제는 왜 고조선을 침략했을까? 두 가지 정도로 추정이 가능하다.

첫째, 사회경제적 배경이다. 사마천의 『사기』에는 고조선이 주변국가가 한나라 천자에게 알현하는 것을 막았다고 전한다. 그런데 여기에는 좀 더 실질적인 경제적 이유가 있었던 것 같다. 고조선이 중국과 한반도 남부의 삼한三韓 토착사회를 중개하는 중개무역으로 이득을 독점하자, 삼한과 직거래하여 경제적 이익을 극대화하려 한 것이다. 진·변한에서 생산되는 철이 중국 군현이었던 낙랑군과 대방군에 공급되었다는 『삼국지』 동이전의 기록에 따르면, 한나라가 삼한과 교역하고자 했던 주요 품목 중 하나가 철이었을 가능성이 크다.

둘째, 국제관계적 배경도 있다. 한나라가 고조선을 당시 한의 최대 정적이었던 흉노匈奴의 왼팔로 인식한 것이다. 곧 한 무제는 고조선과 흉노의 연결을 우려하였다. 무제는 유목국가인 흉노에 대해 극한 혐오감을 가지고 있었다. 왜 그렇지 않겠는가? 농경국가인 중원왕조 입장에서 유목민이 추수기마다 말을 타고 남하해 와서 약탈을 해 갔는데, 그때마다 속수무책으로 당할 수밖에 없었다. 오죽하면 만리장성을 쌓았겠는가? 천하의 한 무제에게도 흉노는 골칫거리였다. 명장 위청과 곽거병이 여러 차례에 걸쳐 흉노를 정벌했음에도 불구하고 흉노는 한나라를 계속 괴롭혔다. 무제가 장건張騫을 서역西域에 보내 비단길(Silk Road)을 개척한 것도 흉노 때문이었다. 곧 흉노가 한나라에서 약탈해 간 비단을 서역에 비싸게 팔자, 서역과 직접 비단을 교역함으로써 비단 값을 떨어뜨려 흉노를 경제적으로 압박하려 한 것이다. 그나마 비단길 개척을 위해 떠났던 장건도 10년 간 흉노에 포로로 붙잡히면서 13년 만에 돌아올 수 있었다. 사마천이 48세에 궁형宮刑을 당한 것도 흉노에 항복한 이릉을 변호한 것이 발단이 되었다. 이쯤 되면 한 무제의 흉노에 대한 인식은 알레르기적 반응을 보였다고 해도 과언이 아니다.

한 무제는 고조선 정벌의 명분을 만들기 위해 고조선의 우거왕을 꾸짖고 회유한다는 평계로 우선 섭하를 사신으로 보냈다. 우거왕이 이를 거절하자, 섭하가 귀국길에서 배웅 나온 고조선 장수를 살해하고 도망갔다. 한 무제는 섭하의 공을 기리며 그를 '요동군 동부도위遼東郡 東部都尉'로 임명하였다. 섭하에게 요동지역의 지배권을 위임해 준다는 의미였다. 이에 우거왕은 군사를 일으켜 기습 공격해 섭하를 죽였다. 한 무제의 계략에 우거왕이 빠진 셈이다.

무제는 섭하 죽음을 빌미로 기원전 109년 누선장군樓船將軍 양복에게 수군 7천을, 좌장군左將軍 순체에게는 육군 5만을 주어 고조선을 공격하였다. 수군은 산동반도를 출발해 발해渤海를 건넜고, 육군은 요동 방면으로 진격해 왔다. 전쟁 초기의 승세는 고조선이 잡았다. 그러나 자국 군대의 연패로 전선이 교착에 빠지자, 한은 고조선의 지배층을 매수하는 작전을 썼다. 이것이 주효하여 고조선의 조선상 노인·한음과 장군 왕겹이 한나라에 투항했다. 니계상 참도 우거왕을 죽이고 곧이어 투항했고, 급기야 우거왕의 아들 장도 항복하였다. 고조선의 대신 성이만이 남아 끝까지 항전했지만 장과 노인의 아들 최가 백성들을 선동하여 성이를 살해하였다. 결국 고조선은 지배층 내부의 분열로 인해 기원전 108년 역사의 자취에서 사라지게 되었다.

## 한사군漢四郡 설치와 역사적 의미

한나라는 고조선을 무너뜨린 후 고조선 영내에 '낙랑樂浪'·'현도玄菟'·'임둔臨屯'·'진번眞番'의 4군을 설치하였다. 그리고 군郡 밑에 현縣을 두고 한인漢人 군태수와 현령을 보내 통치하였다. 낙랑군은 고구려 미천왕 때인 313년에 축출될 때까지 평양을 중심으로 존재하였다. 반면에 임둔군과 진번군은 설치 26년 만인 기원전 83년에 폐지되었다. 현도군도 고구려 토착세력의 반발로 기원전 75년에 요동 방면으로 옮겨졌다.

낙랑군을 대표로 하는 한사군의 위치는 고조선 후기의 위치와 관련하여 요동·요서 일대로 보는 설과 한반도 내에서 찾는 설로 나눌 수 있다. 그러나 '한사군=중국의 식민지'라는 명제에 얽매여 그 위치를 무조건 한반도 바깥에서 찾는 것은 역사적 진실과 동떨어질 수 있음에 유념해야 한다.

고고학적으로 낙랑군의 중심지가 평양이었다는 증거가 많다. 우선 평양 일대에서 출토된 수십 기의 중국식 벽돌무덤[전축분塼築墳]이 주목된다. 무덤의 분포양상을 볼 때 소수 이주민의 범위를 넘어선 규모이다. 무덤에서 '낙랑예관樂浪禮官', '낙랑부귀樂浪富貴'를 새긴 와당瓦當과 '낙랑樂浪', '낙랑태수장樂浪太守長'이 찍힌 봉니封泥가 다량으로 출토된 것도 평양이 낙랑군의 중심 치소임을 시사하는 증거물이다.

| 낙랑군 호구 목간(복제, 국립중앙박물관)

또한 평양시 정백동 364호분에서는 초원初元 4년(기원전 45) 낙랑군의 호구戶口를 기록한 장부 목간이 출토되었다. 목간에는 당시 낙랑군 25현의 호구 수가 기록되어 있는데, 43,848호에 28만여 명에 달한다.

낙랑군이 한반도 안에 있었다고 해서 그곳을 반드시 '중국의 식민 지배'를 받은 수치스러운 역사공간으로 낙인찍을 필요는 없다. 그러한 평가는 낙랑군의 성격과 지배형태를 검토한 연후라도 늦지 않다.

낙랑군은 설치 후 중국 변방의 군현으로 동이족東夷族과의 무역 중계지 역할을 했다. 한 무제가 고조선을 침략한 주요 배경이 사회경제적 요소인 것을 상기하면 된다. 그렇다면 낙랑군은 정치적 식민지배의 공간이라기보다는 경제적 조차지의 성격이 더 강하다. 한때 영국과 포르투갈이 중국에 두었던 홍콩·마카오와 비슷하지 않을까 싶다. 한나라로서는 '공납제적 수취방식'으로 한반도 내에 영향력을 유지하기 위해 낙랑군을 존속시켰던 것이다.

낙랑군이 한반도에 미친 영향은 동전의 양면과 같이 긍정적인 면과 부정적인 면이 공존하였다. 낙랑군이 중국 선진문물의 한반도 보급창구 역할을 함으로써 한반도 내 초기국가 성장에 긍정적인 영향을 끼친 것은 부정할 수 없다. 특히 고구려와 백제가 소국에서 정복전쟁을 통해 연맹국가 단계로 성장하는 데 있어서는 정치·군사적으로나 제도적인 면에서 큰 영향을 미쳤다.

그러나 중국 본토에서 군현의 유지와 무역의 효과를 극대화하기 위해 낙랑군 지역 소국의 정치적 성장을 억압하기도 했다. 예컨대 백제의 책계왕(286~298)과 분서왕(298~304)은 낙랑군·대방군과 싸운다거나 그들이 보낸 자객에게 살해되었다. 이는 중국 군현이 자신들과 이해관계가 엇갈린 주변 국가들을 통제하기 위한 조처였다. 역설적으로는 그만큼 백제의 국가적 성장이 낙랑군과 대방군에게 위협적이었음을 반증한다.

낙랑군이 313년에 축출될 때까지 한반도 안에서 안정적으로 존속했던 것도 아니다. 『삼국지』 동이전에는 2세기 중반 토착 한韓·예濊 세력이 강성해 낙랑군이 통제하지 못한 까닭에, 군현의 많은 백성들이 토착 삼한[한국韓國]으로 유입되었다고 기록되어 있다. 또한 204년에 낙랑군의 남쪽에 대방군이 설치된 것은 낙랑군이 그 기능을 제대로 수행하지 못했기 때문일 것이다.

고구려 동천왕이 21년(247)에 평양성을 쌓고 백성과 종묘宗廟·사직社稷을 옮겼다는 기록이 전한다. 여기에서의 평양이 지금의 평양인지는 논란의 여지가 있다. 다만 기록에 따르면, 낙랑군은 3세기 초에 이미 그 실제적 기능을 상실했다고 판단된다. 낙랑군은 미천왕 14년(313)에 고구려군의 침입으로 한반도 내에서 자취를 감추었다. 이러한 일련의 사실은 낙랑군의 통치범위, 지배형태와 기간을 확대하거나 고착화해서 이해하면 안 된다는 교훈을 준다.

**기자조선箕子朝鮮의 실체**

중국 역사책 『사기』, 『한서』 등에는 은나라의 현인 기자箕子가 주周 무왕武王에 의해 고조선에 봉해졌고, 그에 의해 범금犯禁 8조가 제정되었다는 기록이 전해진다. 이것이 고려~조선시대에 걸쳐 '소중화의식小中華意識'의 뒷받침이 되었고, 고조선의 역사에서 '기자조선'으로 자리 잡았다. 일제강점기에는 식민사학으로도 악용되었다.

그러나 기자는 기원전 1,000년 전후의 인물인데 반하여 그에 관련된 기록은 기원전 3세기 이후의 것이다. 따라서 학계에서는 이를 한나라 때 '중화사상'이 성립하면서 한나라 사람들이 기자전설을 꾸며낸 것으로 보고 있다. 특히 고조선 정벌 후 침략의 정당화와 군현 설치 후 토착민의 반발을 무마하고자 만들어졌을 것으로 이해한다. 그동안 기자조선의 국가로 여겨졌던 요서 지역의 고죽국孤竹國·기국箕國 등도 연나라의 관할 하에 있던 은나라 후예들의 소국임이 밝혀졌다.

# 잊혀진 왕국, 부여사의 재조명

## 부여의 기원과 건국신화

'부여'라는 이름의 유래에 대해서는 여러 주장이 있지만, 퉁구스어로 사슴을 뜻하는 'buyu'에서 기원했다는 설이 유력하다. 실제로 선비鮮卑와 오환烏丸 등 북방 유목민족의 종족명이 그 발상지의 산이름에서 유래한 경우가 많은데, 부여 역시 사슴산[鹿山]이 근거지였다. 부여 명칭의 표기는 『삼국사기』와 『삼국유사』 같은 우리나라의 문헌은 '扶餘'로 되어 있고, 『삼국지』 위서 동이전 등 중국 문헌에는 '夫餘'로 남아 있다.

『삼국지』 위서 동이전에 전하는 부여의 건국신화 내용은 다음과 같다.

옛날 북방에 고리高離라는 나라가 있었는데, 그 왕의 시비侍婢가 임신을 하자 왕이 그녀를 죽이려 했다. 그러자 여종이 "계란만한 기운이 내 몸에 들어온 까닭에 임신하게 되었다"고 말했다. 그 후 [그녀는] 아들을 낳았다. 왕이 그 아이를 돼지우리에 버리자 돼지가 입김을 불어 죽지 않았고, 마굿간에 옮겨 놓았으나 말도 입김을 불어 죽지 않았다. 왕은 천자天子일 것이라고 여겨 그 어미에게 거두어 기르게 하고 이름을 동명東明이라 했다. 항상 말을 기르게 했다.

동명이 활을 잘 쏘자 왕은 그 나라를 빼앗길까 두려워하여 그를 죽이려 했다. [이에] 동명이 달아나서 남쪽의 시엄수에 이르러 활로 물을 치니,

물고기와 자라가 떠올라서 다리를 만들었다. 동명이 물을 건너간 뒤 물고기와 자라가 곧 흩어져버려 추격하던 군사는 건너지 못했다. 동명은 부여의 땅에 도읍하여 왕이 되었다.

－『삼국지』 위서 동이전 부여전 위략(이하 사료도 같음)

　　부여의 건국신화는 전형적인 '영웅전승적 신화'이다. 예로부터 영웅신화는 태어난 곳에서 시련을 받아 이를 극복하면서 원거리를 이동한 후 나라를 건국하는 것이 공식이다. 곧 신화 안에 '시련기' → '극복과 이동' → '나라 건국'이라는 뚜렷한 이야기 구조가 특징이다. 부여의 건국은 특히 유이민 집단에 의한 것임이 부각되어 있는데, 이는 수렵과 목축을 행하는 유목민 사회의 잔영이라 할 수 있다. 부여의 동명설화는 우리가 잘 알고 있는 고구려 주몽설화의 원형이다. 인명과 지명만 제외하면 이야기의 서사 구조가 똑같다. 부여에서 탈출해 나라를 세운 고구려 주몽설화가 동명설화를 벤치마킹한 것이다.

　　부여의 건국연대는 『사기』와 『한서』에 따르면 기원전 3세기 후반 경으로 추정한다. 5세기 말에 멸망했으므로 부여의 존속연대가 700여 년에 이르는 셈이다. 부여에서 탈출한 주몽 등이 고구려를 세웠고, 고구려에서 탈출한 온조와 비류가 남쪽으로 내려와서 백제를 건국하였다.

　　백제 왕실의 성이 부여씨였고, 성왕(523~554)은 538년에 국호를 '남부여'로 바꾸기까지 했다. 고구려와 백제는 시종일관 부여족 계승 의식을 강하게 표방하였고, 심지어는 서로 원조임을 자임하며 다투기까지 했다. 부여는 한국사의 흐름에서 고조선에 이은 두 번째 국가이자, 고구려와 백제의 화수분 같은 존재였다. 부여사를 중요하게 취급해야 하는 까닭이 여기에 있다.

## 영역과 중심지

부여의 영역[세력권]과 수도가 있었던 중심지에 대한 단서는 다음 기록이 주목된다.

부여는 장성長城의 북쪽에 있는데, 현도玄菟①에서 천리쯤 떨어져 있다. 남쪽은 고구려와 접해 있고 동쪽은 읍루와, 서쪽은 선비와 접해 있다. 북쪽에는 약수弱水②가 있다. 국토의 면적은 [사방] 2천 리 쯤이다. … 산과 넓은 들이 많아서 동이東夷지역에서 가장 넓고 평탄하다.

이 기록은 3세기대의 사실을 반영한 것이다. 현도①는 한나라가 고조선 멸망 후 세운 현도군을 말한다. 그런데 현도군은 고구려의 국가적 성장에 따라 그 위치가 계속 한반도에서 멀어져갔다. 여기서의 현도군은 소위 '제3현도군'이라 지칭하는 것이다. 지금의 위치는 요령성遼寧省 심양瀋陽 동쪽에 있는 무순撫順에 해당한다. 약수②는 제1송화강과 흑룡강 하류로 비정된다.

부여의 중심지는 오늘날의 길림성인 송화강 유역으로 추정한다. 원래 부여족 계통의 왕성은 산성과 평지성의 이원적인 체계로 나뉘어 있다. 국왕이 평상시에 평지성에 거주하다가 전쟁과 같은 유사시가 되면 산성으로 대피하였다. 이때 평지의 농경지는 불을 질러 적군으로 하여금 식량의 보급 역할을 못하도록 했다. 불태운 농경지의 시야가 막힘이 없다고 해서 '청야전술淸野戰術'이라고 부른다. 산성에서 장기 농성전을 벌이기 위해서는 우물과 같은 식수원의 확보가 필수였다. 그래서 어느 산성이든 안에는 꼭 우물이나 집수시설이 있다.

부여 역사상 전성기인 3세기대의 왕성은 길림시吉林市 송화강변에 있는 동단산성東團山城과 평지성인 남성자성南城子城이 발굴됨으로써 유력해졌다.

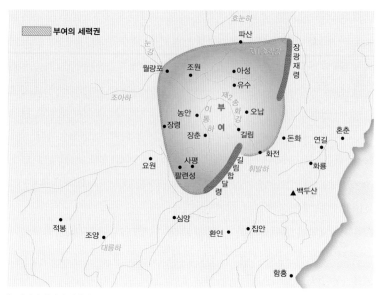

| 3세기경 부여의 세력권

## 통치조직과 사회구조

나라에는 군왕君王이 있다. 모두 여섯 가축으로 관직 이름을 정하는데 마가馬加·우가牛加·저가豬加·구가狗加·대사大使·대사자大使者·사자使者가 있다.

읍락에는 호민豪民이 있으며, 하호下戶라 불리는 민民은 모두 노복奴僕이 되었다. 제가諸加들은 별도로 사출도四出道를 주관하는데, 큰 사람은 수천가, 작은 사람은 수백가를 주관하였다. … 적군[의 침입]이 있으면 제가들이 스스로 싸우고, 하호는 양식을 메고 가 그들을 먹고 마시게 한다.

부여에는 국왕이 존재하였다. 나라에 왕이 있는 것이 당연하게 생각될 수 있겠지만, 같은 시기 옥저와 동예에는 국왕이 없었다. 이것은 부여가 옥저와 동예보다 정치구조면에서 선진적이었음을 시사한다. 부여의 왕위는 간위거·마여·의려의 사례에서 알 수 있듯이 3세기 전반에 부자계승체제가 확립되었다. 다만 귀족회의체를 주관했던 제가들이 국왕을 옹립하는 형식이었기 때문에 왕권에 다소 제약이 있었다.

부여사회는 국왕을 중심으로 그 밑에 국무를 관장하는 귀족세력으로서 마가·우가·구가·저가에 의한 귀족회의체를 운영하였다. 그리고 실무행정은 왕과 제가 밑에 동시에 속해 있는 대사·사자가 담당하였다.

제가의 통솔을 받는 읍락은 경제적 부를 축적한 재지사회의 유력세력인 호민과, 촌락의 일반 민인 하호가 있었다. 이와 별도로 순장대상이 된 노복[노예]이 존재하였다.

부여의 영토는 중앙은 국왕이 직접 통치하였고, 지방은 동·서·남·북의 4개 지역으로 나누어 '가加'들이 통치하였다. 곧 '가'로 대표되는 부여의 지방세력은 중앙에 대해 독자적인 권한을 가지고 있었다. 중앙 왕실은 지방세력을 인정하고 이와 연맹하여 국가체제를 유지해 나갔다.

## 생활상과 풍습

형벌을 쓰는 데에 지나치게 엄하여 살인자는 죽이고 그 집 사람은 몰수해 노비로 삼았다. 도둑질을 하면 하나에 12배를 배상한다.
남녀 간에 간음하거나 부인이 투기하면 모두 죽였다. [부인이] 투기하는 것을 더욱 미워하여 죽이고 나서 그 시체를 나라의 남산南山 위에 버려서 썩게 한다. 여자의 집에서 그 부인의 시체를 가져가려면 소와 말을 바쳐야 이내 내어 준다.

형이 죽으면 형수를 아내로 삼는 데, 흉노와 더불어 같은 풍습이다.

부여사회는 공동체 구성원의 생명과 노동력을 존중하였다. 이에 남을 죽인 사람은 똑같이 죽였고, 그 집의 나머지 사람은 노비로 삼았다. '눈에는 눈 이에는 이' 고대 바빌로니아의 함무라비 법전이 연상된다. 도둑질에 대해 12배를 배상할 정도로 엄격하게 처벌함으로써 사유재산을 존중하였다. 다만 이는 지배층의 경제질서를 유지하기 위한 제도적 장치였을 가능성이 크다.

남녀 간에 음란한 짓을 했을 때 남자도 죽이는 것은 근친 성교를 막는, 곧 족외혼의 관습을 유지하기 위한 사회적 장치였다. 여성의 질투를 더욱 금기시한 것은 부여사회가 일부다처제였기 때문이다. 일부다처제의 구조에서 가부장권을 확립하고 가정의 평화를 유지하기 위한 것이었다.

형이 죽었을 때 형수를 아내로 삼는 '형사취수제兄死娶嫂制'는 약탈 전쟁으로 청장년층의 사망률이 높았던 유목민 사회에서 물적·인적 자원의 보존과 보충을 위한 장치였다. 고대사회에서는 인구의 규모가 국가 경쟁력과 직결되었다. 농업생산을 위한 노동력의 측면이나 전쟁을 치룰 군사 양성과 직결되는 문제였다. 따라서 아이를 생산할 수 있는 젊은 여성이 다른 부족이나 국가로 나가게 되면 막대한 손실을 입을 수밖에 없다. 곧 전쟁에서 죽은 형의 부인과 자손을 책임짐과 동시에 형수가 가진 생산능력의 유출을 방지하기 위한 제도인 셈이다. 형사취수제를 유교적인 관점으로 비판해서는 안 되는 이유가 여기에 있다.

여름에 사람이 죽으면 모두 얼음을 쓴다. 사람을 죽여서 순장殉葬하는 데 많을 때는 100명 쯤 된다. 장사를 후하게 지내는데, 곽槨[덧널]은 사용하나 관棺은 쓰지 않는다.

『위략』왈 : 그 나라의 풍속은 다섯달 동안 초상을 치르는데 오래 둘수록 영화롭게 여긴다. 상주는 빨리 지내고 싶어하지 않지만, 다른 사람이 강권하기 때문에 실랑이를 벌이는 것으로써 예절로 삼는다. 상중에는 남녀모두 순백색의 옷을 입고, 부인은 베로 만든 면 옷을 착용하며, 반지나 패물을 몸에서 제거한다.

부여의 장례풍습에는 순장이 강조되어 있다. 죽은 다음의 세계인 내세來世를 현세現世의 연장으로 생각했기 때문이다. 장례기간이 5개월 동안 지속되었기 때문에 여름에는 시신이 썩지 않도록 얼음을 사용하였다. 겨울에 채취한 얼음을 석빙고石氷庫에 보관해 두었을 것이다. 상중에 흰색 옷을 입는다거나 장신구를 착용하지 않는 풍습은 오늘날과 별반 다르지 않다. 부여 사람들은 평상시에도 흰옷을 숭상했다고 하니, '우리민족이 백의민족白衣民族인 것'은 그 기원이 부여에 있지 않을까 싶다.

① 토지는 오곡五穀이 자라기에는 적당하지만, 오과五果는 생산되지 않는다.
② 그 나라 사람들은 [제의용] 동물을 잘 기르며, 명마, 붉은 옥, 담비와 원숭이 [가죽]이 산출된다. 구슬 중에 큰 것은 멧대추와 같다.
③ 활·화살·칼·창을 병기로 사용하며, 집집마다 스스로 갑옷과 무기를 보유하였다.
④ 옛날 부여의 풍속에는 홍수나 가뭄이 고르지 못해 오곡이 익지 않으면, 그 허물을 왕에게 돌려 '왕을 마땅히 바꾸어야 한다'고 하거나 '죽어야 한다'고 했다.

부여의 경제는 넓은 들이 동이지역에서 가장 넓고 평탄하다는 지리적 환경과, 오곡이 자라기에 적당하다고 한 점을 고려할 때 농업 경제 생활이 우선적이었음을 알 수 있다. 가뭄과 홍수 때문에 흉작이 되었을 때 그 책임을 국왕이 모두 짊어졌다는 것도 같은 맥락이다.

다만 가축으로 이름 붙여진 부여의 관직이나, 부인의 투기 시 소와 말로써 그 시체를 가져올 수 있는 점, 형사취수제의 풍습, 그리고 가축을 잘 기른다는 기록을 참고하면 부여사회 곳곳에 유목민의 풍습이 여전히 남아 있음도 알 수 있다.

## 신앙과 제의

은력殷曆 정월에 하늘에 제사 지낸다. 나라 안의 큰 모임으로 날마다 마시고 먹고 노래하고 춤추는데, 그 이름을 '영고迎鼓'라 하였다. 이 때에는 형옥刑獄을 판결하고 죄수를 풀어준다.

전쟁을 하게 되면 그때도 하늘에 제사지내고, 소를 잡아서 그 발굽을 보아 길흉을 점치는데, 발굽이 갈라지면 흉하고 발굽이 붙으면 길하다고 생각한다.

부여는 은력 정월, 곧 음력 12월에 '영고迎鼓'라는 제천祭天행사를 개최하였다. 글자 그대로는 '북을 맞이함'이라는 뜻을 가지고 있다. 아마도 제의과정에서 북을 두드림으로써 신을 불러왔다는 의미일 것이다.

그런데 부여의 영고는 왜 1년 중에 가장 추운 계절에 지냈을까? 고구려의 동맹東盟과 동예의 무천舞天이 추수감사제의 의미로서 10월에 개최된 것과 사뭇 달라 궁금증을 자아내게 한다. 부여가 영고를 한 겨울에 개최한 까닭은 사냥과 관련이 있을 법하다. 영고 때 하늘의 신에게 바칠 제의용 희생동물을 사냥하는 데 있어서는 수풀이 우거진 가을보다는 한겨울이 훨씬 유리하기 때문이었다. 사냥대회는 군사훈련의 의미도 동시에 내포되어 있다.

축제의 장인 영고에서 굳이 형옥을 판결하고 죄수를 풀어준 이유는 무엇일까? 이것은 공공장소에서 법률 집행권을 행사함으로써 연맹왕의 권위를 공인받고 부각시키려는 정치적 행위이다. 예나 지금이나 사면권은 국왕 또는 대통령만이 할 수 있는 독자적인 권한이다. 국왕은 사면을 통해 자신의 권위를 드러내고 동시에 민심을 위무할 수 있었다.

전쟁 시에 소의 발굽을 보고 점을 치는 행위는 전쟁을 수행하기에 앞서 승리를 기원하는 군사적 의미가 강했다. 만약 전쟁에 이긴다면 국왕의 권위가 더욱 절대화될 것이고, 전쟁에 지더라도 왕의 권위에 손상이 가지 않고 다만 제사장에 그 책임을 돌릴 수 있다. 그만큼 당시 부여의 왕권이 강했던 것이다. 흉년이 발생했을 때 목숨까지 내놔야 했던 옛날 부여의 왕과 정치적 위상이 완전히 달라졌음을 알 수 있다.

부여 영고를 한마디로 표현하면 '축제와 재판의 협주곡'이라 할 만하다. 제천행사에 참여한 제가諸加들을 비롯한 구성원들은 영고를 통해 '부여국민'으로서의 공동체 의식을 높였을 것이다. 곧 영고는 연맹 왕을 중심으로 한 부여국가 차원의 통합과 결속력을 강화하는 기능을 수행하였다. 부여 왕은 제천의례를 통해서 자신의 권력 행사에 대한 합법성을 유지하고 통치행위의 정당성을 확보하였다. 영고의 역사적 의미가 여기에 있었다.

# 고구려의 건국과 국가적 성장

## 고구려 건국신화와 그 의미

고구려 건국신화의 모태가 된 '동명형東明型 신화'의 전승과 기록은 다섯 가지가 남아 있다. 발간 연대순으로 정리해 보면, 중국 측 자료로 후한대 왕충王充이 지은 『논형論衡』과 3세기대 진수陳壽가 지은 『삼국지』위서 부여전 내 『위략魏略』이 있다. 우리 측 자료로는 1145년 김부식이 편찬한 『삼국사기』 고구려본기, 1193년 이규보가 지은 『동국이상국집東國李相國集』의 동명왕편, 1283~1289년 사이 일연이 지은 『삼국유사』 권1, 기이2, 고구려전이 그것이다.

동명형 신화는 본래 부여국의 건국신화였지만, 만주 및 동북아 일대 여러 국가 건국신화의 모델이 되었다. 동명형 신화에서 가장 강조된 것은 동명이 국왕의 박해를 받고 도망하여 새로운 천지를 찾아가는 장면이다. 곧 '영웅전승적 성격'이다.

고구려 주몽신화의 원조는 각각 414년과 5세기 초반에 건립된 「광개토왕비」와 「모두루묘지」에 남아 있다.

① 생각하건대 옛날 시조始祖 추모왕鄒牟王이 나라를 세웠다. [왕은] 북부여에서 태어났고, 천제天帝의 아들이었다. 어머니는 하백河伯의 따님이었다. 알을 깨고 세상에 내려와, 태어나면서부터 성스러운 …… 이 있었다. 길을 떠나 남쪽으로 내려가는데, 부여의 엄리대수奄利大水를 지나갔다. 왕이 나룻가에서 "나는 천제의 아들이며 하백의 따님

을 어머니로 한 추모왕이다. 나를 위하여 갈대를 연결하고 거북이 무
리를 짓게 하여라"라고 하였다. 말이 끝나자마자 곧 갈대가 연결되고
거북떼가 물위로 떠올랐다. 그리하여 강물을 건너가서, 비류곡沸流谷
홀본忽本 서쪽 산 위에 성을 쌓고 도읍을 세웠다. 왕이 왕위에 싫증을
내니, [하늘님이] 황룡黃龍을 보내어 내려와서 왕을 맞이하였다. [이에]
왕은 홀본 동쪽 언덕에서 용의 머리를 디디고 서서 하늘로 올라갔다.
명命을 이어받은 세자 유류왕儒留王[유리왕]은 도道로써 나라를 잘 다
스렸고, 대주류왕大朱留王[대무신왕]은 왕업을 계승하여 발전시켰다.

- 「광개토왕비」

② 하백河泊의 손자이며 일월日月의 아들인 추모성왕鄒牟聖王이 북부여
에서 나셨으니, 천하사방天下四方이 이 나라 고을이 가장 성스러움을
알지니 …

- 「모두루묘지」

「광개토왕비」와 「모두루묘지」에 따르면, 5세기 초반 고구려 사람
들은 주몽을 '천자天子'로 인식하고 있었음을 알 수 있다. 그러던 것이
12세기 『삼국사기』 단계에서 '천손天孫 의식'이 삽입되어, 천자 관점
과 천손 관점이 혼용되어 있다. 이것이 「동명왕편」으로 가면 완전한
천손 의식으로 정착한다. 이러한 내용을 주의 깊게 살펴보면서 주몽
건국신화의 서사 구조를 음미해볼 필요가 있다.

① 시조 동명성왕東明聖王은 성이 고씨高氏이고 이름이 주몽朱蒙(추모鄒
牟 또는 중해衆解라고도 하였다.)이다. 이에 앞서 부여의 왕 해부루가 늙
도록 아들이 없어 산천山川에 제사를 드려 대를 이을 자식을 구하였
다. 그가 탄 말이 곤연鯤淵에 이르러 큰 돌을 보고 서로 마주하여 눈
물을 흘렸다. 왕은 이상하게 여겨 사람을 시켜서 그 돌을 옮기니 어

린 아이가 있었는데 금색 개구리 형상이었다. 왕이 기뻐하며 말하기를 "이것은 바로 하늘이 나에게 자식을 준 것이다"라 하고는 거두어 길렀는데, 이름을 금와金蛙라 하였다. 그가 장성하자 태자太子로 삼았다. 나중에 재상 아란불이 말하였다. "일전에 하느님이 내게 내려와 '장차 내 자손으로 하여금 이곳에 나라를 세우게 할 것이니 너희는 피하거라. 동쪽 바닷가에 가섭원迦葉原이라는 땅이 있는데, 토양이 비옥하여 오곡이 잘 자라니 도읍할 만하다'고 하였습니다."

아란불이 마침내 왕에게 권하여 그곳으로 도읍을 옮겨 나라 이름을 동부여라고 하였다. 옛 도읍지에 사람이 있었는데 어디로부터 왔는지는 알 수 없었다. 스스로 천제의 아들 해모수라고 칭하며 와서 도읍하였다.

해부루가 죽고 금와가 왕위를 계승하였다. 이 때에 태백산太白山 남쪽의 우발수優渤水에서 한 여자를 얻어 물었다. [여자가] 대답하였다. "나는 하백河伯의 딸로서 이름은 유화柳花입니다. 동생들과 더불어 나가 놀고 있는데 그 때 한 남자가 있어 스스로 천제의 아들인 해모수라 하면서, 나를 웅심산熊心山 밑의 압록강鴨綠[江] 변에 있는 집으로 유인하여 사통私通하고 곧 가서 오지 않았습니다. 부모는 중매인도 없이 남을 따랐다고 나를 나무라며 마침내 우발수로 유배 보냈습니다."

금와가 이상하게 여겨 [유화를] 방안에 가두어 두었는데, 햇빛이 비치는지라 [유화가] 몸을 당겨 피하였으나 햇빛이 또 따라와 비추었다. 그로 인해 임신을 하여 알을 하나 낳았는데 크기가 5승升 쯤 되었다. 왕이 그것을 버려 개와 돼지에게 주었으나 모두 먹지 않았다. 또 길에 버리니 소와 말이 피했다. 나중에 들에다 버리니 새가 날개로 덮어 주었다. 왕은 알을 깨어보려고 했으나 깨뜨리지 못하고 마침내 그 어머니[유화]에게 돌려주었다. 그 어머니가 알을 싸서 따뜻한 곳에 두었더니 한 남자아이가 알을 깨고 나왔다. 골격과 외모가 빼어나고 기이했다. 나이 겨우 7세에 남달리 뛰어나 스스로 활과 화살을 만들어 쏘았는데 백발백중이었다. 부여의 속어에 활 잘 쏘는 것을 주몽朱蒙이라고 하였으므로 이로써 이름을 삼았다. 금와에게는 일곱 아들이 있어서 항상 주몽과 더불어 놀았는데 그 기예와 능력이 모두 주몽에게 미치지 못했다. 그 맏아들 대소가 왕에게 말하였다. "주몽은 사람이 낳은 자가 아니어서 사람됨이 용맹스럽습니다. 만약 일찍 일을 도모하지 않으면 후환이 있을까 두렵습니다. 청컨대 없애버리십시오!"

왕은 듣지 않고 그를 시켜 말을 기르게 하였다. 주몽은 날랜 말을 알아내어 먹이를 적게 주어 마르게 하고, 둔한 말은 잘 먹여 살찌게 하였다. 왕은 살찐 말을 자신이 타고, 마른 말을 주몽에게 주었다. 나중에 들판에서 사냥할 때 주몽이 활을 잘 쏘기 때문에 화살을 적게 주었으나, 주몽이 쓰러뜨린 짐승이 가장 많았다. 왕자와 여러 신하가 또 죽이려고 꾀하자, 주몽의 어머니가 이것을 눈치 채고 [주몽에게] 일렀다.

"나라 사람들이 장차 너를 해칠 것이다. 너의 재주와 지략으로 어디를 간들 안 되겠느냐? 지체해 머물다가 욕을 당하는 것보다 멀리 가서 뜻을 이루는 것이 낫다."

주몽은 곧 오이烏伊·마리摩離·협보陜父 등 세 사람을 벗으로 삼아 함께 갔다. 엄호수淹㴲水(또는 개사수蓋斯水라고도 하는데 지금[고려]의 압록[강] 동북쪽에 있다.)에 다다라 건너려 하였으나 다리가 없어 추격병에게 잡히게 될 것이 두려워 물에게 고했다. "나는 천제의 아들이요, 하백의 외손이다. 오늘 도망가는데 추격자들이 다가오니 어찌하면 좋은가?" 이에 물고기와 자라가 떠올라 다리를 만들었으므로 주몽은 건널 수 있었다. 물고기와 자라가 곧 흩어지니 추격하는 기마병은 건너지 못했다.

주몽은 모둔곡毛屯谷에 이르러 세 사람을 만났다. 그 중 한 사람은 삼 베옷(麻衣)을 입었고, 한 사람은 중 옷(衲衣)을 입었으며, 한 사람은 마 름옷(水藻衣)을 입고 있었다. 주몽은 "너희들은 어디에서 온 사람들인 가? 성은 무엇이고 이름은 무엇인가?" 하고 물었다. 삼베옷 입은 사 람은 "이름은 재사입니다"라고 하였고, 중 옷을 입은 사람은 "이름은 무골입니다"라고 하였고, 마름옷 입은 사람은 "이름은 묵거입니다" 라고 대답하였다. 하지만 성은 말하지 않았다. 주몽은 재사에게 극씨 克氏, 무골에게 중실씨仲室氏, 묵거에게 소실씨少室氏의 성을 내려주었 다.…

마침내 그 능력을 살펴 각각 일을 맡기고 그들과 함께 졸본천卒本川 (위서魏書에서는 흘승골성紇升骨城에 이르렀다고 하였다.)에 이르렀다. 그 토양이 기름지고 아름다우며, 산하가 험하고 견고한 것을 보고 마침 내 도읍하려고 했다. 그러나 궁실을 지을 겨를이 없었으므로 다만 비 류수沸流水 가에 초막을 짓고 살았다. 나라 이름을 고구려高句麗라 하 고 그로 말미암아 고高로써 성을 삼았다.(다른 기록에는 이렇게 쓰여 있 다. 주몽이 졸본부여에 이르렀다. [그] 왕에게 아들이 없었는데 주몽을 보고 는 범상치 않은 사람인 것을 알고 그 딸을 아내로 삼게 하였다. 왕이 죽자 주 몽은 왕위를 이었다.) 이때 주몽의 나이가 22세였다. … 사방에서 듣고 와서 따르는 자가 많았다. 그 땅이 말갈 부락에 붙어 있어 침략과 도 적질의 해를 당할 것을 염려해서 마침내 그들을 물리치니, 말갈이 두 려워 굴복하고 감히 침범하지 못하였다.

왕은 비류수 가운데로 채소 잎이 떠내려 오는 것을 보고 상류에 사 람이 있는 것을 알았다. 그로 인해 사냥하며 찾아가서 비류국沸流國 에 이르렀다. 그 나라 왕 송양松讓이 나와 보고는 말했다. "과인이 바 다의 구석에 치우쳐 있어서 일찍이 군자를 보지 못했는데 오늘 서로 만나니 다행이 아닌가? 그러나 그대가 어디서 왔는지 알지 못하겠다." [주몽은] 대답하기를 "나는 천제의 아들로서 모처에 와서 도읍하였다"고 하였다. 송양이 말했다. "우리는 여러 대에 걸쳐서 왕이 되었다. 땅이 좁아서 두 왕을 용납하기에 부족하다. 그대는 도읍한 지 얼마 되지 않으니 나에게 부용하는 것이 어떠한가?" 왕은 그 말을 [듣고] 분하게 여겨 그와 더불어 말다툼하고 또 서로 활을 쏘아 재능을 겨루었는데, 송양이 당해내지 못하였다.

2년(기원전 36) 여름 6월에 송양이 나라를 들어 항복해오므로 그 땅을 다물도多勿都로 삼고 송양을 봉하여 우두머리로 삼았다. 고구려 말에 옛 땅을 회복하는 것을 '다물'이라 하였으므로 그렇게 이름한 것이다.

- 『삼국사기』권13, 고구려본기1, 동명성왕 원년 및 2년

② 한나라 신작 3년(기원전 59)인 임술년에 천제天帝가 태자를 보내어 부여왕의 옛 도읍에 내려와 놀았는데 이름이 해모수였다. 하늘에서 오룡거五龍車를 타고 내려오는데, 따르는 사람 1백 명은 모두 흰 고니를 탔다. 채색 구름이 위에 뜨고 음악소리는 구름 속에서 울렸다. 웅심산熊心山에 머물렀다가 10여 일이 지나서 내려오는데 머리에는 오우관烏羽冠을 쓰고 허리에는 용광검龍光劍을 찼다.

아침이 되면 정사를 듣고 저물면 곧 하늘로 올라가니 세상에서 천왕랑天王郎이라 일컬었다. … 건너려 하나 배는 없고 쫓는 군사가 곧 이를 것을 두려워하여 채찍으로 하늘을 가리키며 개연히 탄식하기를, "나는 천제의 손자요 하백의 외손인데 지금 난을 피하여 여기에 이르렀으니 황천과 후토后土는 나 고자孤子를 불쌍히 여기시어 속히 배와 다리를 주소서"하고, 말을 마치고 활로 물을 치니 고기와 자라가 나와 다리를 이루어 주몽이 건넜는데 한참 뒤에 쫓는 군사가 이르렀다.

[대소 형제들에게 쫓겨 강을 건넌 주몽은 급히 떠나오면서], 어머니가 싸준 오곡 종자를 잊고 왔다. 주몽이 큰 나무 밑에서 쉬는데 비둘기 한 쌍이 날아 왔다. 주몽은 "신모神母께서 보리종자를 보내신 것이리라"

생각하고, 활을 쏘아 한 화살에 모두 떨어뜨렸다. 목구멍을 벌려 보리 종자를 얻고 나서 물을 뿜으니, 비둘기가 소생하여 날아갔다.

[주몽이 나라를 세웠으나 비류국왕 송양이 속국으로 삼으려 하므로 두 나라 사이에 다툼이 있었다.] [주몽이] 서쪽을 순행하다가 사슴 한 마리를 얻었는데 해원에 거꾸로 달아매고 주문을 외워 이르기를 "하늘이 만일 비를 내려 비류왕의 도읍을 수몰시키지 않으면, 내가 너를 놓아주지 않을 것이니, 이 곤란을 면하려거든 네가 하늘에 호소하라"라고 하였다. 그 사슴이 슬피 울어 그 소리가 하늘에 사무치니, 장마비가 7일을 퍼부어 송양의 도읍을 물에 잠기게 하였다. … 6월에 송양이 나라를 들어 항복하였다.

-『동국이상국집』 권3, 동명왕편

주몽은 천제의 아들 해모수와 강물의 신인 하백의 딸 유화가 혼인함으로써 탄생하였다. 해모수는 '천신족天神族'이고 유화는 '지신족地神族'이다. 곧 고구려 건국신화는 천신족과 지신족이 결합하는 구조로 되어 있다.

신화에서 천신족은 외부로부터의 이주민을, 지신족은 토착세력을 상징한다. 주몽은 아버지 쪽 혈통이 하늘과 닿아 있는 데, 이는 주몽신화의 근간에 하늘로부터 선택받았다는 선민사상選民思想이 깔려 있음을 말해준다. 주몽이 왕으로서 통치를 원만하게 하기 위해 자신의 혈통이 백성들과 근본부터 다르다는 것을 강조한 것이다.

주몽은 알에서 태어났다. 이와 같은 난생卵生신화는 전형적인 북방계 신화의 특징이다. 이것 역시 천신족 관념의 표상이다. 주몽은 선민의식에 안주하지 않고 새로운 천지를 찾아 떠났다. 여기에는 물론 부여 대소 형제의 핍박과 살해 위협이 있었다. 마침내 대소의 추격을 따돌리고 고구려를 건국하였다. 탈출과정에서 다시 한 번 하늘의 도움을 받았다. 결정적일 때마다 주몽이 하늘의 자손임을 드러내고 있다. 주몽의 탄생과 건국과정은 '신이한 탄생 → 혹독한 시련기 → 새로운 땅을 찾아 떠남 → 나라를 세움'으로 정리할 수 있다. 이것이 '영웅전승적 신화'의 전형적인 이야기 구조이다.

고구려 건국신화에는 이 외에도 몇 가지의 역사적 사실이 내재되어 있다. 첫째, 주몽이 다른 사람과 차별되는 요소로서 활솜씨와 기마능력이 강조되었다. '주몽'이라는 이름이 부여 말로 활을 잘 쏘는 것에서 붙여졌다. 유화부인이 보내준 오곡 종자를 입에 머금은 비둘기를 단 번에 쏘아 맞힌 후 다시 소생시켰다는 이야기에서는 주몽의 활솜씨가 극적으로 묘사되어 있다. 또 대소 형제들에게 쫓겨 강을 건너기 위해 주몽이 하늘에 주문을 하는 수단으로 채찍이 사용된 것은 기마적 능력을 한껏 과시하는 듯하다. 결국 이와 같은 '활쏘기'와 '기마능력'은 고구려 건국자의 자격요건을 암시한다. 뿐만 아니라 이후 고구려 사회에서 영웅이 가져야할 가장 중요한 능력이 되었다.

둘째, 주몽이 부여에서 탈출하여 고구려를 건국하기까지의 이동 과정에서 무사단을 거느리는 모습이 나타나 있다. 주몽은 부여에서 탈출할 때부터 오이·마리·협보와 함께 남하하였다. 그리고 모둔곡에 이르러 재사·무골·묵거를 만나 이들에게 성씨를 내려주었다. 고대사회에서 성씨를 내려주었다는 것은 지배와 복속관계를 의미한다. 주몽이 영웅전승적 성격을 가지고 새로운 국가를 찾아 건설해 가는 과정은 실제로 고구려가 주위의 소국을 흡수·병합하는 것과 어울린다. 주몽이 고구려 건국 후 처음으로 송양국을 병합한 것은 주변 소국을 복속하면서 영역을 넓혀가는 상황을 알려준다. 오이·마리·협보와 재사·무골·묵거는 개인이라기보다는 특정한 세력을 대표하는 집단의 우두머리이다. 이들은 무사단적인 성격을 가지고 있다. 실제로 동명성왕~유리왕대 고구려가 주변의 소국을 복속하는 과정에서 이들의 활약이 단연 돋보였다.

셋째, 고구려 건국신화에는 주몽의 어머니 유화부인이 지모신地母神으로 설정되어 있다. 동서고금을 막론하고 여성의 생산·생육능력과 토지의 생산성은 동일시 되었다. 때문에 여성이 '풍요'와 '다산'의 상징이 되었다. 신화에서 유화부인이 전해준 오곡 종자가 고구려 농업생산성의 근본이 되었다. 이는 초기 고구려 사회의 근간이 농업경제임을 시사한다.

## 고구려의 첫 수도 졸본성과 국내성으로의 천도

주몽이 부여에서 남하해 나라를 세운 고구려의 첫 도읍지는 졸본성卒本城이었다. 사료에는 '홀본성忽本城' 또는 '흘승골성紇升骨城'이라고도 전한다. 오늘날 중국 요령성 환인현의 오녀산성五女山城이 졸본성으로 유력하다.

| 고구려의 첫 수도, 졸본성(2011년)

주몽은 송양왕의 비류국을 공격할 때 사슴을 볼모로 하여 비를 내리게 해 수몰시켰다. 이때 비류수 하류에 있었던 졸본성이 무사할 수 있었던 까닭은 이곳이 해발 800m에 달하는 험준한 천혜의 요새였기 때문이었다.

그런데 유리왕 22년(기원후 3)에 이르러 첫 번째 수도에서 국내성國內城으로의 천도가 단행되었다. 관련 기록을 살펴보기로 하자.

21년(2) 봄 3월에 교제郊祭[하늘에 지내는 제사]에 쓸 돼지가 달아났다. 왕은 장생掌牲 설지에게 명해 뒤쫓게 했다. [그는] 국내國內 위나암尉那巖

에 이르러 붙잡아 국내지방 사람의 집에 가두어 기르게 했다. 돌아와 왕을 뵙고 아뢰었다.

"신이 돼지를 쫓아 국내 위나암에 이르렀는데, 그 산수가 깊고 험하며 땅이 오곡을 키우기에 알맞고, 또 순록·사슴·물고기·자라가 많이 나는 것을 보았습니다. 왕께서 만약 도읍을 옮기시면 백성의 이익이 끝없을 뿐만 아니라 전쟁의 걱정도 면할 수 있을 것입니다." 9월에 왕은 국내로 가서 지세를 보았다. …

22년(3) 겨울 10월에 왕은 국내로 천도하고 위나암성을 쌓았다.

– 『삼국사기』 권13, 고구려본기1, 유리왕 21년·22년

유리왕 21년(기원후 2) 하늘에 제물로 바칠 희생동물 돼지가 국내 위나암으로 달아났다. 돼지를 잡으려고 국내지역으로 갔던 설지는 국내지역의 지리적인 조건과 물산의 풍요로움을 왕에게 알리고 수도의 천도를 권했다. 졸본지역이 고구려의 첫 수도로 자리매김을 한 지 50여 년이 지난 때였다. 그렇다면 졸본지역의 토착세력은 자신들의 기득권을 유지하기 위해 천도를 반대했을 가능성이 크다. 기록에는 교제사에 쓸 돼지가 우연히 국내 위나암으로 간 것처럼 되어 있다. 이로써 국내 위나암은 하늘이 점지해 준 땅이 될 수 있었다. 이것은 아마도 국내성 천도의 정당성을 확보하기 위한 일종의 조작으로 보아도 무방할 것이다. 예나 지금이나 수도의 천도는 결코 쉬운 일이 아니기 때문이다.

국내성은 이때부터 장수왕이 평양으로 천도하는 427년까지 고구려의 두 번째 수도가 되었다. 국내성 지역은 연평균기온 6.3도로 중국 길림성에서 가장 따뜻하다. 이곳에 위치한 통구평원은 압록강 중류 일대에서는 가장 넓은 분지이다. 곧 농업생산력 측면에서 기존 졸본지역보다 유리한 조건을 가지고 있다.

| 국내성 서벽의 모습(2009년)

　　졸본은 주몽이 부여에서 탈출해 와 군사적 기반이 부족한 상태에서 외부세력의 침략을 방어할 수 있는 천혜의 요새였지만, 점차 주변 소국을 복속해 영역을 확장하는 데는 불리하였다. 반면에 국내성은 압록강 중류에 위치해 있어 압록강 전체 수로망을 총괄할 수 있는 교통의 요지였다. 중국의 침입경로를 고려할 때 졸본성이 있었던 환인[졸본]지역보다 안전할 뿐만 아니라, 압록강을 통해 서해의 소금과 해산물 등을 곧바로 수도까지 운반할 수 있는 장점도 가졌다.

　　『삼국사기』에 따르면, 주몽이 고구려를 건국한 시기는 기원전 37년이다. 그러나 기원전 108년에 설치한 현도군 안에 이미 '고구려현'이 존재하였다. 또한 안정복의 『동사강목』에는 『고려비기高麗秘記』라는 책을 인용하여 고구려가 900년간 존속했음을 남겨주었다. 이에 근거해 고구려의 건국시기를 『삼국사기』보다 더 올려보아야 한다는 주장도 있다.

이들은 주몽의 등장을 건국이 아닌 왕실 교체의 측면에서 보아야 한다는 입장이다. 『삼국지』 동이전 고구려전에 남겨진 '고구려에 본래 연노부·절노부·순노부·관노부·계루부 등 5부가 있었는데, 원래 연노부에서 왕이 나오다가 세력이 미약해져서 지금은 계루부가 왕위를 차지하고 있다'는 기록에 주목한 것이다. 곧 주몽을 계루부의 대표로 보아 그의 등장으로 왕실의 주도세력이 바뀌었다는 주장이다.

### 고구려 초기 주변 소국의 복속과 지배방식

주몽[동명성왕]이 죽고 부여에서 내려온 그의 아들 유리가 왕위를 이었다. 유리왕(기원전 19~기원후 18)과 대무신왕(18~44)대는 양맥국·개마국·구다국 등 전쟁을 통해 주변의 소국을 정복해 나갔다. 『삼국사기』에는 고구려 초기의 전쟁과 영토확장을 전하는 기록이 꾸준히 소개되고 있다.

① 33년(14) 가을 8월에 왕은 오이와 마리에게 명하여 군사 2만을 거느리고 서쪽으로 양맥梁貊을 쳐서 그 나라를 멸망시키고, 진군시켜 한나라의 고구려현高句麗縣(현은 현도군에 속한다.)을 공격해서 차지하였다.

— 『삼국사기』 권13, 고구려본기1, 유리왕 33년

② 9년(26) 겨울 10월에 왕은 친히 개마국蓋馬國을 정벌하여 그 왕을 죽였으나, 백성을 위로하여 노략질하지 않고 다만 그 땅을 군현으로 삼았다. 12월에 구다국句茶國의 왕이 개마[국]이 멸망한 것을 듣고 해가 자신에게 미칠 것이 두려워 나라를 들어 항복하였다. 이로써 땅을 점차 넓게 개척하였다.

— 『삼국사기』 권14, 고구려본기2, 대무신왕 9년

그런데 고구려 초기에는 주변의 소국을 복속한 후에도 그 지역의 국왕을 죽이지 않고 여전히 해당 지역을 다스리도록 허락하였다. 일종의 자치권을 부여한 셈이다. 주몽이 비류국을 병합했을 때 송양을 다시 우두머리로 삼은 것이 대표적인 예이다. 이때 고구려가 허용해 준 자치권은 조상에 대한 제사권이었다. 개별 소국의 왕실이 지내온 제사를 고구려에 흡수·병합된 후에도 한동안 지낼 수 있도록 인정해 준 것이다. 이와 같은 개별 소국의 제사의례는 나중에 '동맹東盟'이라는 제천의례에 흡수되게 된다. 고구려 중앙왕실 중심의 제사체계로 개편된 것이다.

고구려가 초기에 병합한 주변 소국에게 자치권을 보장해 주었지만, 대외적인 무역권과 전쟁[군사]권은 제약하였다. 자칫 잘못하면 또다시 세력을 규합해 반란을 일으킬 수도 있었기 때문이다. 고구려는 또한 복속한 국가들에게 지속적으로 공납을 받는 형태로서 경제적 지배를 추구하였다. 고구려와 동옥저의 관계에서 그러한 내용을 살필수 있다.

〈공납적 수취지배의 예〉

동옥저는 나라가 작아 큰 나라의 사이에서 핍박 받다가 마침내 고구려에게 신속되었다. … 또 대가大加로 하여금 그 조세의 책임을 통솔하게하여 맥·포·생선·소금·해산물 등을 1천 리나 되는 거리에서 져 나르게 했다. 또 그 미녀를 보내게 하여 종이나 첩으로 삼아, 노복처럼 대우하였다.

－『삼국지』위서 동이전 동옥저

### 고구려 초기 통치체제의 정비과정
고구려의 지배집단은 5부로 구성되어 있었다.『삼국지』동이전에 전하는 고구려의 5부는 다음과 같다.

> [고구려에는] 본래 다섯 [부]족이 있으니, 연노부涓奴部·절노부絶奴部·순
> 노부順奴部·관노부灌奴部·계루부桂婁部가 그것이다. 본래 연노부가 왕이
> 되었는데 점점 미약해져서 지금은 계루부가 그것을 대신한다.
>
> - 『삼국지』위서 동이전 고구려

『삼국사기』에는 같은 부의 명칭으로써 '노奴' 대신 '나那'를 사용
하였다. 이에 대하여 중국 측 문헌이 '奴'를 사용한 것은 의도적인 멸
시의 의미가 있다는 주장도 있다. 다만 '那'는 음운상으로 '奴', '內'와
통하고, 뜻으로는 '천川', '양(壤, 讓 襄)'과 서로 통한다. 이는 고구려 초
기 강가나 계곡지대에 자리 잡은 사람들의 집단을 가리키는 정치적인
용어였다.

고구려 초기 다수의 '나'들은 점차 5개의 유력한 '나'로 통합되었
다. 그 다섯의 '나'가 계루집단의 우두머리이기도 한 고구려왕을 정점
으로 한 중앙정부의 통제력 아래 '5(나)부체제'로 정립되었다. 그 시
기는 대체로 태조왕대(53~146)로 보는 것이 일반적이다.

고구려는 새롭게 탄생시킨 '5(나)부체제'를 원활하게 운영하기
위해서 국왕 아래에 구성원들을 일원적으로 통치할 필요성이 생겼다.
이에 마련된 것이 관등官等제도이다. 3세기까지 고구려 초기 관등제
의 정비과정과 성격에 대해서는 『삼국지』동이전 고구려전에 그 내용
이 자세히 남아 있다.

> ① 그 나라에는 왕이 있고, 관[등]으로는 상가相加·대로對盧·패자沛者·
> 고추가古雛加·주부主簿·우태優台·승丞·사자使者·조의皂衣·선인先人
> 이 있는데, [신분의] 높고 낮음에 따라 각각 등급을 두었다. …

② 관[등]을 설치할 때 대로對盧가 있으면 패자沛者를 두지 않고, 패자가 있으면 대로를 두지 않는다. 왕의 종족宗族으로 대가大加인 자는 모두 고추가古雛加를 칭한다.

③ 연노부는 본래 나라의 주인이었으므로 지금 비록 왕이 되지 못하지만 그 적통대인適統大人은 고추가의 칭호를 얻었다. 또한 [연노부는] 종묘宗廟를 세우고 영성靈星과 사직社稷에 제사지낸다.

절노부는 대대로 왕과 혼인을 하였으므로 [그 대인은] 고추[가]의 칭호를 더하였다. 모든 대가大加들 또한 스스로 사자·조의·선인을 두었는데, 그 명단은 모두 왕에게 보고하여야 한다. [대가의 사자·조의·선인은] 중국의 경卿이나 대부大夫의 가신家臣과 같아서, 회동할 때의 좌석에선 왕가王家의 사자·조의·선인과 같은 열에 앉지 못한다.

－『삼국지』위서 동이전 고구려

『삼국지』고구려전에 남아 있는 상가相加 이하의 여러 관등은 위계적 측면에서 보면 관등이지만, 관직적 성격도 가지고 있다. 아직은 관등과 관직이 분명하게 나뉘어 있지 않은 단계이다. 하나하나씩 성격을 정리해 보면 다음과 같다.

'상가相加'는 5나 집단의 지배자이다. 이들은 5나부 집단의 공동체 회의인 제가회의諸加會議의 의장이다. 또한 고구려 초기에 나오는 관직 국상國相을 맡을 수 있었던 주요 존재들이기도 했다.

'패자沛者' 역시 국상 내지 좌左·우보右輔로 나아갈 수 있는 최고의 관등으로서 독자적인 군사력을 가지고 있는 나부의 핵심세력에게 부여되었다. 기록상 4세기 이후에 소멸된 듯하다. '대로對盧'도 패자에 버금가는 정치적 지위를 가졌다. 관직을 둘 때 '대로가 있으면 패자를 두지 않고, 패자가 있으면 대로를 두지 않는다'고 한 것이 이를 말해준다. 고구려 후기의 대대로大對盧가 대로에서 분화된 것 같다. 이로써 보면 대로는 패자의 기능을 대체하면서 성립했을 가능성이 크다.

'고추가古雛加'는 왕을 배출한 계루부의 대가大加가 모두 고추가였다. 또한 전 왕족인 연노부의 적통대인과 왕비족 절노부의 대가도 고추가를 칭했다. 고추가는 왕실에서 왕위에 오르지 못한 현제 왕의 아버지나, 왕자 내지 그 계승자에 부여되었다. 곧 왕족으로서 명예적인 성격이 강한 호칭으로서 신라의 갈문왕葛文王에 비견되는 존재라 할 만하다.

'주부主簿'는 왕권을 지지하는 측근세력이었다. 이들은 대외적인 군사활동에서 대가와 더불어 지휘부를 구성하였다. '우태優台'도 주부와 같이 왕의 직속 관료집단이었다.

'사자使者'·'조의皁衣'·'선인先人'은 왕이나 대가 밑에 설치되었던 하급 행정 실무직이다. 사자는 재정과 관련한 수취체제를 담당했고, 조의는 무사적인 성격을 가졌다. 사자는 대사자, 태대사자 등으로 분화되어 고구려 후기까지 존속하였다.

고구려 초기 국왕을 보필하면서 국정 전반에 참여한 관직은 대보大輔였다. 그러다가 대무신왕대(18~44)에 기존의 대보가 좌·우보로 분화하였다. 대보의 업무가 늘어가면서 좌보와 우보로 업무를 나누어 맡긴 것이다. 여기에는 왕 밑에 두 명의 관료를 두어 상호 간에 견제를 시킴으로써 그들에게 권력이 지나치게 집중되는 것을 막고자 한 의도도 있었던 것 같다.

신대왕(165~179)이 즉위한 후 좌·우보제를 국상제國相制로 개편하였다. 신대왕은 연나부 출신 명림답부가 차대왕(146~165)을 시해한 후 옹립한 왕이다. 즉위 당시의 나이가 이미 77세의 고령이었다. 신대왕은 명림답부를 국상에 임명함으로서 그에게 실질적인 전권을 주었다. 국상은 전임자가 사망하면 후임자가 지명하였다. 형식적으로는 국왕의 임명절차를 따르지만 독립성이 강한 직책이었다. 이것은 국상의 정치적 위상을 잘 말해준다.

> 명림답부를 국상國相으로 임명하고 작위를 더하여 패자로 삼아서, 중앙
> 과 지방의 군사를 담당하고 아울러 양맥 부락을 거느리게 하였다. 좌·
> 우보를 바꾸어 국상國相이라 한 것은 이것에서 비롯되었다.
> – 『삼국사기』 권16, 고구려본기4, 신대왕 2년(166)

태조왕(53~146) 이후 고구려는 이전과 같은 주변 소국의 정복기
사가 나타나지 않는다. 이는 고구려가 연맹국가로서의 확장이 끝나고
정복국가체제를 정비해 갔음을 의미한다. 태조왕대에 계루부 중심의
'5(나)부체제'가 성립하였다. 이후 고구려 중앙집권화는 '개별 나부의
자치력 약화와 중앙정부 통제력 강화'의 방향으로 추구되었다. 이러
한 지표로 두 가지가 주목된다.

첫째, 부部 이름이 고유명에서 방위명으로 개편되었다. 고구려 5
부는 계루부·연노부[소노부]·절노부·순노부·관노부이던 것이, 고국
천왕(179~197) 이후 동·서·남·북·중의 방위명 부로 개편되었다. 이
는 개별 부의 고유한 족제적族制的 성격이 행정적 성격으로 바뀌면서
중앙에 통제되어 감을 의미한다.

둘째, 왕위계승이 '형제상속'에서 '부자상속'으로 고착되어 갔다.
고구려는 부여와 같이 형사취수제의 습속이 있었다. 때문에 산상왕
이전까지는 왕위계승도 친족공동체적 성격이 강했던 형제상속의 사
례가 많았다. 그러다가 동천왕(227~248)~중천왕대(248~270)를 거치
면서 '부자상속제'가 정착되었다. 형제상속의 조건에서는 차기로 왕
위를 이을 대상이 여러 명일 경우가 생긴다. 따라서 형제간에 왕의 자
리를 놓고 다툼이 발생할 가능성이 크다. 결국 3세기 중·후반 고구려
의 왕위계승이 부자상속으로 고착되어 갔다는 것은 왕권이 안정되고

귀족들보다 초월화 되었음을 의미한다.

## 소수림왕, 광개토왕 탄생의 모태가 되다

고구려는 3세기까지 주변 소국의 복속과 체제정비를 지속하면서 국가적으로 성장하였다. 그러나 3세기 중반 위魏나라 무구검毋丘儉이 침략했을 때 수도 국내성은 모두 불탔고, 동천왕도 여러 지역을 전전하면서 목숨만 건지는 형편이었다. 고국원왕(331~371)대에는 북방 유목민인 선비족鮮卑族이 세운 전연前燕의 침략을 받아 선왕인 미천왕의 시신과 왕의 어머니 및 왕비를 인질로 빼앗기는 수모까지 당했다. 급기야 고국원왕은 안방 격인 평양성에서 백제의 근초고왕·근구수 부자의 3만 원정군의 침략과 맞서 싸우다가 화살을 맞고 전사하였다.

고구려는 내우외환의 국가적 위기를 극복하기 위해서 근본적인 체제정비가 절실하였다. 이때 등장한 군주가 바로 소수림왕(371~384)이었다. 『삼국사기』가 전하는 소수림왕대의 체제정비 관련 기록을 살피면 다음과 같다.

> 2년(372) 여름 6월에 진泰나라[전진] 왕 부견苻堅이 사신과 중 순도順道를 파견하여 불상과 경문經文을 보내왔다. 왕은 사신을 보내 답례하고 토산물을 바쳤다. 태학太學을 세우고 자제들을 교육시켰다.
> 3년(373)에 율령律令을 처음으로 반포하였다.
> 5년(375) 봄 2월에 처음으로 초문사肖門寺를 세우고 [그곳에] 순도를 두었다. 또 이불란사伊弗蘭寺를 세우고 [그곳에] 아도阿道를 두었다. 이것은 우리나라 불교의 시작이다.
> ―『삼국사기』 권18, 고구려본기6, 소수림왕

소수림왕은 우선 북중국의 전진으로부터 불교를 수용·공인하였다. 고구려가 정복전쟁을 통해 지속적으로 영역을 확장해 갔지만, 가장 큰 문제는 그들을 정치제도뿐만이 아닌 이념적으로 통합하는 것이었다. 고구려 초기에 주변 소국에게 상당기간 고유 제사를 지낼 수 있는 자치권을 허락한 것도 이러한 이유 때문이었다. 곧 불교는 개별 종족과 소국의 다양한 신화와 의례를 국왕 중심의 고등종교로써 통합하는 데 적합했다. 당시 북조北朝국가인 전진에서 유행한 불교는 '왕즉불王卽佛' 사상이었다. '왕이 곧 부처'라는 왕즉불 사상은 국왕이 부처의 권위를 그대로 흡수함으로써 지방의 분립적 성격을 통합하고 왕권을 강화하는 데 유용하였다.

소수림왕은 불교를 공인함과 동시에 태학太學을 설립하였다. 자신의 왕권 강화를 뒷받침할 관료집단을 체계적으로 양성하고자 한 것이다. 태학에서는 충忠과 효孝로 대표되는 유교적 정치이념을 가르쳤다. 소수림왕은 또한 처음으로 율령을 반포하였다. 율령은 국가통치의 근본이 되는 성문법이다. 고구려는 율령을 반포함으로써 이전의 다원적이고 다양했던 관습법을 일원화할 수 있었다.

그런데 소수림왕이 즉위 후 이와 같은 일련의 체제정비를 단행할 수 있었던 배경에도 유념할 필요가 있다. 소수림왕이 즉위하기 직전인 370년 고구려를 지속적으로 괴롭혔던 전연前燕(349~370)이 전진前秦(351~394)에 의해 멸망되었다. 전진은 전연과 달리 주변 국가와의 우호를 모색하였다. 그에 따라 고구려와 전진도 우호관계를 유지할 수 있었다. 또한 남쪽 방면에서 고구려를 압박했던 백제 근초고왕도 375년에 사망하였다. 근초고왕이 죽은 후 백제의 국력은 한층 약해져 이전과 같이 고구려에 위협적이지 못했다.

요컨대 소수림왕이 국내의 체제정비에 전념할 수 있었던 까닭은 이와 같은 대외적 조건이 마련되었기 때문이었다. 소수림왕이 죽고 그의 동생 고국양왕(384~391)이 왕위에 올랐다. 고국양왕은 즉위

3년 만에 담덕[나중의 광개토왕]을 태자로 책봉하였다. 이는 광개토왕(391~412)의 즉위가 철저히 준비된 계획 하에 추진되었음을 시사한다. 결국 광개토왕이 즉위 후 대외적인 정복전쟁에 주력할 수 있었던 것은 선왕 소수림왕이 다져놓은 체제정비가 있었기 때문이었다.

# 광개토왕과 장수왕, 고구려 전성기를 이끌다

## 정복군주, 광개토왕의 군사활동

391년, 고구려의 담덕이 왕위에 올랐다. 고구려사를 넘어 우리 역사상 최고의 '정복군주'로 불린 광개토왕(391~412)이 탄생한 것이다. 엄밀히 말하면 '광개토왕'은 그가 죽은 다음에 붙여진 시호諡號이다. 시호에는 해당 왕의 업적이 압축되어 있는데, 재위기간 내내 전쟁을 통해 널리 영토를 넓힌 그에게 '광개토廣開土'라는 시호가 붙은 것은 자연스러운 것이었다.

광개토왕의 공식 시호는 훨씬 더 길다. 곧 '국강상광개토경평안호태왕國岡上廣開土境平安好太王'이 공식 시호이다. 「모두루묘지」에는 '국강상대개토지호태성왕國岡上大開土地好太聖王'이라고 되어 있다. 광개토왕에게 붙여진 긴 시호를 나누어 살펴보면, 각각의 의미가 있다.

먼저 '국강상國岡上'은 광개토왕의 무덤이 위치한 곳의 이름이다. 고구려왕만이 가지는 시호의 특징인데, '장지명葬地名 시호법'이다. '고국천왕故國川王'·'소수림왕小獸林王'·'고국원왕故國原王' 등도 모두 그들이 묻힌 강과 숲, 들판의 이름에서 붙여진 시호이다. '광개토경廣開土境'은 글자 그대로 영토를 널리 개척한 업적을 강조한 명칭이다. '평안平安'은 왕의 태평성대에 대한 칭송 문구이며, '호태왕好太王'은 위대한 업적을 쌓은 왕에 대한 최고의 존칭이다.

광개토왕은 소수림왕대의 체제정비를 토대로 하여 즉위 후 본격적인 정복사업을 단행하였다. 『삼국사기』와 「광개토왕비」에 남아 있는 광개토왕의 정복사업을 연대순으로 정리해 보면 아래의 표와 같다.

| 연도 | 정복사업의 내용 | 출전 |
|---|---|---|
| 영락永樂 원년 (391) | 가을 7월, 남쪽으로 백제를 정벌하여 10성을 함락시켰다. 9월에 북쪽으로 거란을 정벌하고 남녀 500명을 사로잡았으며, 또 [거란에] 잡혀갔던 본국 백성 1만 명을 불러 타일러 데리고 돌아왔다. 겨울 10월에 백제 관미성關彌城을 쳐서 함락시켰다. | 삼국사기 |
| 영락 4년 (394) | 가을 8월, 왕은 패수浿水[예성강] 가에서 백제와 싸워 크게 이기고 8천여 명을 사로잡았다. | 삼국사기 |
| 영락 5년 (395) | 패려稗麗[거란]가 고구려인에 대한 [노략질을 그치지 않으므로] 왕이 친히 군사를 이끌고 가서 토벌하였다. 부산富山, 부산負山을 지나 염수鹽水[시라무렌강]에 이르러 그 3개 부락 600~700영營을 격파하니, 노획한 소·말·양의 수가 헤아릴 수 없을 정도로 많았다.…백잔百殘[백제]과 신라는 옛날부터 고구려의 속민으로서 조공을 해왔다. | 광개토왕비 |
| 영락 6년 (396) | … 왕이 친히 군을 이끌고 백잔국百殘國을 토벌하였다. 수도에 와 성을 포위하니 백잔주百殘主가 남녀 1천 명과 세포 1천 필을 바치면서 왕에게 항복하고, 이제부터 영구히 고구려왕의 노객奴客이 되겠다고 맹세하였다. 태왕은 백잔주가 저지른 잘못을 용서하고 뒤에 순종해 온 그 정성을 갸륵히 여겼다. 이에 58성 700촌을 획득하고 백잔주의 아우와 대신 10인을 데리고 수도로 개선하였다. | 광개토왕비 |
| 영락 8년 (398) | 무술戊戌에 한 부대의 군사를 파견하여 식신토곡息愼[肅愼]土谷을 관찰·순시巡視하였다. 그 때에 [이 지역에 살던 저항적인] 막□나성莫□羅城 가태라곡加太羅谷의 남녀 3백여 인을 잡아왔다. 이 이후로 [신愼은 고구려 조정에] 조공을 하고 [그 내부의 일을] 보고하며 [고구려의] 명을 받았다. | 광개토왕비 |
| 영락 9~10년 (399~400) | 백잔이 맹세를 어기고 왜倭와 화통하였다. 신라왕이 사신을 보내어 왜의 침입을 아뢰고 구원을 요청하자, 보병과 기병 5만을 보내 신라를 구원하였다. 백제·임나가라·안라·왜의 연합세력을 격파하였다. [내용 요약임] | 광개토왕비 |
| 영락 11년 (401) | 왕이 군사를 보내 숙군성宿軍城[중국 요령성 의무려산]을 공격하니, 연나라 평주자사 모용귀가 성을 버리고 달아났다. | 삼국사기 |
| 영락 13년 (403) | 겨울 11월, 군대를 내어 연나라[후연]를 침공하였다. | 삼국사기 |
| 영락 14년 (404) | 왜가 법도를 지키지 않고 대방帶方지역에 침입하자, 왕이 왜구를 궤멸시켰다. | 광개토왕비 |

| 영락 17년<br>(407) | 왕의 명령으로 보병과 기병 5만을 파견하여…모조리 살상하여 분쇄하였다. 노획한 적병의 갑옷이 만여 벌이며, 그밖에 군수물자는 헤아릴 수 없이 많았다. [작전의 대상은 후연·백제로 논란이 있음] | 광개토왕<br>비 |
| --- | --- | --- |
| 영락 20년<br>(410) | 동부여는 옛적에 추모왕[주몽]의 속민이었는데, 중간에 배반하여 조공하지 않았다. 이에 왕이 친히 군대를 끌고 가 토벌하였다. 무릇 깨뜨린 성이 64개, 촌이 1,400이었다. | 광개토왕<br>비 |

광개토왕의 전쟁과 정복 지역을 살피기 위해서는 우선 기록에 나오는 주요 지명의 위치를 분명히 할 필요가 있다.

먼저 영락 원년(391) 광개토왕이 몸소 전투에 나서 백제로부터 빼앗은 관미성關彌城의 위치는 논란이 분분하다. 경

| 광개토왕비, 중국 길림성 집안(2008년)

기도 파주시 오두산성, 강화군 교동도, 예성강 남안 등등 여러 견해가 제출되어 있다. 분명하지는 않지만, 예성강 하류 또는 임진강 하류 바닷가 근처의 요충지로 비정된다. 광개토왕이 백제 관미성을 함락시킴으로써 서해 경기만 일대의 제해권이 고구려에게 귀속되었다.

영락 6년(396)조에 실린 58성城 700촌村은 광개토왕 즉위 후의 대백제 정복사업을 일괄 기재한 것이다. 58성의 범위 역시 예성강·임진강~한강 이북, 임진강 이남~충청도, 예성강·임진강~북한강 유역, 예성강·임진강~남한강 유역으로 다양한 주장이 제기되어 있다. 그러나 58성의 위치를 한강 이북으로 한정짓기에는 너무 협소하다. 400년에 왜倭가 신라에 쳐들어왔을 때 광개토왕이 보병과 기병 5만을 보내 신라를 구원하였다. 이 때 고구려의 남진 길이 한반도 중부내륙을 남북으로 관통하는 '죽령로'[평양-서흥-신계-평강-김화-화천-춘천-홍천-

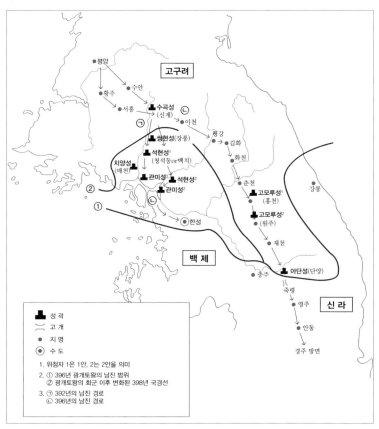

평양

황주 수안

서흥 수곡성
(신계)

고구려

이천

㉠ 평강

김화

쌍현성(장풍)

석현성1
(청석동or백치)

화천

치양성
(배천)

관미성1 석현성2

춘천

관미성2

고모루성1
(홍천)

강릉

②

㉡

고모루성2
(원주)

①

한성

제천

백제

충주

죽령

아단성(단양)

신라

영주

안동

경주 방면

성곽

고개

지명

수도

1. 위첨자 1은 1안, 2는 2안을 의미
2. ① 396년 광개토왕의 남진 범위
   ② 광개토왕의 회군 이후 변화된 398년 국경선
3. ㉠ 392년의 남진 경로
   ㉡ 396년의 남진 경로

| 광개토왕대 고구려의 남진 범위(장창은, 『고구려 남방 진출사』, 73쪽)

횡성-원주-제천-단양-죽령-영주-안동-의성-영천-경주]였다.

　고구려는 396년을 전후한 시기에 '죽령로'를 확보했을 가능성이
크다. 결국 58성은 북한강과 남한강 상류 유역을 포괄한 광역의 범위
에 있었을 것으로 추정된다. 그런데 고구려가 차지한 58성이 고구려
의 영토에 편입되어 언제까지 유지되었는지가 확실하지 않다. 398년
에 백제가 쌍현성[경기도 장풍군]을 쌓고, 아신왕이 고구려를 공격하

기 위해 한산漢山 북쪽의 목책에 이르렀다는 『삼국사기』의 기록을 감안할 때, 광개토왕이 군대를 돌려 돌아간 후 58성의 일부가 다시 백제에 귀속되었을 가능성이 크다.

　사실 광개토왕의 전쟁 목적에는 영토의 확장도 있었지만, 사람과 물건을 빼앗아오는 사회경제적 측면이 더 강했던 것 같다. 396년 백제 아신왕이 항복했을 때도 그를 목 베지 않았다. 아신왕이 영원히 광개토왕의 신하가 되기를 맹세하며 포로 1천 명과 세포 1천 필을 바치자, 백제왕의 아우와 신하 10인을 데리고 돌아갔다. 광개토왕은 거란을 토벌하기 위해 내몽골 지역의 시라무렌강까지 원정을 다녀왔다. 이곳에서도 소·말·양을 대거 약탈해 왔을 뿐 영역으로 지배한 것은 아니었다. 광개토왕은 그의 시호에 걸맞게 활발한 정복전쟁을 벌였고, 또 상당한 성과를 거두었다. 그러나 광개토왕 군사가 다다른 곳이라고 해서 모두 고구려의 영토로 생각해서는 안 된다.

　고구려는 '산성의 나라'이다. 이는 곧 광개토왕이 요서의 대평원에 진출했다고 하더라도 그곳이 영토로 유지하기 어려운 지리적인 조건임을 시사한다. 고구려는 산악지방으로 이루어진 요동지역의 요충지에 산성을 쌓아 방어체계를 구축하였다. 7세기에 쌓은 이른바 '천리장성'이 고구려 서북쪽 국경선에 해당한다. 곧 광개토왕의 북방 개척과 영역도 이러한 점을 감안해서 설정해야 한다.

### 「광개토왕비」의 허와 실

　「광개토왕비」는 장수왕(413~491)이 광개토왕이 죽은 지 3년이 지난 414년에 건립하였다. 죽은 아버지의 업적을 6.4m나 되는 거석의 4면에 빼곡하게 새겨 넣었다. 국내성 일대 어디에서도 조망될 정도로 「광개토왕비」의 입지 조건과 위용은 압도적이다. 죽은 아버지의 권위를 아들이 현실 정치에 활용한 셈이다.

그러나 「광개토왕비」가 비문 자료임에 유념해야 한다. 비문은 크게 보아 금석문金石文에 해당한다. 금석문 자료는 당대에 조성한 1차 사료이지만, 글자를 새긴 사람의 이해가 반영되므로 과장될 소지가 많다. 하물며 아버지의 업적을 고구려 백성들에게 보여주기 위해 세운 비석이라면 오죽 할까.

실제로 「광개토왕비」에는 역사적 실상과 맞지 않는 과장된 요소가 곳곳에 눈에 띈다. 불과 얼마 전인 371년에 고국원왕이 평양성에서 백제 근초고왕 부자에게 전사당하는 참패와 치욕을 겪었으면서도, 백제가 옛날부터 '속국屬國'으로서 조공한 것으로 기술하였다. 비록 396년 백제 아신왕이 광개토왕에게 굴복하기는 했지만, '속국' 운운 표현은 지나치다. 고구려는 '백제百濟'라는 정식 국호도 철저히 외면하였다. 비문에서는 백제를 시종일관 '백잔百殘', 백제왕을 '백잔주百殘主'로 낮추어 불렀다. 『맹자』에 따르면, '의로운 것을 해치는 것'이 '잔殘'이다. 또한 '주主'는 '왕王'을 한 단계 낮춘 표현이다. 여왕의 즉위를 인정하지 않았던 조선시대의 역사가들이 신라 선덕여왕을 '여주女主'로 표현하지 않았던가.

고구려가 비문에서 시종일관 백제를 의도적으로 낮추어 표현한 것은 도리어 백제가 당시 고구려의 가장 강력한 숙적이자 라이벌임을 반증한다. 그것이 역사적 진실이다. 사실 『삼국사기』에는 광개토왕대 북중국의 라이벌 선비족이 세운 후연後燕이 등장한다. 고구려는 5세기 초반 요동지역을 둘러싸고 후연과 치열한 공방전을 벌였다. 그런데도 「광개토왕비」에는 유독 백제 및 그와 연결된 왜倭에 대한 정벌을 강조하고 있다. 곧 「광개토왕비」는 고도의 정치적 의도를 담고 있는 선전비에 가깝다.

## 장수왕, 평양 천도를 단행하다

413년, 광개토왕이 39세의 나이로 사망하였다. 다음 왕위는 그의 아들 거련巨連이 이었으니, 고구려뿐만 아니라 한국 역사상 가장 오랜 기간 왕으로 재위했던 장수왕(413~491)이었다. 98세까지 살았다고 하니 '장수'라는 시호가 붙은 까닭이 수긍이 간다. 오죽하면 아들이 아버지보다 먼저 죽고 손자[문자명왕]에게 왕위가 계승되었겠는가.

장수왕의 최대 업적은 단연 수도를 평양으로 천도한 것이다. 장수왕 재위 15년(427)의 일이었다. 이로써 기원후 3년~427년까지 425년간 수도였던 '국내성 시기'가 끝났다.『삼국사기』에는 장수왕의 평양 천도가 한 줄로 간단히 전하지만 실제 천도과정은 간단치 않았을 것이다. 6세기 중반 평양에 장안성長安城[오늘날의 평양성]을 쌓는데 40여 년(552~593)이 걸렸다. 그렇다면 장수왕이 거처하고자 마련한 궁궐[안학궁+대성산성]과 기반시설 조성에 상당한 기간이 소요되었을 것이 분명하다. 그렇게 보면 광개토왕 2년(392)에 평양에 9개의 절을 창건한 것과, 414년 장수왕이 평양의 사천蛇川[합장강 벌판]에 사냥을 간 것은 모두 평양 천도와 관련한 사전 정지작업으로 생각된다.

그렇다면 장수왕은 왜 '국내성'에서 '평양성'으로 수도를 옮긴 것일까? 평양 천도의 배경은 4가지 정도로 나누어 살필 수 있다.

첫째, 정치적 배경이다. 국내성이 오랜 기간 수도의 지위를 누리면서 누대에 걸친 국내성 토착 귀족세력이 강건하였다. 이와 같은 기득권 세력은 장수왕의 왕권 강화에 있어서 걸림돌로 작용했을 가능성이 크다. 따라서 장수왕은 수도의 천도를 통해 국내성계 토착 귀족세력을 견제하고, 평양성계 신진 귀족을 새로운 지지세력으로 활용한 듯하다. 472년 백제 개로왕이 북위에 보낸 외교 사절단이 전한 문서에는 '지금 연璉[장수왕]이 대신과 힘센 귀족들을 죽인 까닭에 죄가 차고 악이 쌓여 백성들이 스스로 무너지고 흩어졌다'는 내용이 남아 있다. 비록 평양 천도 이후의 시기이고 외교적 과장을 감안하더라도, 장수왕의 귀족에 대한 과감한 숙청이 벌어졌음을 알려주는 데 부족함이 없다. 그 숙청의 대상은 다름 아닌 국내성계 구귀족세력일 것이다.

둘째, 사회경제적 배경이다. 국내성 일대가 비록 고구려의 첫 번째 수도였던 졸본성보다 비옥했지만, 고구려의 영역이 확대될수록 식량 조달의 측면에서 국내성 일대는 협소했다. 이에 고구려는 지속적인 전쟁을 통해 식량과 물산을 외부로부터 조달해야 했다. 오죽하면 '고구려에서는 전쟁이 곧 생산행위'라는 말이 나왔겠는가. 대동강 유역과 비옥한 충적평야의 중심지인 평양 일대는 고구려에게 매력적인 땅이었다. 곧 장수왕은 평양으로 천도함으로써 농업생산력의 증대에 따른 경제적 기반을 확보하고자 한 것이다.

셋째, 군사·외교적 배경이다. 고구려는 전통적으로 중국 북방의 북조北朝 국가들과 교류하였다. 그 경로는 대체로 요동지역을 경유하는 육로였다. 자연 양쯔강 유역의 남조南朝 국가들과의 교류에는 소홀할 수밖에 없었다. 남조 국가들과는 주로 백제가 친밀한 관계를 유지하였다. 고구려가 평양으로 천도해 대동강 하구를 활용하게 되면 남조 국가들과 직접 외교관계를 맺을 수 있다. 실제로 장수왕은 439년 남송南宋에 말 800필을 보냈다. 예민하기 그지없는 말 8백 필을 배에 실어 보낸다는 것은 대단히 어려운 일이다. 그러한 어려움을 감수하고 장수왕이 얻고자 한 것은 무엇이었을까? 그것은 다음 아닌 당시 고구려를 지속적으로 위협했던 북위를 남송이 견제해 주기를 바랐기 때문이었다. 뿐만 아니라 그동안 백제가 독점적으로 추구한 대송 외교를 무력화시키기 위한 의도도 있었다.

고구려가 수도를 평양으로 천도함으로써 가장 큰 위협을 느낀 국가는 백제였다. 4세기 중반부터 예성강과 한강 유역을 둘러싸고 고구려와 치열한 공방전을 벌였던 백제 입장에서는 고구려가 남진의 거점을 남하시킨 셈이 되었다. 곧 장수왕의 평양 천도는 백제를 우선적 정벌 대상으로 한 남진정책의 차원에서 추진된 것이다. 자연 백제가 느끼는 위기의식은 점차 커져갔을 것이다. 그에 따라 백제 비유왕(427~455)은 신라와의 우호를 도모하기에 이르렀다.

> 7년(433) 가을 7월에 사신을 신라에 보내 화친을 청하였다.
> 8년(434) 봄 2월에 사신을 신라에 파견하여 좋은 말 두 필을 보냈다. 가을 9월에 또 흰 매를 보냈다. 겨울 10월에 신라가 질 좋은 금과 명주明珠로써 답례하였다.
>
> -『삼국사기』권25, 백제본기3, 비유왕 7·8년

433~434년 백제와 신라 간에 사신과 예물을 교환하면서 이루어진 이 의식을 일반적으로 '나·제 동맹'이라고 부른다. 동맹을 주도한 것이 백제이므로 '제·라동맹'으로 부르는 것이 온당하다는 주장도 있다. 다만 실질적인 동맹군의 활동은 20여 년이 지난 455년에 이르러서야 나타났다. 왜 그랬을까? 이것은 고구려와 신라의 관계를 살핌으로써 알 수 있다.

신라는 4세기 후반부터 고구려와 우호관계를 유지하였다. 나물왕 22년(377)과 26년(381) 2차례에 걸쳐 전진前秦에 외교 사절단을 보냈는데, 이때 고구려가 신라 사신을 데리고 갔다. 391년에는 고구려의 요청으로 나물왕이 실성을 고구려에 볼모로 보냈다. 백제 정벌을 앞둔 고구려가 신라를 고구려의 영향권 아래에 묶어두려는 속셈이었다. 400년에 광개토왕이 5만의 군사를 보내 왜군을 물리치고 신라를 구원해 준 후, 신라 국내에 고구려 군사단을 주둔시켰다. 「충주고구려비」(450년 건립)에 따르면, 449년까지 '신라토내당주新羅土內幢主'로 불리는 고구려 군관이 신라 영토 안에 주둔하였다. 곧 400년 이후 신라의 대고구려 관계는 종속적 성격이 심화되어 갔다. 심지어는 실성왕(402~407)과 눌지왕(407~458)의 즉위과정에 고구려 군사가 개입해 좌지우지할 정도였다.

경주 호우총에서 출토된 청동 호우의 바닥에는 '을묘년국강상광개토지호태왕호우십乙卯年國罡上廣開

| 호우총 출토 호우명(국립중앙박물관)

土地好太王壺杅十'이라는 글자가 새겨져 있다. 광개토왕의 시호가 새겨진 고구려 청동 호우가 신라 수도 한 가운데서 출토된 것이다. 여기에서 을묘년은 415년, 장수왕 재위 3년이다. 고구려 장례의식이 3년상이므로, 청동 호우는 광개토왕의 장례와 연관되어 고구려에서 제작되었을 가능성이 크다. 아마도 광개토왕의 장례에 참여했던 신라 사신단이 선물로 받아 가져왔을 것이다. 호우총 출토 청동 광개토왕명 호우는 5세기 초반 신라와 고구려의 종속적 우호관계를 보여주는 대표적인 고고자료이다.

'나·제 동맹'은 신라의 입장에서 비록 수동적이었지만 신라가 고구려와 일정한 거리를 두겠다는 메시지를 드러낸 것이다. 이때 고구려가 신라에게 별다른 제재조치를 가하지 않았던 것은 고구려가 처한 내우외환의 위기 때문이었다. 곧 427년의 평양 천도 이후의 정치적 혼란이 있었고, 435년 이후 북위와 국경을 맞대고 긴장과 대립이 지속되었다. 신라로서도 백제와 우호관계를 맺기는 했지만, 여전히 자국 영토에 고구려 군사가 주둔해 있는 상태에서 노골적으로 고구려를 반대할 수 없었을 것이다.

오히려 고구려 장수왕은 자국의 영향권에서 이탈해 가는 신라를 회유하고 관계를 회복하기 위해서 449년 충주에서 회맹會盟의식을 거행하였다. 그 결과물이 450년에 건립된 「충주고구려비」이다. 「충주고구려비」에 따르면, 고구려와 신라가 형제관계임을 하늘에 맹세했고, 그 징표로서 고구려왕이 신라왕과 신하들에게 의복을 내려주었다. 그러나 이러한 고구려의 노력도 이미 돌아선 신라의 마음을 잡을 수 없었다.

충주고구려비(충주고구려비 전시관)

결국 고구려는 454년 신라의 북쪽 변경을 공격하였다. 그리고 455년 고구려가 백제를 쳐들어가자 신라 눌지왕이 군사를 보내 구원하였다. 신라와 백제가 동맹을 맺은 이후 첫 공동 군사활동이었다. 이로써 4세기 후반부터 유지되어 온 고구려와 신라의 우호관계는 파탄이 났다. 이와 같은 신라·백제 대 고구려의 대립구도는 6세기 중반까지 이어졌다.

### 장수왕, 백제 '한성시대'를 끝내다

475년 9월, 고구려 장수왕(413~491)이 몸소 3만의 군사를 이끌고 백제의 수도 한성漢城을 공격하였다. 당시 백제의 한성은 북성北城과 남성南城으로 되어 있었다. 이는 부여족 계통의 고구려와 백제의 도성체계에 나타나는 공통적인 특징인데, 산성과 평지성의 조합이다. 북성은 풍납토성으로서 국왕이 평소 거주하는 평지성이었고, 남성은 산성으로서 유사시 국왕이 대피하기 위해 마련한 몽촌토성이었다.

당시 백제의 국왕 개로왕(455~475)은 북성의 성문을 닫은 채 농성전을 벌였다. 전투를 이끈 고구려의 장군은 대로對盧 제우와 재증걸루·고이만년이었다. 고구려군은 네 방면으로 나누어 양쪽에서 공격하였고, 바람을 이용을 이용해 성문을 불태우는 화공책을 썼다. 이에 성안의 민심은 흉흉해졌고, 혹 나가서 항복하려는 자도 발생하였다. 고구려군은 북성을 포위한 지 7일 만에 함락하였다. 풍납토성의 발굴 당시 일부의 시설물이 화재로 인해 무너지거나 폐기된 것으로 확인되었다.

북성을 빼앗긴 개로왕은 그곳에서 남쪽으로 700m 쯤 떨어진 남성[몽촌토성]으로 긴급히 대피하였다. 이미 전세는 급격히 고구려 쪽으로 기울고 있었다. 더 이상 버티기 어렵다고 판단한 개로왕은 기병 수십 명 만을 데리고 성을 빠져나가 서쪽 방면으로 탈출하였다. 그러나 매복해 있던 고구려 군사에게 결국 사로잡히고 말았다. 고구려의 장수 재증걸루 등은 말에서 내려 개로왕을 향해 절을 하였다. 그것은 그들이 한때나마 자신들이 섬긴 군주에 대한 마지막 배려이자 예를 차린 것이었다.

재증걸루와 고이만년은 원래 백제사람이었는데, 죄를 짓고 고구려로 망명하였다. 이들의 죄목을 정확하게 알 수는 없지만, 개로왕의 왕권 강화과정에서 정치적으로 희생된 인물들일 가능성이 크다. 따라서 재증걸루와 고이만년은 누구보다도 백제와 개로왕에 대한 원한의 감정이 깊었을 것이다. 장수왕은 이를 역으로 이용해 그들을 장군으로 중용하였다. 이들이 백제 영내와 한성의 지리에 밝았을 것이므로 백제 공격의 선봉장으로서 적임자였던 것이다. 재증걸루와 고이만

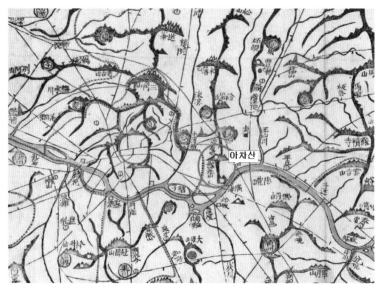

| 「대동여지도」의 아차산(규장각 홈페이지)

년은 개로왕의 얼굴에 세 번 침을 뱉고 그 죄를 꾸짖었다. 그리고 개로왕을 포박해 한강 북쪽의 아차성阿且城 아래로 보냈다. 아차성에는 백제 한성을 공격하기 위해 마련된 고구려의 군영이 있었다. 결국 개로왕은 이곳에서 비참한 최후를 맞이하였다. 500여 년 동안 이어왔던 백제 '한성시대'가 막을 내리는 순간이었다.

고구려가 한성 공격에 앞서 공략한 곳은 아차성이었다. 아차산의 동쪽으로는 왕숙천을 따라 북쪽으로 포천 방면과 연결된다. 아차산의 서쪽으로는 중랑천을 통해 북쪽의 의정부-동두천 방면으로 갈 수 있다. 또한 아차산 남쪽에 있는 광나루는 고대로부터 조선시대까지 한강을 건너는 주요 나루였다. 광나루에서 한강을 건너면 탄천이 흐르는데, 이 길을 이용해 남쪽으로 가면 성남-용인을 거쳐 충청도와 경상도의 각 지역과 연결된다. 말하자면 아차산 일대는 고대로부

| 아차산 4보루에서 바라본 한강

터 남북 간 육상교통로와 동서 간의 한강 물길 교통로가 교차하는 요충지였다. 고구려·백제·신라가 이곳을 차지하기 위해 각축한 이유가 바로 이 때문이었다. 백제는 3세기 이전부터 아단성阿旦城[아차성]과 사성을 쌓아 고구려의 침략에 대비하였다. 6세기 전반~중반 무렵 고구려가 아차산 일대에 여러 개의 군사용 보루를 만들어 한강 이남의 백제와 대치한 것도, 신라가 6세기 중반 한강 유역을 장악한 이후 이곳에 북한산성北漢山城[지금의 아차산성]을 쌓아 북방 진출의 거점으로 삼았던 것도 같은 이유에서였다.

475년 고구려군이 당시 수도였던 평양성에서 출발하여 아차산까지 이르렀던 남진 길은 어디였을까? 우선 평양에서 황해도의 평산과 배천을 거쳐 개성-장단-적성-양주-아차산에 도달하는 경로가 있다. 이 때는 예성강과 임진강 하류를 건너야 한다. 다음으로 평양에서 황해도 동북쪽 내륙의 수안과 신계를 거쳐 철원-연천-동두천-양주-아차산에 이르는 경로도 있다. 이 길은 예성강과 임진강 상류를 건너게 되므로 첫 번째보다 강을 건너기가 쉽다.

두 가지 경로 중에서 어느 곳이 고구려군의 남진 길인지 단정할 수는 없지만, 두 번째 경로가 좀 더 유력해 보인다. 왜냐하면 백제가 469년(개로왕 15)에 쌍현성[마식령산맥의 고갯길 근처]을 수리하고, 청목령[개성의 송악산 내지 청석동]에 큰 목책을 설치함으로써 예성강 하류 유역을 통한 고구려의 남하에 대비했는데, 475년 고구려의 한성 공격과정에서 이들 지역에서 고구려와 백제가 충돌한 흔적이 남아 있지 않기 때문이다. 고구려가 백제의 방어체계를 간파하여 상대적으로 예성강과 임진강을 건너기 쉽고 또 한성에 이르는 거리가 더 가까워 기습하기에 적절했던 경로를 선택했을 가능성이 크다.

장수왕은 한성 공략 후 포로 8천 명을 데리고 회군하였다. 백제 문주왕(455~475)은 신라 구원군 1만 명과 함께 한성에 돌아왔다. 하지만 이미 전쟁이 끝난 뒤였고, 한성의 기반시설이 파괴되어 있었다. 백제는 이에 475년 10월 수도를 웅진熊津[충남 공주시]으로 천도하였다. 어쩔 수 없는 선택이었다.

백제가 수도를 웅진으로 옮기자 고구려는 몽촌토성을 다시 장악하였다. 그리고 이곳을 거점으로 삼아 남진함으로써 백제를 지속적으로 압박하였다. 성남시 판교동, 용인시 보정동, 화성시 청계동 등지에서 발굴된 고구려계 돌방무덤이 그 흔적들이다. 고구려군은 백제 웅진성 근처까지 진출하였다. 세종시 부강리 남성골과 세종시 나성, 대전시 월평동산성에서 고구려 유물·유적이 출토되었다. 남성골에서는 고구려 집터와 토기, 철로 만든 무기류와 말재갈, 금귀걸이가 출토되었다. 나성과 월평동산성에서는 고구려 토기가 다수 출토되었다. 이들 유적지의 연대는 5세기 중·후반대로 추정되었다.

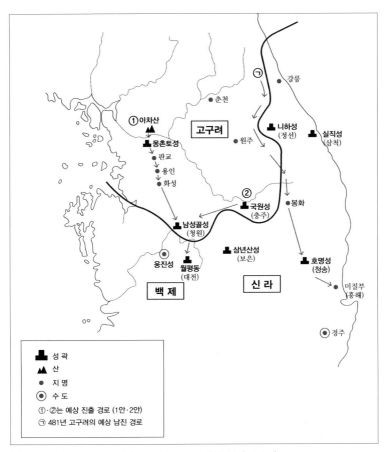

지명

| 기호 | 설명 |
|---|---|
| 성곽 | |
| 산 | |
| 지명 | |
| 수도 | |

①·②는 예상 진출 경로 (1안·2안)
㉠ 481년 고구려의 예상 남진 경로

▌5세기 후반 고구려의 남진경로와 범위(장창은, 『고구려 남방 진출사』, 142쪽)

그러나 475년 이후 551년 나제동맹군이 한강 유역을 차지할 때까지 고구려의 한강 유역 영유권이 안정적이었던 것은 아니다. 동성왕대(479~501) 백제가 한산성에서 순수巡狩하거나 한강 유역을 넘어서 군사 활동을 벌인 기록이 남아 있다. 또한 무령왕대(501~523)는 고구려를 선제공격하여 무령왕 21년(521) 양나라에 사신을 보내 올린

표문에서 "여러 차례 고구려를 깨뜨려 비로소 우호를 통하였으며 다시 강한 나라가 되었다"며 자신감을 드러냈다.

요컨대 고구려의 한강 유역에 대한 영역적 지배는 시종일관 공고한 것은 아니었다. 아마도 광역단위의 '면지배'가 아닌 주요 교통로를 장악하는 정도의 '군사적 거점지배'였을 가능성이 크다. 6세기대 들어서 고구려와 백제는 한강 유역을 기점으로 남북으로 대치했을 가능성이 크다. 아차산 일대에 남아 있는 20여 개의 고구려 보루가 그러한 결과물이라고 생각한다.

# 백제 건국신화의 비밀, 온조와 비류는 형제인가?

## 두 가지 전승의 백제 건국신화

『삼국사기』백제본기에 남아 있는 백제 건국신화는 두 가지이다. 온조를 중심으로 한 온조 시조전승과 비류를 중심으로 한 비류 시조전승이 그것이다. 두 시조전승은 서로 비슷한 내용도 있지만 전혀 다른 사실도 있어 비교·검토가 필요하다. 먼저 그 내용을 살펴보기로 하자.

〈온조 시조전승〉

백제의 시조는 온조왕이다. 그의 아버지는 추모鄒牟 또는 주몽이라 하는데, 북부여에서 난을 피해 졸본부여에 이르렀다. 부여왕은 아들이 없고 딸만 셋을 두었는데, 주몽을 보고 보통 사람이 아님을 알고 둘째 딸을 그에게 시집보냈다. 얼마 지나지 않아 부여왕이 죽자 주몽이 왕위를 이어 두 아들을 낳았는데, 맏아들은 비류沸流, 둘째 아들은 온조溫祚라 하였다.(혹은 주몽이 졸본에 도착하여 건너편 군郡의 딸을 얻어 두 아들을 낳았다고 했다.)

주몽이 북부여에 있을 때 낳은 아들[유리]이 와서 태자가 되자, 비류와 온조는 태자에게 용납되지 못할까 두려워하여 오간·마려 등 십신十臣과 함께 남쪽으로 갔는데 백성 중에 따르는 사람이 많았다. 마침내 한산漢山에 이르러 부아악負兒嶽[북한산]에 올라 살만한 곳을 바라보았다. 비류가 바닷가에 살고자 하니 십신이 간하여 말했다.

"생각건대 이 강 남쪽의 땅은 북쪽으로는 한수漢水를 띠처럼 끼고 있고, 동쪽으로는 높은 산을 의지하였으며, 남쪽으로는 비옥한 벌판을 바라보고, 서쪽으로는 큰 바다에 막혔으니 그 천험의 지리적 이로움은 얻기 어려운 형세입니다. 여기에 도읍을 세우는 것이 또한 마땅하지 않겠습니까?"

비류는 [신하들의 말을] 듣지 않고 그 백성을 나누어 미추홀彌鄒忽[인천]로 돌아가 살았다. 온조는 하남위례성河南慰禮城에 도읍하고 십신을 보좌로 삼아 국호를 십제十濟라 하였다. 이때가 [중국] 전한의 성제成帝가 왕위에 오른 홍가 3년(기원전 18)이었다.

비류는 미추의 땅이 습하고 물이 짜서 편안히 살 수 없어서 돌아와 위례를 보니 도읍은 안정되고 백성들도 평안하였다. 마침내 부끄러워하고 후회하다가 죽었다. 그의 신하와 백성들은 모두 위례에 귀부하였다. 후에 [미추의 백성이] 올 때 '백성들이 즐겁게 따랐다[百姓樂從]'고 하여 국호를 백제百濟로 고쳤다. 그 세계世系가 고구려와 더불어 부여에서 같이 나왔기 때문에 부여扶餘를 성씨로 삼았다.

〈비류 시조전승〉

또는 말하기를, 시조는 비류왕이다. 그 아버지는 우태優台로 북부여왕 해부루解夫婁의 서손庶孫[서자의 손자]이었고, 어머니는 소서노召西奴로 졸본사람 연타발의 딸이었다. [소서노는] 처음에 우태에게 시집가서 아들 둘을 낳았는데, 큰 아들은 비류, 둘째는 온조라 하였다. 우태가 죽자 [소서노는] 졸본에서 과부로 지냈다. 뒤에 주몽이 부여에서 용납되지 못해 전한 건소建昭 2년(기원전 37) 봄 2월에 남쪽으로 도망해 졸본에 이르러 도읍을 세우고 국호를 고구려라 하였다. [주몽은] 소서노를 아내로 맞아 왕비로 삼았는데, 그녀가 나라를 창업하는데 잘 도와주었기 때문에 주몽은 그녀를 총애하여 후하게 대하였고, 비류 등도 자기 자식처럼 대하였다.

주몽이 부여에 있을 때 예씨禮氏에게서 난 아들 유류孺留[유리]가 오자 그를 태자로 삼았고, 왕위를 잇기에 이르렀다. 이에 비류가 동생 온조에게 말하였다.

"처음에는 대왕이 부여에서 난을 피하여 여기로 도망하여 오자 우리 어머니께서 가산을 기울여 나라를 세울 때 지대한 공헌을 하였다. 그런데 대왕이 세상을 떠나시고 나라가 유류에게 속하게 되어 우리는 한낱 붙어있는 혹과 같은 존재가 되었으니 답답할 뿐이다. 차라리 어머니를 모시고 남쪽으로 가서 좋은 땅을 택하여 별도로 나라를 세우는 것이 좋겠다."

마침내 동생과 함께 무리를 거느리고 패수浿水[예성강]와 대수帶水[임진강] 두 강을 건너 미추홀에 이르러 살았다.

–『삼국사기』권23, 백제본기1, 시조 온조왕 즉위년조

온조 시조전승과 비류 시조전승을 비교하기 위해 우선 가계도家系圖를 그려보면 다음과 같다.

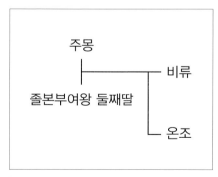

| 온조 시조전승 가계도

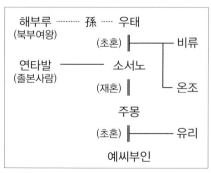

| 비류 시조전승 가계도

가계도상으로 보면 비류 시조전승이 더욱 복잡하고 구체적이다. 이는 비류 시조전승이 먼저 성립되었을 뿐만 아니라, 온조 시조전승보다 더 역사적 진실을 많이 내포하고 있음을 암시한다.

온조 시조전승은 온조의 아버지가 주몽이다. 반면에 비류 시조전승은 우태가 친아버지이고 주몽은 의붓아버지이다. 온조전승의 어머니는 졸본부여왕의 둘째 딸이고, 비류전승의 어머니는 연타발의 딸 소서노이다. 온조전승은 주몽과 졸본부여왕의 둘째 딸 사이에서 비류와 온조가 태어났다. 비류전승은 우태와 소서노의 사이에서 비류와 온조가 태어났고, 소서노가 주몽과 재혼하였다. 주몽도 부여에 있을 때 예씨부인과의 사이에 유리를 낳았다. 곧 비류전승은 여자가 여러 남자와 혼인하는 대우혼對偶婚이 나타나 있다. 대우혼은 모계 중심 초기농경 사회의 흔적이다. 모계는 정착 농경생활을 했고, 부계는 목축지를 따라 이동생활을 지속하는 과정에서 발생한 습속이다.

남하집단에 대해 살피면, 온조전승은 비류·온조 형제와 오간·마려 등 십신十臣과 백성을 이끌고 내려왔다. 이와 달리 비류전승은 비류와 온조 형제가 어머니 소서노와 무리를 이끌고 남하하였다. 온조전승에 나타난 십신은 단순한 10명의 자연인이 아니라 각 무리를 대표하는 무사단으로 이해한다.

온조전승의 이동경로는 한산의 부아악에 이른 후 온조는 하남위례성에, 비류는 미추홀에 정착한 것으로 되어 있다. 비류전승은 비류를 중심으로 패수[예성강]와 대수[임진강]를 건너 미추홀에 정착하였다. 비류전승에 이동경로가 담겨 있다면, 온조전승은 이동경로가 생략된 채 도착지 중심의 결과만이 남아 있다. 한편 온조전승에는 온조가 비류의 미추홀을 병합한 합병 기사가 부각되어 있는 반면, 비류전승에는 그러한 모습이 전혀 남아 있지 않다. 이상의 내용을 간단히 표로 정리해 보면 다음과 같다.

| | 온조 시조전승 | 비류 시조전승 | 비 고 |
|---|---|---|---|
| 부 계 | 주몽이 친부親父 | 우태가 친부,<br>주몽은 養[의붓]父 | |
| 모 계 | 졸본 부여왕의 둘째 딸<br>(대우혼 無) | 연타발의 딸 소서노<br>(대우혼 有) | 여자가 여러 남자와 혼인하<br>는 대우혼對偶婚은 초기 농<br>경사회[모계 중심]의 흔적임. |
| 남하 집단 | 온조·비류 형제와 오간·<br>마려 등 십신+臣*과 백성 | 소서노와 비류·온조 형제<br>및 그 무리 | *십신은 무사단으로 이해됨. |
| 이동 경로 | 한산의 부아악에 이른 후<br>온조는 하남위례성에, 비<br>류는 미추홀에 정착 | 비류 중심으로 패수와 대<br>수를 건너 미추홀에 정착 | 온조전승은 결과,<br>비류전승은 과정. |
| 합병 기사 | 온조가 비류의 미추홀을<br>병합함 | 없음 | |

### 백제의 시조는 누구인가?

『삼국사기』 백제본기에 전하는 백제의 시조는 비류와 온조이다. 그런데 중국과 일본 측 기록에는 백제의 시조로서 또 다른 인물이 등장한다. 중국 기록 『북사北史』·『주서周書』 등에는 '구태仇台'가 백제의 시조로 남아 있다. 구태는 백제의 제8대 왕인 고이왕古爾王(234~286)과 같은 인물로 파악함이 일반적이다. 한편 『속일본기續日本記』에는 '도모都慕'가 백제의 시조로 기록되어 있다. 도모는 '추모鄒牟' 곧 주몽임이 유력하다. 주몽이 온조의 아버지라는 점에서 온조 시조전승의 범주에 포함시켜도 무방하다. 결국 백제의 시조로 전하는 인물은 비류, 온조, 고이 3명인 셈이다.

각 인물의 시조전승이 가진 역사적 의미가 있을 텐데 이를 분명히 하기가 쉽지 않다. 다만 이들 사이의 공통점은 모두 부여족 계통의 고구려 후예라는 점이다. 백제 왕실과 지배세력은 부여족 계승의식이 매우 강했다. 한성도읍기 왕실의 무덤이었던 서울 석촌동과 방이동

| 석촌동 3호분

일대의 돌무지무덤[적석총積石塚]은 고구려의 돌무지무덤과 비슷하다. 고구려에서 남하해 백제를 건국한 집단이 한동안 고구려의 무덤 축조 방식을 고수한 결과이다. 백제 왕족의 성씨도 부여씨였다.

개로왕이 472년 북위에 보낸 국서에는 "신은 고구려와 더불어 근원이 부여에서 나왔습니다"라고 하여, 백제가 부여를 계승했음을 드러내놓고 강조하였다. 성왕이 538년에 수도를 사비로 옮기고, 국호를 '남부여南扶餘'라 한 것도 같은 의미이다. 『위서』·『주서』·『구당서』·『신당서』 등 중국 역사서에는 백제를 시종일관 '부여의 별종'으로 묘사하였다. 백제의 마지막 수도였던 사비가 지금 여전히 '부여'라는 지명을 사용하고 있지 않은가.

## 온조와 비류는 진짜 형제인가?

백제의 건국 시조전승에서 비류와 온조는 형제관계로 되어 있다. 그러나 이 둘의 관계가 자연인으로서 형제를 의미하는 것은 아니다. 고대 건국신화에서의 형제관계는 '연맹국가' 단계의 두 세력이 연맹을 맺는 것과 관련이 있다. 곧 연맹관계를 합리화하기 위해 후대에 신화로 기록될 때 형제관계로 설정되는 것이다. 예컨대 최치원이 지은 『석이정전釋利貞傳』에도 금관가야왕 수로와 대가야왕 이진아기가 형제로 나온다.

그렇다면 온조세력과 비류세력은 왜 연맹을 맺었을까? 이는 두 가지 측면에서 살필 수 있다. 먼저 경제적 배경이다. 비류집단이 정착한 미추홀[인천]은 바닷가였으므로 농업생산물이 절대적으로 부족하였다. 반면에 인간 생존에 꼭 필요한 소금은 풍부하였다. 온조집단은 한강 유역의 비옥한 충적평야에 정착했으므로 농산물의 수급에 문제가 없었다. 반면에 직접적인 소금 채취는 불가능했을 것이다. 곧 각각 내륙과 해안에 위치한 까닭에 경제적 물물교환의 측면에서 비류세력과 온조세력의 연맹이 성사되었을 가능성이 크다.

또한 외부 세력의 침략에 대한 공동 방어의 이유도 있었다. 백제는 초기부터 동북방 방면의 낙랑과 말갈세력의 지속적인 침략을 받았다. 온조왕 재위시기에 하북위례성에서 하남위례성으로 수도를 옮긴 까닭도 그 때문이었다. 따라서 낙랑과 말갈의 침략을 공동 방어하는 군사적 측면에서 비류와 온조세력의 연맹은 한동안 유효했을 것으로 추정된다.

온조 시조전승과 비류 시조전승에서 모두 비류가 형으로 묘사된 것은 비류세력이 초기에 연맹권의 우위를 장악한 것이 반영된 결과이다. 그런데 초기에 연맹권의 우위를 비류세력에 내준 온조가 결국 비류세력을 무력으로 병합하였다. 그리고는 국호를 '십제十濟'에서 '백제百濟'로 바꾸었다. 이것은 온조가 비류세력을 흡수함으로써 넓어진 통치범위의 확대를 시사한다.

## 초기 백제 왕실 지배세력의 교체 가능성

『삼국사기』 백제본기에는 온조왕대 비류세력을 병합하고, 마한을 물리치는 등 모든 것이 온조왕대에 이루어진 것처럼 묘사되어 있다. 그러나 이는 시조의 업적을 강조하기 위해 후대에 역사기록으로 정리되면서 온조왕 이후에 일어났던 일들도 시조 온조의 업적으로 정리한 결과이다. 실제로『삼국사기』에 나타난 온조왕대 백제의 영역은 고고학 성과와 일치하지 않는다. 요컨대 온조왕본기는 분해하여 일부를 후대의 사실로 재배치해야 역사적 진실과 부합할 수 있다.

역사는 패자에게 관용을 베풀지 않는다. 승리자의 입장에서 기록될 뿐이다. 따라서 백제 시조전승은 승리자인 온조 중심으로 정리되었을 가능성이 크다. 이것을 객관적 역사 사실로 재해석해야 한다. 생각해 보자. 만약에 백제본기대로 온조왕대 비류집단이 통합되어 사라졌다면, 과연 독자적인 비류 시조전승이 남을 수 있었을까? 그렇지 않았을 것이다. 이는 비류집단의 존속기간이 온조왕 재위기간을 넘어선 오랜 기간이었음을 말해준다.

'온조계'와 '비류계'는 백제국의 성장과 지배권을 둘러싼 연맹·경쟁 관계에서 상당기간 대등한 세력을 유지하며 나란히 존재했을 것이다. 이러한 관점에서 백제 초기의 왕계를 보면 눈에 띄는 면을 살필 수 있다.

백제 초기 왕위계승의 흐름을 살피면, 1대 온조를 제외한 2~4대 왕명에 모두 '루婁'자를 공통적으로 사용하였다. 여기서 '루婁'자는 '유(류)留' 또는 '유(류)流'와 통하는 글자이다. 그런데 고구려와 백제에서 이들 글자가 들어가는 왕은 모두 '해씨解氏'이다. 예를 들면, 유

①온조 ─ ②다루多婁 ─ ③기루己婁 ─ ④개루蓋婁 ┬ ⑤초고 ─ ⑥구수 ─ ⑦사반(폐위)

└ ⑧고이 ─ ⑨책계 ─ ⑩분서

| 백제 초기의 왕위 계승

리왕은 유류孺留이고, 대무신왕은 대해주류大解朱留이다. '비류沸流' 역시 시조전승에서 북부여왕 '해부루解夫婁'의 아들인 해씨이다.

다루왕~개루왕대는 해씨인 비류계 세력이 연맹권의 우위를 유지하면서 왕위를 계승한 듯하다. 이에 반해 온조계는 부여씨이다. 부여씨는 5대 초고왕 이후 왕위계승을 이어갔다. 곧 초고왕대 이르러 온조계 부여씨는 비류계 해씨를 물리치고 부여씨 왕실을 확립했던 것이다. 이후 백제 왕계는 부여씨 안에서 직계와 방계 간의 대립 구도로 전개되었다.

요컨대 백제 초기 왕위 계승을 살피면, 왕실세력의 변화를 읽어낼 수 있다. 그것은 곧 해씨(비류계) → 부여씨(온조계)로의 교체였다. 결국 『삼국사기』 백제본기에 남아 있는 초기 백제의 왕계가 온조 일계─系로 되어 있지만, 실제로는 이원적이었던 것이 훗날 온조계 중심으로 일원화되었음을 알 수 있다.

# 동아시아 교류사의 보물창고, 무령왕릉

### 무령왕릉, 최고의 발견에서 최악의 발굴까지

1971년 6월 29일, 공주 송산리 6호분 내에 습기가 많이 차서 무덤 안의 사신도四神圖가 훼손되자 보수 정비 공사를 시작하였다. 7월 5일, 여름철 장마를 대비하여 배수로를 만들기 위한 터파기 공사를 하던 중 한 인부의 삽 끝에 딱딱한 벽돌이 걸렸다. 무령왕릉이 발견되는 역사적인 순간이었다. 송산리 일대의 고분들은 1920~30년대 일본인들에 의해 조사를 빙자한 도굴이 완료된 상태였다. 그러나 송산리 6호분 뒤에 있던 무령왕릉은 일본인 가루베지온(輕部慈恩)이 송산리 6호분의 인공 언덕으로 오판하였다. 이로써 무령왕릉은 도굴을 면할 수 있었다.

7월 7일, 이틀 만에 당시 김원룡 국립중앙박물관장을 대표로 하는 조사단이 구성되어 발굴에 착수하였다. 그러나 밤새 내린 큰 비로 배수로만을 확보한 채 일단 철수하였다. 7월 8일, 발굴을 다시 시작하였다. 오후 4시쯤 간단한 위령제를 지내고 입구를 막고 있던 벽돌

| 무령왕릉 배치 복원(국립공주박물관)

을 제거하였다. 김원룡과 공주박물관 관장이었던 김영배가 대표로 무덤 안에 들어가 1차로 조사하였다. 이때 무덤 입구의 돌로 만든 짐승과 묘지석墓誌石을 발견하였다. 무덤의 주인공으로 무령왕이 확인되는 순간이었다. 김원룡은 이를 발표하였다. 이미 소문을 듣고 찾아온 현장은 신문 기자들과 구경꾼들로 아수라장이 되었다. 이에 발굴단은 빨리 발굴을 끝내고자 철야작업을 결정하였다.

7월 9일, 아침 8시에 유물 수습이 완료되었다. 총 발굴 소요시간은 12시간이었다. 백제 무령왕릉이 '최고의 발견'에서 '최악의 발굴'로 역사에 남겨진 장면이었다. 이후 10월까지 2~4차 추가 발굴조사가 이루어졌다. 하지만 이미 엎어진 물을 다시 주워 담을 수는 없었다. 당시 발굴을 주도했던 김원룡과 작업에 함께 했던 조유전의 회고를 들어보기로 하자.

① 나는 사람들이 더 밀려오기 전에 어서 발굴을 끝내기로 작정, 밤을 새고 발굴 작업을 진행시켰다. 매장된 유물들의 원래 상태를 기록한 사진이 이 바람에 소홀하게 다루어졌다. 말하자면 고분이 가지고 있던 많은 정보들을 나의 실수로 영원히 모르게 하고 만 것이다. 이것이 나의 고고학자로서 평생 아쉬움의 하나이다. 아무리 발굴을 잘해도 고고학적 발굴이란 유적이 가지고 있는 원래의 많은 부분을 인멸시키는 결과가 되는 법이지만 이 중요한 고분의 경우는 한해, 이태가 걸리더라도 모든 정성과 신중을 다해서 가능한 많은 정보를 얻어냈어야 할 것이다. 그래서 무령왕릉에 대한 나의 실수는 비단 나 자신만의 아쉬움에 그친 것이 아니라 나라와 국민에 대한 큰 죄가 되고 말았다.

– 조유전, 『발굴이야기』, 대원사, 1996, 90~91쪽
② 철야 작업으로 내부 조사를 일단 마쳐야 했기 때문에 큰 유물만 대

충 수거하고, 나머지는 큰 삽으로 무덤 바닥에서 훑어내 자루에 쓸어 담았다. 여러 달, 아니 몇 년이 걸려서라도 사진을 찍고, 실측하고, 연구하면서 조심스럽게 했어야 할 작업을 하룻밤 사이에 해치워 버린 것이다. 심하게 말해 우리 발굴단은 도굴꾼만도 못했다.

– 조유전, 『고고학자 조유전의 한국사 미스터리』, 황금부엉이, 2004, 418쪽

당대 최고의 고고학자였던 김원룡이 평생의 후회로 삼을 정도로 무령왕릉의 발굴과정은 문제가 많았다. 이는 발굴단 자체의 책임도 있겠지만, 당시 우리의 발굴문화 수준과 의식의 한계를 보여주는 것이기도 하다.

| 왕의 금제 관식(국립공주박물관)

그럼에도 불구하고 무령왕릉에서는 한국 고분 발굴 사상 최초로 무덤의 주인공과 조성시기를 알려주는 묘지석墓誌石이 발견됨으로써 '백제사의 마스터키' 같은 역할과 위상을 얻었다. 무덤 안에서 출토된 유물은 4600여 점이며, 그 중 17점이 국보로 지정되었다. 현재 국립공

| 왕비의 금제 관식(국립공주박물관)

주박물관에는 왕과 왕비의 금제 관장식과 각종 장신구류 등 무령왕릉
에서 출토된 유물이 망라되어 전시 중이다.

### 무령왕의 출생과 즉위과정

무령왕(501~523)은 '사마(斯摩, 斯麻)' 혹은 '융隆'이라 불렸다. '사
마'라는 호칭은 『삼국사기』와 『일본서기』에 기록되어 있다. 특히 『일
본서기』에는 무령왕의 출생이 설화적인 형태로 자세하게 전한다.

(5년) 여름 백제 가수리군加須利君(개로왕이다.)은 지진원池津媛(적계여랑
適稽女郎이다.)을 태워 죽였다는 것을 전해 듣고 의논하기를 "옛날에 여
자를 바쳐 채녀采女로 삼았다. 그러나 예의가 없어 우리나라의 이름을
떨어뜨렸으니 지금부터는 여자를 바치지 말라"고 하였다. 이에 그의 아
우 군군軍君(곤지昆支이다.)에게 "너는 일본으로 가서 천황을 섬겨라"고
말하였다. 군군이 "상군의 명을 어기지 않겠습니다. 바라건대 군의 부

인을 저에게 주시면 그런 다음 떠나라는 명을 받들겠습니다"라고 대답하였다. 가수리군은 임신한 부인을 군군에게 주며 "내 임신한 아내는 이미 해산할 달이 되었다. 만약 도중에 아이를 낳게 되면, 바라건대 1척의 배에 태워서 이른 곳이 어디건 속히 우리나라에 보내도록 하라"고 하였다. 마침내 작별하고 조정에 파견되는 명을 받들었다.

6월 병술 초하루. 임신한 부인이 과연 가수리군의 말처럼 츠쿠시(筑紫)의 가카라시마(各羅嶋)에서 아이를 낳았다. 그래서 이 아이의 이름을 도군嶋君이라 하였다. 이에 군군은 곧 한 척의 배로 도군을 나라로 돌려보냈다. 이를 무령왕武寧王이라 한다. 백제 사람들은 이 섬을 주도主嶋라 일컬었다.

－『일본서기』권14, 웅략천황 5년(461)


곧 무령왕은 개로왕의 동생 곤지가 임신한 형수를 데리고 왜倭로 가는 도중에 가카라시마(各羅島)라는 섬에서 태어났다. 백제인들은 이 섬을 왕이 태어났다고 하여 '주도主島'라 불렀다. 그리고 무령왕은 섬에서 태어났다고 하여 '사마'로 불렸던 것이다[일본어로 섬이 '시마 しま'이다].

무령왕의 출신과 계보에 대해서는 세 가지 설이 남아 있다. 첫째, 『삼국사기』무령왕 즉위년조에는 무령왕이 24대 동성왕의 둘째 아들로 되어 있다. 둘째,『일본서기』웅략천황 5년조에는 21대 개로왕의 아들로 남아 있다. 셋째, 같은『일본서기』임에도 무열천황 4년조에는 무령왕을 개로왕의 동생인 곤지의 아들이자 동성왕의 배다른 형으로 기록하였다.

그동안 세 가지 견해가 팽팽히 맞섰지만, 최근에 들어서는『삼국사기』대로 동성왕의 아들로 보는 경우는 거의 없고, 세 번째 설이 많은 지지를 받고 있다. 두 번째 기록은 그 사실성 여부와는 별개로 무령왕이 한성기 마지막 왕인 개로왕과 계보를 연결시킴으로써 정통성을 확보하고, 한성시대의 옛 귀족세력들을 포용하려 한 연유에서 비롯된 것으로 파악된다.

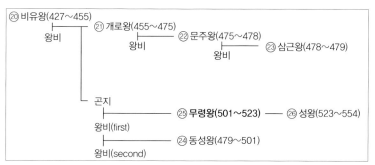

┃ 무령왕의 계보

백제는 475년 9월 고구려에게 한성을 빼앗겼다. 고구려와의 전쟁과정에서 개로왕은 사로잡혀 아차산에서 무참하게 살해되었다. 개로왕의 동생 문주왕(475~477)은 급히 수도를 웅진[공주]으로 천도하여 재기를 노렸으나, 재위 4년 만에 병관좌평 해구에게 암살당했다. 곧이어 즉위한 삼근왕(477~479)도 13세의 어린 나이에 즉위하여 재위 3년 만에 의문의 죽임을 당했다.

동성왕(479~501)은 실추된 왕권을 강화하기 위해 금강 유역에 기반을 가진 신진귀족세력을 등용하였다. 사씨沙氏·연씨燕氏·백씨苩氏세력이 대표적인데, 동성왕은 이들을 통해 지지 기반의 확대를 꾀했다. 동성왕은 또한 중국 남제南齊에 사신을 파견하고, 신라와 혼인동맹을 맺는 등 외교적인 대고구려 방어망을 구축하였다. 이는 소기의 성과를 달성하는 듯 보였다. 그러나 또 다른 신진세력이 비대해지고 있었다. 결국 동성왕도 웅진지역에 기반을 가진 위사좌평 백가苩加

가 보낸 자객에게 죽임을 당했다. 이때 백가의 난을 진압하면서 즉위한 왕이 곧 무령왕이었다.

### 무령왕의 대내외적 업적

무령왕은 즉위 후 고구려에게 열세의 반전을 시도하는 선제공격을 여러 차례 감행하였다. 그 결과 동성왕이 제한적으로 회복한 한강 유역을 넘어 임진강 유역까지 안정적인 영역으로 회복하였다. 나아가 수곡성[황해도 신계]까지 습격한 것을 보면, 무령왕대 백제는 예성강 유역까지도 진출해 고구려를 압박했음을 알 수 있다.

무령왕은 남조 양나라와 적극적으로 교류하여 대외적 고립을 타개하고 선진문화를 수용하였다. 그 결과 무령왕 21년(521)에 양나라로부터 2품에 해당하는 '영동대장군寧東大將軍'의 작호를 받았다.『양

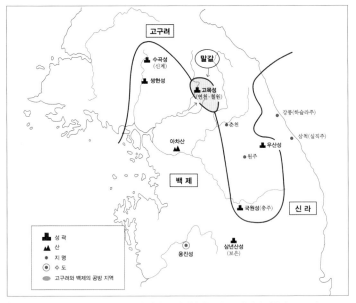

| 501~528년 무령왕의 반격과 고구려와 백제 간 영역(장창은,『고구려 남방 진출사』, 148쪽)

서梁書』에 남아 있는 "여러 차례 고구려를 깨뜨려 비로소 다시 강국이 되었다[累破高句麗 始與通好 而更爲强國]"라는 기록은 무령왕대 백제의 국력이 회복 수준을 넘어 웅진백제의 전성기를 구가했음을 알려준다.

무령왕은 새로운 농업생산지를 확보하고자 가야지역으로 진출하였다. 그 결과 가야의 4개현을 백제의 직할영역으로 편입시켰다. 또한 가야지역으로 도망간 유이민들을 다시 호적에 올리고, 유식자遊食者들을 농사에 전념하게 함으로써 농업노동력을 확보하였다. 그리고 농업생산력을 높이기 위해 제방을 쌓고 수리시설을 확충하였다. 백제 국내의 사회경제적 처지를 개선하기 위한 무령왕의 노력이 결실을 맺게 된 것이다.

### 무령왕릉 출토 지석誌石[매지권買地券]의 내용과 그 역사적 의미

무령왕릉에서 출토된 많은 유물이 다 가치가 있는 국보급이지만, 꼭 하나를 손꼽으라고 한다면 화려한 금은제 장신구가 아닌 돌로 만든 묘지석임에 이의가 없을 것이다. 왜냐하면 지석에 새겨진 명문으로 인해 무덤의 주인공과 무덤의 조성시기, 그리고 백제의 장례의례 등이 밝혀졌기 때문이다. 이는 또한 무덤에서 출토된 나머지 유물들의 가치에 생명력을 불어넣어 주었다. 나아가 그동안 시기를 알 수 없었던 신라 고분 출토의 유물과 중국·왜와의 교류양상에도 큰 시사점을 던져주었다.

지석은 2개가 발견되었다. 하나는 왕의 묘지석이고, 다른 하나는 왕비의 묘지석이자 왕과 왕비의 묘역을 토지신에게 구입한 매지권이다. 지석 내용을 새긴 순서는 왕의 묘지석 → 왕의 묘지석 뒷면(방위도) → 왕과 왕비의 매지권 → 왕비의 묘지석이다. 그렇다면 묘지석 내용에 담겨 있는 역사적 의미는 무엇일까?

## 무령왕릉 묘지석의 내용

| 면수 | 전체 내용 | 비면의 성격 |
|---|---|---|
| 가 -1 | 영동대장군 백제 사마왕斯麻王이 나이 62세인 계묘년癸卯年 [523년] 5월(초하루의 간지干支는 병술) 7일 임진일壬辰日에 돌아가셨다. 을사년乙巳年[525년] 8월(초하루의 간지는 계유) 12일 갑신일甲申日에 등관登冠의 대묘大墓에 안치하였다. 그 뜻을 왼쪽과 같이 기록한다. | 왕의 묘지석 (앞면) |
| 2 | 사각형의 네 변 중 세 변에 17개의 간지가 둘러져 있음 [서쪽에 해당하는 간지 申·庚·酉·辛·戌은 생략]. | 왕의 묘지석 (뒷면) : 방위도 |
| 나-1 | 병오년[526년] 12월 백제국왕대비의 수명이 끝나 [왕궁의] 서쪽의 땅(酉地)에서 거상居喪하였다. 기유년[529년] 2월 12일(甲午)에 개장改葬하여 대묘로 돌아왔다. 그 뜻을 왼쪽과 같이 기록한다. | 왕비의 묘지석 (앞면) |
| 2 | 돈 1만 문. 오른쪽 [문서] 1건. 을사년[525년] 8월 12일에 영동대장군 백제 사마왕이 상기 돈으로 토왕土王·토백土伯·토부모土父母 상하上下[지하]의 2천 석 여러 관리에 의논하여 [왕궁의] 서남쪽(申地) 땅을 사서 무덤을 삼았다. 그러므로 문권文券을 만들어 명백히 한다. 율령을 따르지 않는다. | 왕의 매지권買地券 (뒷면) |

먼저 가-1면을 통해서 무령왕의 생몰년이 462~523년임을 정확하게 알 수 있다. 더불어 그것이 『삼국사기』와 『일본서기』의 내용과도 일치함으로써 이들 사서의 신빙성과 사료적 가치를 높여주었다. 묘지석에 나와 있는 '영동대장군', '사마왕' 같은 용어도 그대로 두 사서와 일치한다.

무령왕의 죽음은 '붕崩'으로 표현하였다. 보통 천자가 죽으면 '붕'이라 하고, 제후는 '훙薨'이라 표현하였다. 이를 통해 당시 백제국의 위상을 엿볼 수 있다. 다만 무덤 안에 매장용으로 새겨진 것인 만큼 지나친 확대해석은 경계해야 할 것이다.

백제왕실의 장례풍습도 엿볼 수 있다. 무령왕이 죽은 후 약 27개월의 가매장 기간을 거치는 것이다. 27개월 내내 추모하면서 문상을 받은 '빈殯'을 한 것인지, 아니면 일정한 빈의 기간을 거쳐 가매장한 후 정식으로 무덤에 안치한 것인지는 분명하지 않다. 27개월 동안 가매장을 한 까닭은 주변 국가에 사절단을 보내 무령왕의 죽음을 알리고 문상을 받는다든가 무덤의 조성에 필요한 기간을 확보해야 했기 때문일 것이다. 당시 양나라도 27개월의 3년상을 지냈다. 벽돌무덤이라는 축조방식, 묘지명과 무덤 입구를 지키는 진묘수는 모두 백제가 양나라의 장례의식을 받아들인 결과이다. 능역을 조성하기 위한 토지매매 대금을 치룬 것도 마찬가지이다. 발굴단이 무령왕릉에 들어갈 당시 나란히 놓인 묘지석 위로 철로 만든 오수전五銖錢 98점이 놓여 있었다.

| 왕의 묘지석(국립공주박물관)

| 묘지석과 오수전, 진묘수(국립공주박물관)

| 진묘수 옆 모습(국립공주박물관)

한편 두 묘지석에 뚫려있는 구멍의 용도는 한동안 미스터리에 빠졌다. 그러던 중 시라스 죠신(白須淨眞)은 애초에 왕의 지석과 매지권이 포개져 있

었는데, 나중에 왕비가 죽은 후 매지권의 뒷면에 글씨를 새기면서 펼쳐서 나란히 두었을 것이라고 추정하였다. 이때 구멍은 두 돌판과 오수전을 끼운 공간으로 보았다.

가-2면의 십이간지 방위표는 북쪽에 해당하는 해亥·임壬·자子·계癸·축丑, 동쪽에 해당하는 인寅·갑甲·묘卯·을乙·진辰, 남쪽을 지칭하는 사巳·병丙·오午·정丁·미未를 표시하였다. 서쪽에 해당하는 방위명들인 신申·경庚·유酉·신辛·술戌을 뺀 것은 무령왕이 지신에게 산무덤부지가 바로 '서쪽 땅'이기 때문이라는 설득력 있는 주장이 제기되었다.

나-1면에서 왕비의 빈장을 치른 곳으로는 1996년에 발굴된 정지산 유적이 주목되었다. 공산성이 웅진백제의 왕성이라는 전제 하에, 정지산 유적이 공산성의 서쪽에 위치해 있기 때문이다. 정지산 유적의 건물지는 주춧돌이 없고, 주거에 불편하게 기둥구멍이 배치되어 있었다. 곧 관을 안치하는 데 적합한 공간배치였다. 다만 동아시아에서 빈전이 왕궁을 벗어난 산꼭대기에 마련된 사례가 없다는 약점도 있어 논란의 여지는 남아 있다.

나-2면에서 '왕궁의 서남쪽 땅을 사서 무덤을 조성했다'고 했으므로 이는 역으로 무령왕릉의 동북쪽에 웅진시대 왕성이 있음을 반증

| 정지산 유적의 위치(국립공주박물관 관람 영상 캡처)

| 공산성에서 본 정지산 유적

한다. 실제로 무령왕릉의 동북쪽에 공산성이 위치해 있다. 현재까지 공산성의 발굴 결과 왕궁으로 단정할 만한 대형 건물지가 나오지 않아 논란의 여지는 남아 있지만, 무령왕릉 묘지석으로 인해 공산성이 웅진시기 백제의 왕성으로 한층 유력해진 것만은 분명하다.

'중관이천석衆官二千石'은 한대漢代 지방관의 녹봉이 2천 석이었던 데서 비롯된 것으로, 지하세계의 여러 지방관을 가리킨다. '부종율령不從律令'은 '국왕이 세속의 율령을 초월한다는 의미'로 해석하거나, '따르지 않으면 율령에 의거하여 처분하라'는 뜻으로 파악한다.

무령왕릉의 축조와 장례의식 및 물품에 중국 양나라의 영향력이 크게 작용했지만, '사마왕'의 출신지는 일본이었음을 상기해야 한다. 1991년 왕과 왕비의 목관 수종의 분석 결과가 일본산 금송金松으로 판명된 것은 그에 부합하는 것이었다. 무령왕릉은 6세기대 백제를 중심으로 양나라와 왜국이 긴밀한 협력관계였음을 오롯이 보여준다.

# 백제의 마지막 군주, 의자왕을 다시 본다

    백제 멸망하면 우리가 쉽게 떠올리는 것은 의자왕(641~660)이 술과 여색에 탐닉하다가 나·당 연합군에게 쫓겨 3천 궁녀와 함께 낙화암에서 떨어져 비참한 최후를 맞았다는 것이다. 물론 백제의 마지막 군주가 의자왕이 분명한 만큼 그에게 백제 멸망의 가장 큰 책임이 있음을 부인하기는 어렵다. 그러나 패자는 말이 없고, 역사적 기록은 철저히 승자의 입장에서 기록되는 것인 법이다. 후대의 주관적·유교적 잣대로 의자왕을 주색에만 탐닉한 폭군으로 묘사하거나 백제의 멸망이 필연적이었다는 기록은 과연 정당할까?

## 관련 자료의 시선, 백제 멸망의 원인에 대한 편견

①『백제고기』에 부여성 북쪽 모퉁이에 큰 바위가 아래로 강물을 바라보고 있는데 전해 내려오는 이야기에 의자왕과 모든 후궁들이 화를 면하지 못할 줄 알고 '차라리 자결할지언정 남의 손에 죽지 않겠다' 하고 서로 이끌고 이곳에 와서 강에 몸을 던져 죽었으므로 속칭 타사암墮死巖이라 한다고 했으나, 이것은 속설의 그릇된 것이다. 다만 궁녀들은 그곳에서 떨어져 죽었으나 의자왕이 당나라에서 죽었다는 것은『당사唐史』에 명문이 있다.

                                      - 『삼국유사』권2, 기이2, 태종춘추공조

② 백제 말기에 이르러서는 행하는 일이 도道에 어긋남이 많았으며, 또

대대로 신라와 원수가 되고 고구려와는 계속 화해하여 신라를 침범하여 이익을 따르고 편의를 따라서 신라의 중요한 성과 진을 빼앗아 가기를 마지않았다. … 이에 당의 천자가 두 번이나 조서를 내려서 그 원한을 풀도록 하였으나 겉으로는 따르는 척하면서도 속으로는 명령을 어기어 대국에 죄를 얻었으니, 그 망하는 것이 또한 당연하도다.

－『삼국사기』 권28, 백제본기6, 의자왕 말년 사론

③ 655년 … 이 무렵 백제의 임금과 신하들은 심히 사치하고 지나치게 방탕하여 국사를 돌보지 않아 백성이 원망하고 신이 노하여 재앙과 괴변이 속출하였다. 김유신이 왕에게 고하기를 "백제는 무도하여 그 지은 죄가 [중국의] 걸桀·주紂보다 심하니 이 때는 진실로 하늘의 뜻에 따라 백성을 위로하고 죄인을 정벌하여야 할 때입니다"고 하였다.

－『삼국사기』 권42, 열전2, 김유신전

사료 ①이 의자왕과 3천궁녀 이야기의 전부이다. 우리는 흔히 의자왕이 3천궁녀와 놀아나다가 낙화암에 떨어져 죽는 것으로 알고 있지만, 실상은 그렇지 않다. 『삼국사기』에 따르면, 의자왕은 나·당 연합군이 사비성에 침입하자 웅진성으로 피했다가 나중에 잡혀 당에 압송되어 쓸쓸한 죽음을 맞이하였다. 이미 일연에 의해 지적된 바와 같이 '의자왕과 3천 궁녀' 이야기는 전설일 뿐 당대 역사책에는 전해지지 않는다. 조선시대와 일제강점기를 거치면서 '만들어진 과장'일 뿐이다.

3천은 단군신화에서 환웅이 하늘에서 내려올 때 거느린 무리의 숫자이기도 하다. 고대로부터 매우 많은 숫자의 표상이었다. 부여 부소산성에 있는 낙화암을 가본 사람은 누구나 알 수 있듯이 이곳은 비좁은 절벽의 언덕에 불과하다. 사실 왕에게 여러 명의 후궁이 있는 것은 전근대시대에는 당연한 것이다. '의자왕과 3천 궁녀'는 백제 멸망의 책임을 오직 의자왕의 주색 탐닉에 덧씌우기 위한 누군가의 모략

| 부여 부소산성 안의 낙화암

에서 비롯된 왜곡된 언사일 뿐이다. 이제 3천 궁녀가 낙화암에 떨어지는 상상은 그만하시라!

사료 ②는 김부식이 백제의 멸망이 필연적임을 논한 것이다. 그런데 그 이유라는 것이 고구려와 친하게 지내면서 신라를 침입했고, 당에게 무릎 꿇지 않았다는 내용이다. 김부식이 신라사의 입장에서 서술한 것을 감안한다 해도 지나치게 주관적인 해석은 아닐까? 사료 ③도 백제를 멸망시킨 주체의 김유신이 백제의 침략을 정당화하기 위한 발언이니 만큼 비판적으로 볼 필요가 있다.

의자왕에 대한 우리의 인식은 이러한 기록에서 비롯되었다. 의자왕이 말년에 실정失政을 했고, 그것이 백제의 멸망으로 이어졌음을 부인하기는 어렵다. 다만 의자왕이 원래부터 그런 군주였는지는 별개의 문제이다. 누구에게나 공·과功過가 있다. 한 인간의 삶을 평가하기 위해서는 그의 생애를 시기별로 나누어 공·과를 살핀 연후에 종합적으로 진단해야 한다. 그렇다면 의자왕대 전 시기를 우선 객관적으로 살펴볼 필요가 있다.

## 의자왕도 재위 15년까지는 '괜찮은' 군주였다

의자왕은 무왕(600~641) 33년에 태자로 책봉되어, 무왕의 권력 강화를 이어 받아 순탄하게 즉위하였다.『삼국사기』백제본기에 전해지는 의자왕 즉위년조에 따르면, 의자왕은 웅걸하고 용감하였으며, 담력과 결단력이 있었다고 한다. 또한 어버이를 효성으로 섬기고 형제와 우애가 있어서 당시 사람들이 '해동 증자海東曾子'라고 불렀다고 한다. 증자는 공자의 제자로서 효행이 출중했던 인물이었다.『삼국사기』는 의자왕이 즉위 당시 무왕의 큰아들로서 백성과 지배층으로부터 두터운 지지를 받고 있었음을 말해준다.

의자왕은 즉위한 후 곧바로 왕권을 강화해 나갔다.『일본서기』에 따르면, 의자왕이 즉위 2년(642)에 그의 어머니가 죽자 동생 일가족과 내좌평을 포함한 귀족 40명을 섬으로 쫓아냈다. 그리고 즉위 4년 첫째 아들 효를 태자로 임명하였다. 이는 좌평佐平세력으로 상징되는 왕족과 대성팔족大姓 八族[사씨·연씨·협씨·해씨·진씨·국씨·목씨·백씨]으로 대표되는 귀족세력의 정치참여를 배제하고 자신의 직계 중심으로 권력구조를 개편한 것이다. 이때 의자왕의 지지세력은 신귀족세력인 달솔達率세력이었다. 백제의 16관등 체계에서 좌평은 1등, 달솔은 2등의 품계에 해당한다.

의자왕 재위 초까지 달솔세력은 좌평세력에게 정치적으로 소외되어 있다가 의자왕 후기로 갈수록 신뢰를 받고 중용되었다. 대표적인 달솔계 인물로 계백·흑치상지·상영 등을 들 수 있다. 반면에 좌평세력은 의자왕 후기로 갈수록 신망을 잃은 채 정치권에서 소외되어 갔다. 대표적인 좌평계 인물로 성충·흥수·사택지적 등을 꼽을 수 있다. 『삼국사기』에 따르면, 이들은 주로 의자왕에게 충언을 하다가 감옥에 갇혔다. 또한 의자왕이 이들의 말을 듣지 않았기 때문에 백제가 멸망한 것처럼 기술되어 있다. 의자왕은 재위 17년(657) 왕의 서자庶子 41명을 좌평으로 임명하고 이들에게 세금을 걷을 수 있는 토지인 식읍食邑을 주었다. 일종의 '좌평 인플레이션'을 통해 좌평의 가치를 하락시키려는 의도였다. 즉 대성 8족의 세력기반이었던 좌평을 무력화시키고 그들을 사회경제적으로 압박한 것이다.

의자왕의 대외적인 활동도 거침이 없었다. 의자왕은 즉위 초부터 신라에 지속적으로 공세를 가했다. 특히 재위 2년(642) 대야성大耶城[경남 합천군 합천읍]을 함락하면서 김춘추의 사위 품석과 딸 고타소랑을 죽이는 전과를 올렸다. 대야성은 신라가 낙동강 중·하류 서쪽 방면에서 수도를 방어하는 중요한 전진 기지였다. 의자왕은 대야성 전투를 승리함으로써 554년 관산성[충북 옥천군 옥천읍] 전투에서 사망한 성왕의 원한도 되갚아 주고, 신라 왕도를 압박할 수 있는 거점도 확보하였다. 이로 인해 김춘추는 목숨을 걸고 고구려에 가서 연개소문에게 구원을 요청하였다. 그러나 연개소문은 6세기 중반 신라가 빼앗은 한강 유역을 돌려주어야 한다는 조건을 내세우며 신라의 요구를 거절하였다. 이제 신라가 손을 내밀 곳은 당나라밖에 없었다. 결국 대야성 전투는 648년의 나·당 동맹을 촉발시켰다.

의자왕은 고구려와 연합전선을 펴면서 재위 15년(655)까지 신라의 목을 죄어갔고, 신라는 풍전등화의 위기에 몰리게 되었다. 의자왕은 당나라와 관계를 멀리했고, 왜국倭國과의 우호를 증진하는 방향으로 대외관계를 전개해 나갔다. 이것이 또 나·당 동맹을 맺게 하는 원인으로 작용하였다. 660년 백제 멸망의 결정적인 원인이 나·당 동맹인 점은 잘 알려져 있다. 그렇다면 의자왕이 신라에 가한 지나친 압박과 당나라를 도외시한 외교정책이 결국 부메랑이 되어 백제를 멸망시킨 셈이다. 도대체 어디서부터 무엇이 잘못된 것일까?

### 백제의 멸망과 의자왕

의자왕은 즉위 16년(656) 이후 '우리에게 익숙한?' 술과 여색에 빠지는 모습을 보인다. 관련 기록은 다음과 같다.

> ① 왕은 궁녀와 더불어 주색에 빠지고 마음껏 즐기며 술 마시기를 그치지 아니하였다.
>
> ― 『삼국사기』 권28, 백제본기6, 의자왕 16년조
>
> ② 혹 백제는 스스로 망하였다고 한다. 군대부인君大夫人 요녀妖女의 무도로 말미암은 것으로 요녀가 국권을 마음대로 하여 어진 신하(賢良)를 죽였기 때문에 이 화를 부른 것이다.
>
> ― 『일본서기』 권26, 제명천황 6년조

위의 기록에서 백제 멸망의 원인을 가늠해볼 수 있다. 기존에는 ①의 기록에만 주목해 의자왕 개인의 실정失政에 국한시킨 감이 있었다. 그러나 ②의 기록에 따르면, 군대부인 요녀로 인해 어진 신하들이 죽은 것을 알 수 있다. 여기에서 백제 지배층의 분열을 엿볼 수 있다. 의자왕은 태자 효와는 배다른 형제인 융을 태자로 책봉했는데, 그의 어머니 은고가 군대부인 요녀로 추정된다. 이미 앞에서 의자왕 후기에 급부상한 세력이 달솔세력이라고 하였다. 따라서 어진 신하들로 묘사된 세력은 주로 좌평세력임이 예상된다.

요컨대 의자왕대 후기로 갈수록 '좌평세력'과 '달솔세력'의 정치적 다툼이 심했다. 그런데 그것이 백제 멸망과 관련된 것은 이들의 대외 인식이 서로 달랐다는 데 있었다. 이들은 나·당 연합군에 대한 방

비책에서도 대립된 의견을 표출하였다. 좌평세력은 당에 대한 강경책과 그들의 침략에 대비한 방비책을 주장했고, 달솔세력은 반대였다.

① 16년 봄 3월에 왕이 궁녀들을 데리고 음란과 향락에 빠져서 술 마시기를 그치지 않으므로 좌평 성충成忠이 적극 말렸더니, 왕이 노하여 그를 옥에 가두었다. 이로 말미암아 감히 간하려는 자가 없었다. 성충은 옥에서 굶주려 죽었는데, 그가 죽을 때 왕에게 글을 올려 말했다. "충신은 죽어도 임금을 잊지 않는 것이니 한 마디 말만 하고 죽겠습니다. 제가 항상 형세의 변화를 살펴보았는데 전쟁은 틀림없이 일어날 것입니다. 무릇 전쟁에는 반드시 지형을 잘 선택해야 하는데 상류에서 적을 맞아야만 군사를 보전할 수 있습니다. 만일 다른 나라 군사가 오거든 육로로는 침현沈峴[탄현, 충남 금산군 진산면]을 통과하지 못하게 하고, 수군은 기벌포伎伐浦[금강 하구]의 언덕으로 들어오지 못하게 하십시오. 험준한 곳에 의거하여 방어해야만 방어할 수 있습니다." 그러나 왕은 이를 명심하지 않았다.

－『삼국사기』 권28, 백제본기6, 의자왕 16년조

② 이때 좌평 흥수興首는 죄를 지어 고마미지현古馬彌知縣[전남 장흥]에서 귀양살이를 하고 있었는데, 왕이 그에게 사람을 보내 물었다. "사태가 위급하게 되었으니 어떻게 하면 좋겠느냐?" 흥수가 말했다.

"당나라 군사는 숫자가 많을 뿐 아니라 군율이 엄하고 분명합니다. 더구나 신라와 함께 우리의 앞뒤를 견제하고 있으니 만일 평탄한 벌판과 넓은 들에서 마주하고 진을 친다면 승패를 장담할 수 없습니다. 백강白江[금강](혹은 기벌포伎伐浦라고도 한다.)과 탄현炭縣(혹은 침현沈縣이라고도 한다.)은 우리나라의 요충지로서, 한 명의 군사와 한 자루의 창을 가지고도 만 명을 당할 수 있을 것입니다. 마땅히 용감한 군사를 선발하여 그곳을 지키게 하여, 당나라 군사로 하여금 백강으로 들어오지 못하게 하고, 신라 군사로 하여금 탄현을 통과하지 못하게 하면서, 대왕께서는 성문을 굳게 닫고 든든히 지키면서 그들의 물자와 군량이 떨어지고 군사들이 피곤해질 때를 기다린 후에 분발하여 갑자기 공격한다면 반드시 이길 수 있을 것입니다."

대신들은 이를 믿지 않고 말했다. "흥수는 오랫동안 옥중에 있으면서 임금을 원망하고 나라를 사랑하지 않았을 것이니, 그 말을 따를 수 없습니다. 차라리 당나라 군사로 하여금 백강으로 들어오게 하여 강의 흐름에 따라 배를 나란히 가지 못하게 하고, 신라 군사로 하여금 탄현에 올라오게 하여 소로小路를 따라 말을 나란히 몰 수 없게 합시다. 이때에 군사를 풀어 공격하게 하면 마치 닭장에 든 닭이나 그물에 걸린 고기를 잡는 것과 같을 것입니다." 왕은 이 말을 따랐다.

왕은 또한 당나라와 신라 군사들이 이미 백강과 탄현을 지났다는 소식을 듣고 장군 계백을 시켜 결사대 5천 명을 거느리고 황산黃山[충남 논산시 연산면]으로 가서 신라 군사와 싸우게 하였는데, 4번 싸워서 모두 이겼으나 군사가 적고 힘이 모자라서 마침내 패하고 계백이 사망하였다.

-『삼국사기』 권28, 백제본기6, 의자왕 20년조

좌평 흥수는 나·당 연합군을 방어하기 위해서 육로는 탄현[충남 금산군 진산면] 해로는 기벌포[금강 하구]를 반드시 막아야 한다고 건의하였다. 그러나 의자왕은 이 말을 새겨듣지 않았다. 좌평 흥수도 같은 조언을 했지만, 이번에는 대신들이 이를 받아들이지 않았다. 대신은 곧 달솔세력인 듯하다. 의자왕은 철저하게 달솔세력의 말만 들었던 것이다.

요컨대 백제 멸망의 결정적 원인은 '지배 세력의 대립에 따른 대외 항쟁력의 약화'를 꼽을 수 있다. 거기에는 지나치게 달솔세력에 경도된 의자왕이 있었다. 의자왕의 대내적인 실책이었다. 나·당 연합군이 사비성에 이르자 의자왕은 태자 효와 함께 급히 웅진성으로 대피하였다. 웅진성은 사비성에 비해 비좁기는 했지만 금강을 천연 해자[방어용 물길]로 삼고 있고 험준한 산성이어서 한동안은 버틸 수 있는 조건이었다.

그러나 어쩐 일인 지 의자왕은 웅진으로 대피한 지 5일 만에 나·당 연합군에게 항복하였다. 웅진방령熊津方領 예군과 예식진이 반역하여 의자왕을 잡아서 바친 것이다. 결국 의자왕의 내정 실패가 마지막 남은 지푸라기 한 올의 희망까지 앗아갔다. 660년 8월 2일 나·당 연합군은 의자왕에게 공식적인 항복을 받아냈다. 이로써 백제는 우리 역사의 자취에서 사라지게 되었다.

# 신라 삼성 건국신화에 담긴 역사적 진실은?

신라의 건국신화는 고구려·백제와는 다르게 일원적이지 않다. 박朴·석昔·김씨金氏가 각각 독자적인 시조신화를 가지고 있다. 이것은 신라의 건국집단에 여러 세력이 관여되어 있음을 시사한다. 먼저 신라를 건국한 시조로서의 위상이 확고한 박혁거세 신화를 오롯이 담고 있는『삼국사기』와『삼국유사』의 관련 기록을 살펴보기로 하자.

## 박혁거세, 신라를 건국하고 알영을 왕비로 맞다

① 시조의 성은 박씨朴氏이고 이름은 혁거세赫居世이다. 전한前漢 효선제孝宣帝 오봉五鳳 원년(기원전 57년) 갑자 4월 병진에 왕위에 오르니, 거서간居西干이라고 불렀다. 그때 나이는 13세였으며, 나라 이름을 서나벌徐那伐이라 했다.

이에 앞서 조선朝鮮 유민들이 산과 계곡 사이에 나뉘어 살아 육촌을 이루었다. 첫째는 알천閼川 양산촌楊山村, 둘째는 돌산突山 고허촌高墟村, 셋째는 자산觜山 진지촌珍支村(혹은 간진촌干珍村이라 한다.), 넷째는 무산茂山 대수촌大樹村, 다섯째는 금산金山 가리촌加利村, 여섯째는 명활산明活山 고야촌高耶村이라 하였으니, 이것이 진한辰韓의 육부六部가 되었다.

고허촌장 소벌공蘇伐公이 양산 기슭을 바라보니, 나정蘿井 옆 수풀 사이에서 말이 무릎을 꿇고 울고 있었다. 곧 가보니 문득 말은 보이지 않고 단지 큰 알이 있어, 이를 갈라보니 갓난아이가 나왔다. [아이를] 거두어 길렀는데, 나이 10여 세가 되자 재주가 특출하고 성숙하였다. 6부 사람들은 그 출생이 신이하므로 이를 받들고 존경하였는데, 이 때에 이르러 임금으로 삼은 것이다. 진한 사람은 박[瓠]을 박朴이라 했고 처음에 [혁거세가 태어났던] 큰 알이 박과 같았기 때문에 朴으로 성을 삼았다. 거서간은 진한 사람들의 말로 왕을 가리킨다.(혹은 귀인을 부르는 칭호라고 한다.)

- 『삼국사기』 권1, 신라본기1 혁거세거서간 즉위년

② 봄 정월에 용龍이 알영정閼英井에 나타나 오른쪽 옆구리로 여자아이를 낳았다. 노구老嫗가 발견하여 기이하게 여기고 거두어 길렀는데, 우물 이름을 따서 [아이] 이름을 지었다. 자라면서 덕스런 모습을 지녔다. 시조始祖가 이를 듣고서 맞이하여 [왕]비로 삼았다. 행실이 어질고 안으로 잘 보필하여 당시 사람들이 이들을 두 성인聖人이라 불렀다.

- 같은 책, 혁거세거서간 5년

③ 진한辰韓의 땅에 6촌이 있었다. … 전한前漢 지절地節 원년 임자壬子 69년(기원전 69) 3월 초하룻날 6부의 조상들이 각각 자제들을 데리고 함께 알천閼川의 언덕 위에 모여 의논하였다. "우리들이 위로 백성들을 다스릴 만한 군주君主가 없어 백성들이 모두 방종하여 제멋대로 놀고 있으니 어찌 덕이 있는 사람을 찾아내어 그를 군주로 삼아 나라를 창건하고 도읍을 정하지 않을 것이랴!"

이에 모두 높은 데 올라가 남쪽을 바라보니 양산楊山 밑 나정蘿井 곁에 이상한 기운이 번개처럼 땅에 드리우더니 흰 말 한 마리가 무릎을 꿇고 절하는 형상을 하고 있었다. 그곳을 찾아가 살펴보니 보랏빛 알 한 개(또는 푸른빛 큰 알이라고도 한다.)가 있었다. 말은 사람을 보자 길게 울고는 하늘로 올라갔다. 그 알을 쪼개 보니 사내아이가 나왔는데, 모양이 단정하고 아름다웠다. 놀랍고도 이상하여 아이를 동천東泉에서 목욕을 시켰다. 몸에서 광채가 나고 새와 짐승들이 따라서 춤을 추며 천지가 진동하고 해와 달이 맑게 빛났다. 따라서 이름을 혁거세왕赫居世王이라고 했다(아마도 우리말일 것이다. 혹은 불구내왕弗矩内王이라고도 하니 광명으로써 세상을 다스린다는 말이다. 해설하는 사람이 말하기를 "이는 서술성모西述聖母가 낳은 것이다. 그러므로 중국 사람이 선도성모仙桃聖母를 찬양하여 '어진 사람을 낳아 나라를 세웠다'라는 구절이 있으니 이것을 두고 하는 말일 것이다"라고 하였다. 또는 계룡鷄龍이 상서를 나타내 알영閼英을 낳았다는 이야기 또한 서술성모의 현신이 아니겠는가!). [왕위의] 칭호는 거슬한居瑟邯 혹은 거서간居西干이라고 했다.

당시 사람들이 다투어 축하하여 말하기를 "이제 천자가 이미 이 땅에 내려왔으니 마땅히 덕이 있는 왕후를 찾아서 배필을 정해야겠다"고 하였다. 이날 사량리沙梁里 알영정閼英井(또는 아리영정娥利英井이라고도 한다.)에서 계룡鷄龍이 나타나서 왼쪽 옆구리로부터 계집아이를 낳았는데(혹은 용이 나타나 죽으매 그 배를 가르고 얻었다고도 한다.) 모습과 얼굴은 유달리 고왔으나, 입술이 닭의 부리와 같았다. 월성月城의 북천北川에 가서 목욕을 시켰더니 그 부리가 퉁겨져 떨어졌으므로 그 천의 이름도 따라서 발천撥川이라 하였다. 궁실을 남산 서쪽 기슭(지금의 창림사昌林寺이다.)에 짓고 두 신성한 아이를 모셔 길렀다.

사내아이는 알에서 나왔으며, [그] 알은 박과 같았다. 향인鄉人들이 박을 박朴이라 하므로 그 성을 朴이라 하였다. 계집아이는 그가 나온 우물 이름으로써 이름을 지었다. 두 성인의 나이가 13살이 되자 오봉 원년 갑자(기원전 57)에 남자는 왕이 되고, 그 여자로 왕후를 삼았다. 나라 이름을 서나벌徐羅伐 또는 서벌徐伐(지금 경京자의 뜻을 우리말로 서벌이라 하는 것도 이 때문이다.)이라 하고 사라斯羅 또는 사로斯盧라고도 하였다.

– 『삼국유사』 권1, 기이2, 신라시조 혁거세왕

신라 건국신화의 구조도 단군신화나 고구려 주몽신화와 같이 천신족天神族 + 지신족地神族의 결합 구조를 가지고 있다. 다만 차이가 있다면 단군과 주몽이 부계[천신족]와 모계[지신족]가 결합한 결과 시조가 탄생했다면, 혁거세는 부계와 모계는 알 수 없고 자신이 천신족 관념을 띠고 지신족을 대표하는 알영과 결합해 신라를 건국하였다.

천신족은 외부에서 이주해온 세력이고, 지신족은 기존에 정착해 있던 토착세력이다. 외부에서 이주해 온 세력이 그들의 신성성을 강조하기 위해 하늘과의 인연을 강조하는 것이 특징이다. 박혁거세 신화에 대해서 신이한 모습을 남겨둔 『삼국유사』에서 말이 하늘로 올라간다든가, 혁거세의 탄생에 새와 해·달이 축원하는 모습이 곧 이러한 부분이다. 시조가 알에서 태어나는 '난생신화卵生神話'는 북방형 신화의 전형이다. 그렇다면 박혁거세로 대표되는 집단은 북방에서 이주해 온 세력일 가능성이 크다.

알영은 혁거세보다 먼저 정착한 토착민으로서 지신족 관념을 포용하고 있다. 알영이 우물가에서 계룡鷄龍의 몸을 빌려 태어나고 있는 것이 이를 시사한다. 용은 물을 관장하는 신성한 동물의 대표적인 상징이다. 지신족 계통의 신령한 인물들은 대부분 강변이나 해변, 그리고 우물·동굴에서 탄생하는 공통점이 있다.

그런데 알영 신화를 자세히 살펴보면, 신라 건국 초기 당대가 아닌 후대에 신성화된 듯한 모습이 포착된다. 먼저 알영이 [계]룡의 오른쪽 옆구리에서 태어나는 장면은 불교에서 미륵의 탄생설화를 연상하게 한다. 그리고 알영의 별칭 '아리영娥利英'은 중국 요 임금의 두 딸이자 순 임금의 부인이었던 아황娥皇과 여영女英에서 본 딴 것이라는 주장이 있다. 알영의 탄생을 서술성모西述聖母의 환생으로 본 것도 마찬가지이다. 서술성모는 중국 황실의 딸로 전한다. 곧 알영 신화는 신라에 불교가 들어오고 중국과 외교관계를 맺은 이후의 후대적 관념

| 알영정 입구(경주시 오릉의 숭덕전 안) | 알영정의 비각

으로 꾸며졌다는 것을 알 수 있다. 그렇다면 알영 신화의 신성화는 언제, 왜 이루어진 것일까?

알영 신화의 신성화가 이루어진 시기를 분명히 하기는 쉽지 않다. 다만 신라가 법흥왕대(514~540) 양나라와 처음 교섭한 점과, 불교의 수용·공인시기 등을 감안하면 5세기 중·후반~6세기 대에 이루어졌을 것으로 추정한다. 곧 신라 중고기의 신라 왕실이 현실적 필요에 의해 알영 시조전승을 집권이념으로써 이용했을 가능성이 있다.

신라 소지왕(479~500)과 지증왕대(500~514)에 시조가 태어난 곳인 나을奈乙에 신궁神宮을 설치하였다. 기존에 시조를 제사 지낸 사당으로서 시조묘始祖廟가 있음에도 불구하고, 신궁을 설치한 것이다. 시조묘 제사는 국왕 즉위의례 차원에서 거행되어 왔다. 신궁 설치 이후 국왕의 시조묘 제사는 신궁 제사로 대체되었다. 다만 시조묘가 없어진 것은 아니다. 시조묘는 신라 말까지 존속하면서 국왕이 때때로 배알하였다.

학계에서는 신궁에 배향된 주신主神이 누구인지에 대하여 논란이 분분하다. 크게 나누어 보면 '박씨설'[혁거세], '김씨설'[알지, 미추왕, 성한星漢, 나물왕]이 있다. 박씨설은 시조가 탄생한 곳에 세웠으므로 시조와 무관할 수 없다는 데서 나온 주장이다. 김씨설은 시조묘가 있는데 굳이 같은 대상을 제사지내기 위해 사당을 세울 필요가 있겠느냐는 문제의식에서 비롯되었다. 소지왕~지증왕대는 김씨가 왕위를 세습했던 '마립간시대麻立干時代'이므로 김씨 시조를 제사하기 위해 신궁을 세웠다는 주장이다. 두 가지 주장에 모두 일리가 있다. 이를 조합하는 입장에서 제기된 것이 '절충설'이다. 곧 신궁의 주신이 한 명이 아닌 혁거세+알영이라는 것이다. 박씨 시조로서의 혁거세와 김씨왕실의 국모國母로서 알영을 함께 배향했다는 주장이다.

'마립간시기'는 신라 김씨왕실의 세습체제가 구축된 시기였다. 김씨족은 건국시조로서 박씨족이었던 박혁거세를 존중하면서도 그에 걸맞는 수준의 김씨족과 관련한 건국시조가 필요했을 것이다. 그때 국모로서 알영이 주목되었을 법하다. 알영의 성씨가 분명하게 전하지 않지만, 김씨였을 가능성이 크다. 실제로 김알지 신화와 알영 신화는 닭토템을 공유하고 있다. 설사 김씨가 아니었다고 하더라도 알영 신화의 신성화과정에서 김씨로 설정되어 꾸며졌을 가능성이 크다. 어차피 신라 왕실의 성씨도 초기부터 사용된 것이 아닌 후대에 만들어져 소급되어 붙여진 것이기 때문이다.

### 석탈해의 등장과 즉위과정

① 탈해脫解는 본래 다파나국多婆那國에서 태어났다. 그 나라는 왜국倭國 동북쪽 1천리 되는 곳에 있다. 처음에 그 국왕이 여국왕女國王의 딸을 취하여 아내로 삼아 임신한 지 7년 만에 큰 알을 낳았다. 왕이 말하기

를 "사람으로서 알을 낳은 것이 상서롭지 못하니 마땅히 버려야 한다"고 했다. 그 여자는 차마 그러지 못하고 비단에 알을 싸서 보물과 함께 궤짝 속에 넣어 바다에 띄워 가는 대로 맡겼다.

처음에 금관국金官國 해변에 이르렀는데 금관[국] 사람들이 괴이 여겨 취하지 않았다. 다시 진한辰韓 아진포구阿珍浦口에 이르렀다. 이때가 시조 혁거세 재위 39년(기원전 19)이다. 그때 해변에 노모老母가 줄로 당겨 해안에 매어 놓고 궤짝을 열어 보니 작은 아이가 있었다. 그 노모가 거두어 길렀다. 장성하자 신장 9척에 풍채가 빼어났고 지식이 남보다 뛰어났다. 어떤 사람이 말했다.

"이 아이의 성씨를 모르니, 처음에 궤짝이 왔을 때 까치 한 마리가 날아와 울면서 그것을 따랐으므로 마땅히 작鵲에서 [조鳥를] 생략하여 석昔으로써 성을 삼고, 또 궤짝에 넣어둔 것을 열고 나왔으므로 마땅히 탈해라 해야 한다."

탈해는 처음에 고기잡이를 업으로 하여 그 어머니를 봉양했는데 게으른 기색이 없었다. 어머니가 "너는 보통사람이 아니다. 골상骨相이 특이하니 마땅히 학문으로 공명을 세워라"고 하였다. 이에 오로지 학문에 정진하여 겸하여 지리地理까지 알았다. [탈해가] 양산楊山 아래 호공瓠公의 집을 바라보고는 길지吉地로 여겨 거짓 꾀로 빼앗아 살았다. 그 땅이 후에 월성月城이 되었다.

　　　　　　　　　－『삼국사기』 권1, 신라본기1, 탈해이사금 즉위년

② 남해왕 때 가락국駕洛國[금관가야] 바다에 배가 와서 닿았다. 그 나라의 수로왕首露王이 신하 및 백성들과 함께 북을 치고 떠들면서 맞이하여 머물러두고자 했으나, 배는 이내 빨리 달아나 계림雞林 동쪽 하서지촌下西知村 아진포阿珍浦에 이르렀다.(지금도 상서지上西知 하서지촌下西知村의 이름이 있다.)

그때 포굿가에 한 노구老嫗가 있었는데 이름을 아진의선阿珍義先이라

했다. 혁거세왕의 해척海尺 어머니였다. 배를 바라보고 말하기를 "이 바다 가운데에 원래 바위가 없는데 어찌하여 까치가 모여 울고 있는가?" 하고 배를 끌어 당겨 찾아보니 까치가 배 위에 모여들고 배 안에 궤 하나가 있었는데 길이가 20척 폭이 13척이었다. 그 배를 끌어다가 한 나무 숲 아래에 두고 길흉을 몰라 하늘을 향해 고했다.

조금 있다가 궤를 열어보니 단정한 남자아이와 칠보七寶 노비奴婢가 함께 그 안에 가득하였다. [그들을] 7일 동안 대접하니 이내 말하기를 "나는 본래 용성국龍城國 사람이다(또는 정명국正明國 혹은 완하국琓夏國이라고도 하는데, 완하는 혹은 화하국花厦國이라고 한다. 용성은 왜倭 동북 1천리에 있다.). 우리나라에는 일찍이 28용왕이 있었는데 사람의 태胎에서 났고 5·6세부터 왕위에 올라 만민을 가르쳐 성명性命을 바르게 했소. 8품의 성골姓骨이 있었으나 간택하는 일 없이 모두 왕위에 올랐다. 그때 내 아버지왕 함달파가 적녀국積女國 왕의 딸을 맞아 비로 삼았는데, 오래도록 아들이 없으므로 기도하여 아들을 구했더니 7년 후에 큰 알 하나를 낳았다. 이에 대왕이 군신을 모아 묻기를, 사람으로서 알을 낳는 것은 고금에 없으니, 아마 길상이 아니라 하면서 이내 궤를 만들어 나를 두고 7보와 노비를 배 안에 실어 바다에 띄우면서, 인연이 있는 곳에 닿는 대로 나라를 세우고 집을 이루라 축원했소. 문득 붉은 용이 배를 호위해 이곳에 이르렀소."

말을 마치자 아이는 지팡이를 끌며 두 종을 데리고 토함산 위에 올라가서 돌무덤을 만들었다. 그곳에 7일 동안 머물면서 성 안에 살만한 곳이 있는지 바라보니, 마치 초승달 같은 산봉우리가 보이는데 지세가 가히 오래 살만 하였다. 이에 내려가 살펴보니 호공瓠公의 집이었다. 이내 속이는 꾀를 써서 숫돌과 숯을 몰래 그 곁에 묻고 다음날 이른 아침 그 집 문 앞에 가서 말했다. "우리 조상 때의 집이오." 호공은 아니라고 하여 다투었으나 결단을 내리지 못하여 관官에 고하였다.

관에서 [탈해에게] 말하기를 "이것이 너희 집이라는 것을 어떻게 증명하겠는가"하니 "나는 본래 야장冶匠이었는데, 잠시 이웃 마을에 나가 있는 동안 다른 사람이 빼앗아 살고 있으니, 땅을 파서 조사해봅시다"라고 하였다. 땅을 파보니 과연 숫돌과 숯이 나왔으므로 그 집을 빼앗아 살게 되었다.

- 『삼국유사』 권1, 기이2, 제사탈해왕

석씨昔氏 시조인 석탈해 신화 역시 『삼국사기』와 『삼국유사』에 기록되어 있지만, 『삼국유사』에 신이한 모습이 더 많이 남아 있다. 탈해도 알에서 태어나 북방계 신화의 요소에 해당한다. 천신족적인 관념은 없지만, 외부에서 들어온 이주민임에는 분명하다. 탈해는 신라로 들어오면서 '야장冶匠'으로 대표되는 선진 철기문화를 가져온 것 같다. 『삼국사기』에는 혈혈단신 궤짝에 담겨 신라에 왔지만, 『삼국유사』에는 7보寶와 노비가 함께였고, 또 붉은 용이 탈해가 탄 배를 호위하였다. 7보와 노비는 탈해가 지닌 경제력을, 붉은 용은 그가 거느린 해군단을 의미하는 것으로 해석될 수 있다.

탈해의 출신지는 기록상 '다파나국多婆那國'·'용성국龍城國'·'정명국正明國'·'완하국琓夏國'·'화하국花厦國'으로 다양하게 표기되어 있다. 이로 인해 탈해의 출자와 신라로의 이동경로에 대한 논의가 분분하다.

탈해의 출자는 크게 '북방설'·'남방설'·'낙랑설'의 세 가지로 나누어 볼 수 있다. 북방설은 탈해의 야장적冶匠的 성격을 북방의 기마민족과 관련짓거나 난생설화에 주목하였다. 남방설은 탈해가 바닷길을 통해 신라로 들어온 것을 강조하면서 남방 해양세력으로 본 것이다. 낙랑설은 『삼국유사』 가락국기에 탈해가 수로에게 패한 후 중국[낙랑]으로부터 오는 배가 닿는 물길을 따라가려 했다는 기록에 주목하여 도출되었다. 그러나 해당 기록은 금관가야와 낙랑군의 교류경로를 시사하는 것이어서 탈해의 출신지와는 무관하다. 기타 주장으로 '고조선설', '사로국[신라] 본토설' 등도 있지만, 탈해의 이동경로가 바다와 연관되어 있다는 점만이 확실할 뿐 출신지의 위치는 여전히 미궁에 빠져 있다.

탈해가 정착한 진한의 아진포는 지금의 경주시 양남면 나아리와 하서리 일대로 비정된다. 탈해를 거두어 기른 아진의선은 혁거세왕의 해척海尺 어머니였다. 해척은 신라의 17관등 중 4위에 해당하는 파진찬의 별칭이다. 그렇게 보면 아진의선은 자연인이라기보다는 신라[사로국] 내 박씨왕실과 세력연맹을 유지하던 경주 동쪽 해안의 토착세력으로 생각된다. 탈해는 아진포에서 아진의선과의 관계를 유지하면서 해상활동을 통해 세력을 키워나갔을 것이다.

탈해는 일정기간 세력을 키운 후 경주 동쪽의 나아천과 하서천

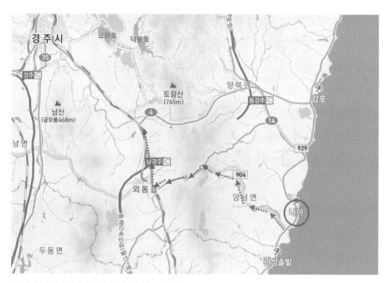

| 탈해의 정착지와 경주 진출경로(다음지도 활용)

상류로 세력을 확장하면서 형산강 상류 남천南川을 따라 토함산을 거쳐 경주 분지로 진출하였다. 그러한 과정에서 대장장이[야장冶匠]임을 내세워 꾀를 써서 월성月城 지역의 호공瓠公 집을 빼앗았다.

호공은 박혁거세~탈해왕대에 2인자에 해당하는 최고의 실세였다. 그런 호공의 집을 꾀로써 빼앗았다는 것은 당시에 이미 탈해의 세력이 상당했음을 알려준다.

| 석탈해 탄강 유허비(1845년 건립, 경주시 양남면 나아리 소재)

또한 탈해가 차지한 땅이 탈해이사금(57~80)대 왕성으로 축조된 월성月城이라는 점도 탈해의 풍수지리적 안목과 지도자적 자질을 잘 보여준다.

탈해와 호공이 땅을 둘러싸고 다투는 과정에서 탈해의 손을 들어준 '관官'은 박씨왕실로 이해된다. 이는 박씨왕실이 선진 철기문화를 소유한 탈해세력을 현실적으로 인정해 준 것을 의미한다. 그 결과는 탈해가 남해왕 5년(기원후 8) 왕의 사위가 되었고, 7년(10)에는 대보大輔로 임명되어 나라의 주요 일을 도맡아 처리하였다. 그리고 다음 왕위는 비록 유리이사금에게 양보했지만, 유리의 아들이 있었음에도 불구하고 유리이사금의 유훈遺訓을 명분으로 삼아 결국 신라 4대 왕으로 즉위하였다. 유리와 탈해가 왕위를 논하는 과정에서 탄생한 '이사금尼師今' 왕호의 유래와 탈해의 즉위과정을 알려주는 기록은 다음과 같다.

① 앞서 남해가 죽자 유리가 마땅히 왕위에 올라야 하는데, 대보大輔인
탈해가 본래 덕망이 있었던 까닭에 왕위를 미루어 사양하였다. 탈해
가 말하였다. "임금의 자리는 용렬한 사람이 감당할 수 있는 있는 바
가 아니다. 내가 듣건대 성스럽고 지혜로운 사람은 이빨이 많다고 하
니 떡을 깨물어서 시험해보자." 유리의 치아가 많았으므로 이에 좌우
의 신하와 더불어 그를 받들어 세우고 이사금이라 불렀다. 예부터 전
해져오는 것이 이와 같다.
    김대문은 다음과 같이 말하였다. "이사금은 방언으로 잇금을 일컫는
말이다. 옛날에 남해가 장차 죽을 즈음에 아들 유리와 사위 탈해에게
일러 말하기를 '내가 죽은 후에 너희 박·석 두 성 가운데 나이가 많
은 사람이 서로 왕위를 이어라'고 하였다. 그 후에 김씨 성이 또한 일
어나 3성에서 나이가 많은 사람이 서로 왕위를 이었던 까닭에 이사
금이라 불렀다."

    －『삼국사기』권1, 신라본기1, 유리이사금 원년(24)

② 34년 가을 9월에 왕이 병들자 신료들에게 말했다. "탈해는 몸이 왕족
과 연결되고 지위가 보필하는 신하의 자리에 있어 수없이 공로와 명예
를 드러냈다. 짐의 두 아들은 재주가 그에게 한참 못 미친다. 내가 죽은
뒤 [탈해를] 왕위에 즉위하게 하여 나의 유훈을 잊지 않도록 하라."

    －『삼국사기』권1, 신라본기1, 유리이사금 34년(57)

③ 남해왕 5년에 그가 어질다고 듣고 [왕은] 딸을 그의 처로 삼았다. 7년
에는 등용해 대보大輔로 삼고 정사政事를 맡겼다. 유리儒理가 세상을
떠나려 할 때 말했다. "선왕[남해왕]께서 유언해 '내가 죽은 뒤 아들
과 사위를 따지지 말고 나이가 많고 어진 자로 왕위를 잇게 하라'고
하셨기 때문에 과인이 먼저 즉위했다. 지금은 마땅히 [탈해에게] 위를

전해야 한다."

- 『삼국사기』 권1, 신라본기1, 탈해이사금 즉위년(57)

탈해는 신라 역사상 석씨昔氏로서 처음 왕위에 올랐다. 하지만 '석씨왕시대'가 곧바로 시작된 것은 아니었다. 석탈해 이후의 왕위는 다시 박씨에게 돌아갔다. 5대 파사 - 6대 지마 - 7대 일성 - 8대 아달라이사금을 거쳐서 9대 벌휴이사금대(184~196) 이르러서야 석씨가 다시 왕위를 계승하였다[뒤의 석씨왕실계보도 참조].

이는 석탈해가 개인의 능력과 일부 박씨족·김씨족과의 세력연맹으로 왕위에 올랐을지라도, 신라사회 안에서 토착적 세력기반이 약했기 때문에 집권을 계속하기에는 여전히 한계가 있었음을 시사한다.

### 김알지, 김씨 시조로 우뚝 서다

① 봄 3월 밤에 [탈해]왕이 금성金城 서쪽의 시림始林 나무들 사이에서 닭이 우는 소리를 들었다. 날이 밝기를 기다려 호공瓠公을 보내 살펴보니 금색의 작은 궤짝이 나뭇가지에 걸려 있고 흰 닭이 그 아래에서 울고 있었다. 호공이 돌아와 고하니, 왕은 사람을 시켜 궤짝을 가져와 열게 했다. 작은 남자아이가 그 안에 있었는데, 자태가 뛰어나게 훌륭했다. 왕이 기뻐하며 좌우에 일러 "이는 어찌 하늘이 내게 보내준 아들이 아니겠는가!"라고 하고 거두어 길렀다. 자라면서 총명하고 지략이 많아 이름을 알지閼智라 했다. 그가 금궤짝에서 나왔으므로 성을 김씨金氏라 했다. 시림의 이름을 계림雞林으로 고치고 이것으로 국호를 삼았다.

- 『삼국사기』 권1, 신라본기1, 탈해이사금 9년(65)
② 영평永平 3년 경신(60) 8월 4일 호공瓠公이 밤에 월성月城 서쪽 마을

을 가는데 시림始林(구림鳩林이라고도 한다.)에서 크고 밝은 빛을 보았다. 자주색 구름이 하늘로부터 땅에 뻗쳤고, 구름 속에 황금상자가 나뭇가지에 걸려 있으며 빛이 상자로부터 나왔다. 또한 흰 닭이 나무 밑에서 울고 있었다. [호공이] 그대로 이것을 왕에게 아뢰었다. [왕이] 친히 그 숲에 가서 상자를 열어 보니 사내아이가 있었는데, 누워있던 [아이가] 바로 일어났다. 마치 혁거세의 옛 일과 같으므로 그 말로 인해 알지閼智라고 이름하였다. 알지는 곧 우리 말(鄕言)로 어린 아이를 일컫는다. [왕이 아이를] 안고 궁으로 돌아오니 새와 짐승들이 서로 따르며 기뻐하면서 춤추고 뛰어 놀았다. 왕이 길일을 택하여 태자로 책봉했으나, 후에 [알지는 그 자리를] 파사婆娑에게 물려주고 왕위에 오르지 않았다. 금 상자에서 나왔으므로 김씨金氏를 성으로 삼았다.

알지는 열한熱漢을 낳았고, 열한은 아도阿都를 낳고 아도는 수류首留를, 수류는 욱부郁部를 낳고 욱부는 구도俱道를 낳고, 구도는 미추未鄒를 낳았는데, 미추가 왕위에 즉위하니 신라 김씨는 알지로부터 시작된 것이다.

- 『삼국유사』 권1, 기이2, 김알지 탈해왕대

　　김알지는 탈해이사금대에 탄생하였다. 알지의 탄생신화에 하늘로부터의 신성성이 부여되어 있어 천신족 관념을 표방한 이주민임을 알 수 있다. 석탈해와 김알지의 연결고리로 닭이 등장하는 점이 특징적이다. 이 때문에 김씨족들이 닭을 신성시했고, '계림국鷄林國'은 신라의 국호로도 사용되었다.

　　박朴·석昔·김金 3성 건국신화를 비교해 보면, 박씨족과 김씨족의 신화는 천강天降사상이 반영된 전형적인 북방계 신화임을 알 수 있다. 이와 달리 석씨족 신화는 바다로부터의 수평적인 이동과 천신족 관념이 혼재된 양상이다.

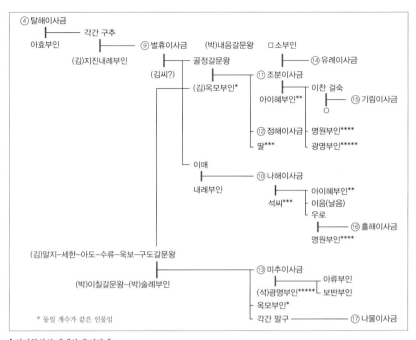

┃ 석씨왕실의 세계와 혼인관계

    탈해는 알지를 거두어 기른 후 대보로 기용하였고, 차기 왕위계
승권자임을 의미하는 태자로까지 책봉하였다. 이것은 탈해가 김씨세
력과의 연결을 통해 지지세력 기반의 확대를 도모한 것으로 해석된
다. 석씨족이 박씨족보다 늦게 이주해 들어와 인적·물적 토대가 부족
했기 때문에 탈해가 추구한 생존전략 차원이었던 것이다. 탈해이사금
이후에도 석씨족은 김씨족과 혼인관계를 유지하면서 정치적으로 제
휴하였다. 탈해의 아들 각간 구추도 김씨 지진내례부인과 혼인했고, 본
격적인 석씨왕시대로 들어간 9대 벌휴이사금(184~196) 이후에도 이러
한 혼인양상이 이어졌다[석씨왕실의 세계世系와 혼인관계 참조].

    한편 『삼국유사』 김알지 탈해왕대의 말미에 남아 있는 알지 이후 구도와 미추로 이어지는 김씨의 계보는 매우 중요한 기록이다. 이를 통해 김씨가 신라사회에 등장하여 왕위에까지 오르는 과정을 살필 수 있다.

훗날이지만 미추이사금은 김씨로서 처음 왕위에 올랐다. 그 역시 석씨 광명부인과 혼인한 것을 보면 석씨세력과 협조하여 정권을 잡았음을 예상할 수 있다. 이와 같이 신라 상고기에 삼성 세력이 공존했다는 사실은 정치적으로 상호 간에 대립과 갈등을 지속했음을 말해준다. 김씨족과 석씨족은 같은 성씨 집단 안에서도 계속 세력이 나누어졌다. 따라서 신라 상고기 정치세력의 역학관계는 복잡한 양상을 띠고 있다.

# 천년의 왕국, 신라사를 보는 눈

신라는 기원전 57년에 건국하여 935년에 경순왕이 고려 왕건에
게 나라를 바칠 때까지 1천 년 동안 존속하였다. 우리가 흔히 '천년의
왕국, 신라'라고 부르는 까닭이 여기에 있다. 단일 왕조로는 세계에서
도 유례를 찾아볼 수 없는 긴 기간에 해당한다. 따라서 신라의 역사를
살필 때 시대 구분을 할 필요가 생긴다. 신라사의 시대 구분은 당대
신라인들의 인식이 『삼국사기』에 남아 있고, 『삼국유사』를 지은 일연
도 시도한 바가 있다. 두 사서에 남아 있는 시기 구분을 간단히 표로
정리해 보면 다음과 같다.

| 시대구분<br>역사서 | 시대 구분 | | | 전거 |
|---|---|---|---|---|
| 『삼국사기』 | 상대上代(기원전 57~654)<br>박혁거세~진덕왕 | 중대中代<br>(654~780)<br>무열왕~혜공왕 | 하대下代<br>(780~935)<br>선덕왕~경순왕 | 권12 신라본기<br>경순왕 9년조 |
| 『삼국유사』 | 상고上古<br>(기원전 57~514)<br>박혁거세~지증왕 | 중고中古<br>(514~654)<br>법흥왕~진덕왕 | 하고下古(654~935)<br>무열왕~경순왕 | 권1 왕력 |

두 사서 모두 상·중·하의 세 시대로 구분한 것은 같다. 다만 『삼
국사기』는 그것을 '상대'·'중대'·'하대'라 칭했고, 『삼국유사』는 '상
고'·'중고'·'하고'라고 불렀다. 또한 태종무열왕이 두 사서 모두에서
시대 구분의 분기임은 공통적이지만, 세부적으로는 차이가 난다. 곧

『삼국사기』는 박혁거세~진덕왕까지를 '상대'로 설정했는데,『삼국유사』는 이를 다시 나누어 박혁거세~지증왕까지는 '상고', 법흥왕~진덕왕까지는 '중고'로 구분하였다. 반대로 일연이 무열왕~경순왕까지를 '하고'로 설정한 것을『삼국사기』는 무열왕~혜공왕까지는 '중대', 선덕왕~경순왕까지는 '하대'로 구분하였다.

　『삼국사기』의 신라사 시대 구분은 김부식의 견해가 아닌 신라인들의 인식에 따른 것이다. 왕통王統의 변화를 중요시하여 시대를 구분한 것이 특징이다. 성골聖骨 → 진골眞骨 왕통의 변화를 상정해 '상대'와 '중대'를 나누었고, 무열왕계 → 나물왕계 왕통의 변화에 맞추어 '중대'와 '하대'를 나누었다. 상대 → 중대 → 하대라는 왕계의 변화는 단순히 혈연관계뿐만이 아닌 실질적인 정권의 교체를 의미한다. 곧 시대의 변혁과 함께 정치세력의 변동이 이루어졌다. 각각 중대와 하대를 개창한 태종무열왕과 선덕왕은 원래 직계 왕위 계승권자가 아니었다.

　『삼국유사』의 신라사 시대 구분법은 왕통의 변화를 고려하면서도 불교의 공인을 중요시한 것이 특징이다. 신라 불교가 법흥왕法興王대(514~540)에 공인된 것을 각별하게 기념한 것이다. 이는 승려인 일연의 역사관이 반영된 것이다. 신라사와 관련한 각종 연구와 시중에 판매되는 책들을 보면 제목에 이와 같은 시대구분이 반영되어 있다. 따라서 신라사 시대 구분법은 '천년의 왕국 신라'의 역사를 이해하기 위한 기초에 해당한다.

### 다양한 신라 왕호에 담긴 의미는?

　고구려와 백제는 1대 왕부터 국왕호를 칭했지만, 신라사에서 처음으로 '왕호王號'를 칭하는 왕은 상고기의 마지막 왕인 지증왕(500~514)이었다. 그 이전까지 다양한 왕호를 사용하였는데, 거기에 담긴 역사적 의미가 곧 신라국가의 발전과 긴밀한 관련이 있다.

첫째, '거서간居西干'이다.

> 거서간은 진한辰韓의 말로 왕을 뜻한다. 혹은 존귀한 사람을 부르는 호
> 칭이라고도 한다.
>
> ─『삼국사기』 권1, 신라본기1, 혁거세거서간 즉위년

'거서간'을 칭한 왕은 시조인 박혁거세거서간 한 명이다. 그 의미
는 『삼국사기』에 나와 있는 바와 같이 존귀한 사람에 대한 진한시대
의 왕호였다. 『삼국유사』 권1, 기이2, 신라시조 혁거세왕조에는 '거슬
한居瑟邯'으로 되어 있다. 신라 초기에는 중국 한자에 대한 이해가 낮
았기 때문에, 같은 음운을 한자로 표기하는 과정에서 다르게 기록된
것이다.

둘째, '차차웅次次雄'이다.

> 차차웅을 혹은 자충慈充이라고도 하였다. 김대문이 말하기를 "차차웅은
> 방언에 의하면 무당을 일컫는 말이다. 무당은 귀신을 섬기고 제사를 받
> 드는 까닭에 세상 사람들이 그를 두려워하고 공경하여 마침내 존장자尊
> 長者를 일컬어 자충이라 하였다."
>
> ─『삼국사기』 남해차차웅 즉위년

'차차웅'을 칭한 왕도 남해차차웅 한 명이었다. 차차웅의 의미는
무당巫堂, 곧 제사장이었다. 여기서 무당이 제사를 받드는 귀신은 조
상신이다. 곧 차차웅은 정치적 군주이자 동시에 사제왕司祭王적인 모
습을 보이는 존재이다. '단군왕검檀君王儉'처럼 제사와 정치를 동시에
관장하는 '제정일치 시대'의 산물이다. 다만 남해차차웅은 재위 3년

(6)에 친누이동생 아로에게 제사를 주관하게 하였다. 이는 남해왕 즉위 후 곧바로 제사와 정치가 분리되면서 왕이 정치적 군주로서 변화되어 감을 시사한다. 왕호로서의 차차웅이 남해왕대에 사라진 까닭이 여기에 있다.

셋째, '이사금尼師今'이다.

앞서 남해가 죽자 유리가 마땅히 왕위에 올라야 하는데, 대보大輔인 탈해가 본래 덕망이 있었던 까닭에 왕위를 미루어 사양하였다. 탈해가 말하였다. "임금의 자리는 용렬한 사람이 감당할 수 있는 있는 바가 아니다. 내가 듣건대 성스럽고 지혜로운 사람은 치아가 많다고 하니 떡을 깨물어서 시험해보자." 유리의 이가 많았으므로 이에 좌우의 신하와 더불어 그를 받들어 세우고 이사금尼師今이라 불렀다. 예부터 전해져오는 것이 이와 같다.

김대문이 말하였다. "이사금은 방언으로 잇금을 일컫는다. 옛날에 남해가 장차 죽을 즈음에 아들 유리와 사위 탈해에게 일러 말하기를 '내가 죽은 후에 너희 박·석 두 성 가운데 나이가 많은 사람이 왕위를 이어라'고 하였다. 그 후에 김씨 성이 또한 일어나 3성에서 나이가 많은 사람이 서로 왕위를 이었던 까닭에 이사금이라 불렀다."

– 『삼국사기』 유리이사금 즉위년

'이사금'을 칭한 왕은 유리·탈해·파사·지마·일성·아달라·벌휴·나해·조분·점해·미추·유례·기림·흘해·나물·실성이사금으로 모두 16명이었다. '이사금시대'로 불린다. '이사금시대'에는 연장자가 왕위계승의 우선권을 가졌다. 얼핏 보면 유교적인 효행사상에 충실한 듯 보인다. 하지만 국가운영을 도맡아야 하는 국왕의 자질에 나이가 절대적 요소가 될 수는 없다. 이는 그만큼 당시 신라의 정치적 권력

구조가 완비되지 못했음을 의미한다.

넷째, '마립간麻立干'이다.

> 김대문이 말하였다. 마립麻立은 방언에서 말뚝을 일컫는 말이다. 말뚝은
> 함조諴操[궐표]를 말하는데, 그것은 위계位階에 따라 설치되었다. 왕의
> 말뚝은 주主가 되고 신하의 말뚝은 그 아래 배열되었기 때문에 이로 말
> 미암아 왕의 명칭으로 삼았다.
>
> －『삼국사기』 눌지마립간 즉위년

'마립간'을 칭한 왕은 『삼국사기』에는 눌지·자비·소지·지증마립간 4명이고, 『삼국유사』는 나물~지증까지 6명이다. 실성이 나물 및 눌지와 정치적으로 갈등한 것을 고려하면, 나물이 마립간 왕호를 처음 칭하다가 실성이 이사금 왕호로 다시 복고했을 가능성이 있다. 그리고 눌지가 실성을 제거한 후 마립간 왕호를 다시 사용하지 않았을까 추정한다.

마립간을 사용한 국왕의 정치적 지위는 귀족세력보다 한 단계 우위에 있었다. 신라사에서 마립간으로 왕호를 칭하던 시대에 대내외적으로 비약적인 발전을 이룩하였다. 먼저 그동안 박씨·석씨와 권력을 나누던 관행에서 탈피해 김씨 세습왕실을 개창하였다. 박씨와 석씨는 더 이상 국왕을 배출하지 못했다. 박씨는 왕비족으로서 왕족의 반열에 함께 하는 데 만족해야 했고, 석씨는 실성이사금 이후 신라사에서 완전히 자취를 감추었다. 경주시내 곳곳에서 흔히 볼 수 있는 대형 돌무지덧널무덤[적석목곽분積石木槨墳]이 곧 4세기 중반~6세기 초반에 조성된 김씨 마립간과 왕족들의 무덤이다.

눌지마립간(417~458)이 즉위한 후에는 신라 국내에 머물며 정치적으로 간섭했던 고구려세력을 축출하였다. 고구려는 4세기 후반 이

후 신라에 우위관계를 유지하면서 신라 내정을 좌지우지하였다. 눌지마립간도 즉위에 고구려군사의 도움을 받을 정도였다. 하지만 고구려세력의 간섭 하에서 신라 국가의 진정한 발전을 논할 수 없는 법이다. 눌지마립간은 재위 9년(425) 고구려에 인질로 갔던 동생 복호를 탈출시킨 후 본격적인 반고구려 정책을 추진하였다. 그 결과 450년대 들어서 고구려군사를 소백산맥 이북으로 물리칠 수 있었다.

다섯째, '왕王'이다.

"살펴보건대 예부터 국가를 가진 이는 모두 제帝나 왕王을 칭하였는데, 우리 시조께서 나라를 세운지 지금 22대에 이르기까지 단지 방언만을 칭하고 높이는 호칭을 정하지 못하였으니, 이제 뭇 신하가 한 마음으로 삼가 신라국왕新羅國王이라는 칭호를 올립니다."

– 『삼국사기』 지증마립간 4년조

'마립간시대'는 지증마립간에서 끝났다. 그 시기는 지증왕 4년(503)이었다. 이후 신라의 모든 군주는 왕호를 칭했다. 국왕호의 사용은 국왕의 정치적 권력이 6부 귀족세력을 초월함을 의미한다. 법흥왕(514~540)과 진흥왕대(540~576) 이르러서는 한 단계 더 나아가 대왕大王(太王)호를 칭했다. '왕 중의 왕'이라는 의미로서 고구려 국왕이 사용하던 것을 벤치마킹한 것이다.

한편, 『일본서기』, 「광개토왕비」, 「충주고구려비」, 「울진 봉평리 신라비」 등의 금석문에 신라왕을 지칭하는 용어로 『삼국사기』·『삼국유사』에 전혀 나타나지 않는 '매금寐錦'이 나타난다. '매금'은 '비단에서 잠자는 고귀한 분'이라는 뜻이다. 이는 신라왕을 통칭하는 신라의 토속적 용어인 것 같다.

## 국호로 살펴본 신라 국가의 발전

국호國號란 무엇인가? 국호는 하나의 정치체가 자신을 대내외적으로 나타내는 표징이다. 국호를 통해 그 영역 내에 거주하고 있는 주민들은 하나라는 일체감을 가진다. 따라서 국호의 변경은 그 자체로서 중요한 정치적 사건일 뿐만 아니라 그 내부에 그러한 변화를 가져오게 한 요인이 내재하고 있다. 신라 상고기에는 시기별로 다양한 국호를 사용하였다. 그것이 가지는 역사적 의미가 중요하다.

『삼국사기』에 남아 있는 신라 국호의 변천과정을 살펴보면 다음과 같다.

> ① 신라 국호는 '서야벌徐耶伐[서나벌徐那伐]' 또는 '사라斯羅'·'사로斯盧'·'신라新羅'라고 하였다. 탈해왕 9년(65)에 시림始林에서 닭의 변괴가 있어서 다시 '계림鷄林'이라고 이름하고 이를 국호로 삼았다. 기림왕 10년(307)에 다시 신라라고 이름하였다.
>
> ― 『삼국사기』 권34, 지리1, 신라강계
>
> ② "시조께서 나라를 세우신 이래 나라 이름을 정하지 않아 '사라'라고도 하고 혹은 '사로' 또는 '신라'라고도 칭하였습니다. 신 등의 생각으로 신新은 '덕업德業이 날로 새로워진다'는 뜻이고, 라羅는 '사방四方을 망라한다'는 뜻이므로 이를 국호로 삼는 것이 마땅하다고 여겨집니다." … 왕이 이에 따랐다.
>
> ― 『삼국사기』 지증마립간 4년

위의 기록을 종합해보면, 신라의 건국 초 국호는 '서나벌徐那伐'·'사라斯羅'·'사로斯盧'·'신라新羅' 등이 같이 쓰였다. 그러다가 탈해왕 9년(65)부터 '계림鷄林'으로 바뀌었고, 다시 기림왕대(298~310)부터는 '신라' 등의 국호로 돌아갔다가 지증왕 4년(503) 이르러 신라를 공식

『삼국사기』 임신본(1512) 지증왕 4년조

국호로 삼았음을 알 수 있다.

신라의 국호 중 '徐耶伐[徐那伐]'·'斯羅'·'斯盧'·'新羅'는 음운상
의 표기법이 다를 뿐 같은 계통으로 파악한다. 그 중에서 지증왕 3년
국호에 '덕업일신德業日新 사방망라四方網羅'라는 유교적 의미를 부여
하면서 '신라新羅'라는 국호로 굳어졌다. 결국 신라 국호는 ① 사로
[라]계, ② 계림, ③ 유교적 의미가 부여된 신라로 나눌 수 있다. 각각
이 가지고 있는 역사적 의미는 무엇일까?

먼저 '사로[라]계'는 오늘날 경주지역을 중심으로 하는 좁은 범
위의 정치세력으로서 이른바 '원신라'를 지칭하는 대내적인 용도로
사용된 호칭이었다. 반면에 '신라'는 사로뿐만 아니라 그에 예속된 다
양한 정치세력을 포괄하는 보다 넓은 의미의 뜻을 내포한다. 신라는
주로 대외적인 용도로 썼다. 원래 대외교섭 시에 사용되다가 지증

왕 4년(503) 정식 국호로 굳어졌다. 한편 '계림'은 신라 김씨 시조 알지의 탄생이 계기가 되어 생긴 국호이다. '김씨족의 성장·집권'과 밀접한 관련을 가지며, 김씨왕실의 알지에 대한 인식과 관련하여 후대에까지 책봉호로 사용되었다.

# 고대 사람들은 무엇을 입었을까?

### 벌거숭이에서 옷을 입기까지

원시시대 사람들은 옷을 왜 입었을까? 기본적으로는 풀이나 나 못가지 등 각종 위험요소로부터 다치는 것을 방지하기 위해서였을 것이다. 매서운 추위로부터 몸을 보호하거나, 사냥할 때의 위장술적인 이유도 있었을 것이다. 그밖에 주술적인 성격도 포함되어 있을 수 있겠다.

그렇다면 인류는 언제부터 옷을 입었을까? 1만 년 전까지의 구석기시대 사람들은 대부분 벌거벗은 그대로 다니거나, 나뭇잎·나무 껍질로 중요 부위를 간단히 가리는 정도였을 것이다. 다만 겨울에는 동물의 가죽이나 털을 둘러 입어 체온을 유지했을 것으로 추정된다.

1만 년~3천 년 전에 해당하는 신석기시대에는 옷을 제작한 흔적이 남아 있다. 가락바퀴 [방추차紡錘車]를 통해 짐승의 털에서 실을 뽑았고, 짐승의 뼈로 바늘을 만들어 초보적인 형태지만 옷을 만들어 입었다. 함경북도 웅기군 굴포리 등에서 뼈바늘과 뼈로 만든 바늘통이 출토된 바 있다.

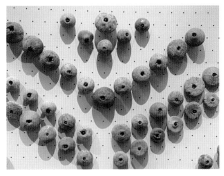

| 가락바퀴, 제주시 삼양동 외 출토품(국립제주박물관)

### 고조선, 부여, 삼한의 의생활

역사시대에 이르러 나라를 세운 후 우리나라 사람들은 어떤 옷을 입었을까? 관련 문헌자료가 남아 있어 어렴풋하게나마 그 모습을 살필 수 있다. 먼저 한민족의 특징적인 머리모양이라 할 만한 상투와 관련한 기록이다.

> ① [기원전 3~2세기] 연나라 왕 노관이 [한나라를] 배반하고 흉노로 들어가자 [위]만도 [고조선으로] 망명하였다. 무리 1천여 명을 모아 북상투에 오랑캐 복장을 하고서 동쪽으로 도망하여 [요동의] 요새를 나와 패수를 건너 진秦나라의 옛 빈 땅인 상하장에 살았다.
>
> – 『사기』 조선열전
>
> ② 머리칼을 틀어 묶고 상투를 드러내는데 마치 날카로운 병기兵器와 같다. [삼]베로 만든 도포를 입고 발에는 가죽신을 신고 다닌다.
>
> – 『삼국지』 위서 동이전 한전

사마천의 『사기』 조선 열전에 따르면, 연나라의 위만이 고조선으로 망명할 때에 북상투를 했다고 한다. '북상투'란 '대충 말아 올린 상투'란 의미로, 조선시대 상투의 원시적인 모습으로 추정된다. 분명한 것은 기원전 3~2세기 경 중국 사람들의 시선에 그들과 구별되는 고조선 사람들의 머리모양이라는 점이다. 『삼국지』 동이전에도 마한지역 사람들이 머리칼을 틀어 올려 묶어 뾰족한 병장기 모양의 상투를 한 것으로 묘사하였다. 삼베로 만든 도포를 입고 가죽 신발을 신고 다녔다는 것으로 보아서 높은 신분의 사람임을 알 수 있다.

고조선에 이어 만주에서 나라를 세운 부여의 복식과 관련해서도 『삼국지』 동이전의 기록이 주목된다.

국내에 있을 때의 의복은 흰색을 숭상하여, 흰 베로 만든 큰 소매달린 도포와 바지를 입고 가죽신을 신는다. 외국에 나갈 때에는 비단옷, 수 놓은 옷, 모직옷을 즐겨 입고, 대인大人은 그 위에다 여우·살쾡이·원숭 이·희거나 검은 담비가죽으로 만든 갓옷을 입으며, 또 금·은으로 모자 를 장식하였다.

- 『삼국지』 위서 동이전 부여전

부여 사람들의 복식을 살피면, 흰색 옷을 좋아한 것으로 되어 있 다. 평소 흰 베로 만든 도포와 바지를 입었다고 한다. 한민족을 흰 옷 을 좋아하는 '백의민족白衣民族'이라 하는 데, 그 기원이 부여에 있음 을 알 수 있다. 『삼국지』 부여전에 남아 있는 복식 관련 기록 역시 지 배층에 해당하는 귀족들의 것이다.

| 베를 짜는 여인, 대안리 1호분

고대 사람들은 일찍부터 삼[대마]과 누에에서 실을 뽑아낼 줄 알았다. 그리고 그것을 베틀을 통해 길쌈함으로써 옷감을 만들었다. 삼은 삼베가 되었고, 누에 실은 가장 고급 원단인 비단이 되었다. 광주 신창동 유적에서는 베틀의 부속품인 바디와 그것으로 짠 삼베가 출토된 바 있다.

> ① [동예 사람들은] 언어와 예절 및 풍속은 고구려와 같지만 의복은 다르다. 남녀가 모두 곡령[曲領, 목둘레를 둥글게 한 옷깃]을 입는데, 남자는 넓이가 여러 치 되는 은으로 만든 꽃을 옷에 꿰매어 장식한다.… 삼베가 산출되며 누에를 쳐서 옷감을 만든다.
> 　　　　　　　　　　　　　　　　-『삼국지』 위서 동이전 [동]예전
> ② 누에치기와 뽕나무를 가꿀 줄 알고 면포[綿布, 무명]를 만들었다.
> 　　　　　　　　　　　　　　　　　　　　　　　- 같은 책, 한전
> ③ 누에치기와 뽕나무 가꾸기를 알아 비단과 [삼]베를 짤 줄 알았다.
> 　　　　　　　　　　　　　　　　　　　　　　　- 같은 책, 변진전

동해안 연안에 존재했던 동예와 한반도 남부의 마한과 진·변한 모두 삼베와 비단을 생산했다. 특히 마한에서는 목화솜으로 만든 면포까지 만들어냈다.

면포는 14세기 후반 문익점(1329~1398)이 원나라에서 목화씨를 들여와 대량 재배에 성공함으로써 의복의 혁명을 일으켰다. 다만 그 전래의 시원은 3세기 이전까지 소급됨을 알 수 있다. 신라 경문왕 9년 (869)에는 목화로 만든 백첩포白疊布를 당나라에 조공으로 바쳤다는 기록도 남아 있다.

## 왕실 여성 권력층이 주도한 길쌈

1년에 한 번 칠석날 [음력 7.7]에 은하수를 건너 만난다는 견우와 직녀, 그 이야기의 기원은 상당히 이른 시기까지 올라가는 것 같다. 4세기 말~5세기 초에 만들어진 덕흥리 고구려 고분벽화에는 견우와 직녀의 그

| 견우와 직녀, 덕흥리 고분

림이 그려져 있다. 소를 끄는 모습인 견우牽牛는 '농사의 신'이고, 직녀織女는 이름 그대로 '길쌈의 신'을 상징한다. 이 때문에 고대로부터 왕은 농사를 관장하였고, 왕비는 길쌈을 담당하였다. 신라시대 역시 마찬가지였는데, 박혁거세는 농사와 관련한 토지의 이로움을 얻도록 했고, 왕비 알영은 비단 생산을 위한 누에치기를 권장하였다.

3대 유리이사금대(24~57)에는 6부를 둘로 나누어 왕의 두 딸로 하여금 각각 부의 여자들을 거느리고 길쌈 시합을 부쳤다. 추석秋夕을 다른 말로 '가배嘉俳'라고 하는데, 그 기원이 여기에서 나왔다.

왕이 6부를 정하고 나서 이를 반씩 둘로 나누어 왕의 딸 두 사람으로 하여금 각각 부 안의 여자들을 거느리고 무리를 나누어 편을 짜서 가을 7월 16일부터 매일 아침 일찍 큰 부[大部]의 뜰에 모여서 길쌈을 하도록 했다. 밤 10시경에 그치는데, 8월 15일에 이르러 그 공적의 많고 적음을 헤아려 진편은 술과 음식을 차려서 이긴 편에게 사례하였다. 이에 노래와 춤과 온갖 놀이를 모두 행하는데 그것을 가배嘉俳라 하였다. 이때 진편에서 한 여자가 일어나 춤을 추며 탄식해 말하기를 "회소會蘇 회소"

라고 하였다. 그 소리가 슬프고도 아름다워 후대 사람들이 그 소리를 따라서 노래를 지어 회소곡이라 이름하였다.

– 『삼국사기』 권1, 신라본기1, 유리이사금 9년(32)

## 옷, 신분의 상징이 되다

삼국이 국가적으로 성장함에 따라 신분제도도 동시에 세분화되었다. 각 신분을 등급별로 나누어 품계를 주었는데 이것을 '관등官等'이라고 한다. 완성 단계에서의 고구려 관등은 13등급, 백제는 16등급, 신라는 17등급이었다. 그리고 관복의 색깔과 재질로써 신분 간 등급의 위계를 구별하였다. 삼국의 신분별 복식 관련 기록을 살펴보기로 한다.

〈고구려〉

① 사람들은 모두 머리에 절풍折風을 쓴다. 그 모양은 고깔과 같은데, 사인士人은 두 개의 새 깃을 더 꽂는다. 귀한 사람들은 그 관冠을 소골蘇骨이라고 하는데, 대부분 자줏빛 비단으로 만들어 금이나 은으로 장식한다. 의복은 소매가 긴 적삼에 통이 넓은 바지를 입고 흰 가죽 [허리]띠에 노란 가죽신을 신는다. 부인들은 치마와 저고리에 선襈을 두른다.

– 『북사』 열전 고구려

② 왕은 5가지 색깔로 된 옷을 입고 흰비단[白羅]으로 만든 관을 쓰며, 가죽 띠에는 모두 금테를 두른다. 대신은 푸른 비단관[青羅冠]을 쓰고, 그 다음은 진홍 비단관[絳羅冠]을 쓰는데, 두 개의 새 깃을 꽂고 금·은으로 섞어서 테를 두른다. 저고리는 통소매이고 바지는 통이 크며, 흰 가죽[허리]띠를 두르고 노란 가죽신을 신는다. 백성은 거친 털옷[褐]을 입고 고깔을 쓴다. 여자는 머리에 쓸수건[巾幗]을 쓴다.

– 『신당서』 동이열전 고[구]려

〈백제〉

① 백제의 의복은 고구려와 대략 같다. 조정의 배례와 제사 같은 때에는 그 관의 양 곁에 날개를 붙이는데, 전쟁 때에는 붙이지 않았다. 나솔 奈率 이상은[1~6품] 관모에 은꽃으로 장식하고, 장덕將德[7품]은 자주색 [허리]띠, 시덕施德[8품]은 검은 띠, 고덕固德[9품]은 붉은 띠, 계덕季德[10품]은 푸른 띠, 대덕對德[11품]과 문독文督[12품]은 모두 황색 띠, 무독武督부터 극우剋虞까지는[13~16품] 모두 흰 띠를 둘렀다. …

부인들은 분을 바르거나 눈썹을 그리지 아니하며, 처녀 적에는 머리를 땋아 뒤로 드리웠다가 시집가면 두 갈래로 나누어 머리 위로 틀어 올린다. 옷은 도포와 비슷하면서 소매가 약간 컸다.

- 『북사』 열전 백제

② 왕은 큰 소매의 자주색 두루마기[紫袍]에 푸른 비단바지를 입고, 흰 가죽 [허리]띠에 검은 가죽신을 신으며, 검은 비단관[烏羅冠]에 금꽃으로 장식한다. 군신들은 붉은 옷을 입고 은꽃으로 관모를 장식한다. 백성에게는 자주색이나 다홍색의 옷이 금지된다.

- 『신당서』 동이열전 백제

〈신라〉

신라 초기의 의복 제도는 색채를 상고할 수 없다. 제23대 법흥왕 때 이르러 비로소 6부 사람 복색의 높고 낮은 제도를 정했지만, 아직도 오랑캐의 풍속 그대로였다. 진덕왕 재위 2년(648)에 이르러 김춘추가 당나라에 들어가 당의 의례에 따를 것을 청하니, 태종 황제가 조서로써 이를 허가하고 아울러 옷과 허리띠를 주었다. 드디어 돌아와서 시행하여 오랑캐의 복색을 중화의 것으로 바꾸었다. 문무왕 재위 4년(664)에는 또한 부인의 의복을 개혁하니, 이때 이후로 의관이 중국과 같게 되었다. …

법흥왕의 제도에서는, [진골] 태대각간부터 대아찬까지는 자주색 옷이고, [6두품] 아찬부터 급찬까지는 다홍색 옷인데, 모두 아홀牙笏을 쥐며, [5두품] 대나마와 나마는 푸른 옷이고, [4두품] 대사부터 선저지까지는 누런 옷이었다. 이찬과 잡찬은 비단관을 쓰고, 파진찬·대아찬의 금하衿荷는 다홍관을 쓰며, 상당上堂 대나마와 적위赤位 대사는 갓끈을 매었다.

－『삼국사기』 권33, 잡지2, 색복

우선 삼국 공통적으로 살필 수 있는 복식의 특징은 높은 신분일수록 자주색 옷을 입고, 팔소매와 바지의 통이 크다는 것이다.

고구려 남성은 귀족과 백성 모두 머리에 고깔 모양의 절풍을 쓰는 것이 특징적이다. 부인의 경우는 쓸수건을 쓰는데 '건巾'이라고 불렀다. 부인들은 치마와 저고리 소매의 끝단에 다른 천을 대는 데 이를 '선襈'이라 했다. 장식성과 실용적 측면을 동시에 고려한 것이다.

신분이 높은 왕과 귀족은 비단 모자[라관羅冠]를 썼다. 왕은 흰색 비단으로 만든 관을 썼고, 대신은 청색과 붉은색 비단으로 만든 관을 착용하였다. 절풍과 비단 모자에는 새 깃을 꽂았는데, 이를 '조우관鳥

| 문관용 책, 덕흥리 고분 　　　　　　　　　| 무관용 책, 안악 3호분

羽冠'이라고 한다. 대신의 경우 조우관에 금·은으로 테두리를 둘렀다. 문관文官과 무관武官이 썼던 의례용 모자는 '책幘'이라고 했다. 문관용 책은 뒷부분이 세워진 채 갈라지면서 구부러졌고, 무관용은 뒷부분이 하나로 세워진 경사지면서 뾰족한 형태이다.

백제의 의복은 고구려와 대체로 같았다. 중국 측 기록인 『북사』 와 『신당서』에는 신분별로 입을 수 있는 복식과 착용할 수 있는 장신 구의 차이가 자세히 남아 있다. 특히 허리띠의 색깔이 관등별로 다르 게 규정되어 있다.

6품인 나솔 이상의 관리들이 관모에 은꽃으로 장식한다는 기록은 특별히 주목 할 만하다. 왜냐하면 충청도와 전라도 지 역의 백제 무덤에서 이러한 은제 관장식 이 출토되는 경우가 종종 있기 때문이다. 이 경우 백제의 중앙 관등을 받은 후 파견 된 지방관이거나 관인官人으로 파악할 수 있다.

백제 관인의 복식은 중국 양나라 원 제元帝 소역蕭繹이 형주자사荊州刺史로 있 었던 526~539년 무렵 아버지 무제武帝 (502~549)의 재위 40주년을 기념하기 위 해 그린 「양직공도梁職貢圖」에 생생하게 남아 있다. 그에 따르면, 백제 사신은 푸 른색 비단 상의에 붉은 색상의 하의를 입 었고, 두루마기와 바짓단에는 다른 색상 의 선을 덧대었다. 그리고 검은색 가죽신 을 신었다.

| 양직공도의 백제 사신

| 용강동 고분 출토 토용(국립중앙박물관)

신라는 법흥왕대(514~540)에 율령을 마련하면서 특유의 신분제인 골품骨品에 따라 차별화한 복식을 입게 했다. 진골은 자주색 관복을 입었고, 6두품은 비색緋色[다홍색], 5두품은 청색靑色, 4두품은 황색黃色 옷을 입었다. 진덕여왕 2년(648)에 김춘추가 당나라와의 동맹을 맺은 이후 649년부터 중국식 복식제도를 들여왔다. 우선적으로는 관복에 적용했지만, 문무왕 4년(664)에 이르러서는 부인의 의복까지도 중국식으로 바꾸어 입었다. 경주 황성동 고분과 용강동 고분에서 출토된 토용들은 모두 당나라의 복식을 입고 있어 당시 신라 사람들의 의복생활을 엿보는 데 참고가 된다.

신라 하대인 흥덕왕 9년(834)에 내린 교서에는 진골과 6두품~4두품, 평민 남녀의 의관衣冠과 신발, 심지어 장신구까지 세세한 구분과 규제책을 실시하였다. 여기에는 옷감의 소재와 색상은 물론 허리띠, 빗과 비녀 등 착용하는 모든 것에 대한 신분별 차등이 적용되었다. 『삼국사기』 권33, 색복지色服志에 자세한 내용이 남겨져 있다.

신라의 관등과 복색 규정

| 등급 | 중앙관등(京位) | | 지방관등(外位) | 의복색(色服) | 골품제상한 | | | |
|---|---|---|---|---|---|---|---|---|
| | 정식명칭 | 별칭 | | | 진골 | 6두품 | 5두품 | 4두품 |
| 1 | 이벌찬伊伐湌 | 이벌간伊罰干, 각간角干, 서불한舒弗邯 | | 자색紫色 | | | | |
| 2 | 이찬伊湌 | 이척찬伊尺湌 | | | | | | |
| 3 | 잡찬迊湌 | 잡판迊判, 소판蘇判 | | | | | | |
| 4 | 파진찬波珍湌 | 해간海干, 파미간破彌干 | | | | | | |
| 5 | 대아찬大阿湌 | | | | | | | |
| 6 | 아찬阿湌 | 아척간阿尺干, 아찬阿粲 | | 비색緋色 | | | | |
| 7 | 일길찬一吉湌 | 을길간乙吉干 | 악간嶽干 | | | | | |
| 8 | 사찬沙湌 | 살찬薩湌, 사돌간沙咄干 | 술간述干 | | | | | |
| 9 | 급찬級湌 | 급벌찬級伐湌 | 고간高干 | | | | | |
| 10 | 대나마大奈麻 | 대나말大奈末 | 귀간貴干 | 청색青色 | | | | |
| 11 | 나마奈麻 | 나말奈末 | 선간選干 | | | | | |
| 12 | 대사大舍 | 한사韓舍 | 상간上干 | 황색黃色 | | | | |
| 13 | 사지舍知 | 소사小舍 | 간干 | | | | | |
| 14 | 길사吉士 | 계지稽知, 길차吉次 | 일벌一伐 | | | | | |
| 15 | 대오大烏 | 대오지大烏知 | 일척一尺 | | | | | |
| 16 | 소오小烏 | 소오지小烏知 | 피일彼日 | | | | | |
| 17 | 조위造位 | 선저지先沮知 | 아척阿尺 | | | | | |

### 한민족의 간판 모자, 조우관鳥羽冠

고구려의 관인들은 머리에 고깔 모양의 절풍과 비단 모자를 쓰고 '조우관'으로 부르는 새 깃을 꽂아 장식하였다. 무용총 수렵도에도 형태는 다르지만 조우관을 쓴 말 탄 사람이 사냥을 하고 있다.

그렇다면 왜 '새 깃털'을 머리 장식의 수단으로 이용하였을까? 첫째, 새를 신의 사자로 인식해 죽은 자를 저승으로 인도한다고 생각했기 때문이었다. 『삼국지』 동이전 변진전의 "큰 새의 깃털을 사용하

┃ 무용총 수렵도의 조우관을 쓴 기마인

┃ 황남대총 출토 새날개 모양의 관모 장식(국립중앙박물관)

┃ 서봉총 금관의 새장식(국립경주박물관)

여 장사를 지낸다. 그것은 죽은 사람이 새처럼 날아다니라는 뜻이다"
라는 기록은 고대 사람들이 새를 어떻게 인식하고 있는 지를 잘 보여
준다. 이때의 새는 '영혼의 새'로 부를 수 있다. 삼국의 고분에서 부장
품으로서 새모양 장식과 토기의 출토 사례가 빈번한 까닭이 여기에
있다. 예를 들면, 경주 천마총과 황남대총에서 출토된 금제 관모에 꽂
는 관모 장식이 새 날개 모양이다. 서봉총에서 출토된 금관에도 3마

| 농경문 청동기, 앞면(국립중앙박물관) | 농경문 청동기, 뒷면

리의 새 장식을 앉혀 놓았다. 울산 중산리와 경산 조영동 고분에서도 오리 모양의 토기를 부장품으로 사용하였다. 백제의 경우 익산 입점리 고분에서 출토된 금동 관모의 뒷면에 새를 새겨놓았다.

둘째, 새는 농경의례에서 풍요를 가져다주는 영물로 취급되었다. 고구려 주몽이 부여에서 탈출하면서 어머니 유화가 준 오곡 종자를 잊고 왔을 때, 비둘기 한 쌍이 날아와 입에 머금은 보리 종자를 주몽에게 전해준 것은 그 대표적인 사례로 꼽을 수 있다. 유화부인은 고구려에서 농업생산력을 관장하는 지모신地母神으로서 후대에까지 제사의 대상이 되었다. 유화가 보낸 비둘기가 지모신이 보낸 메신저 역할을 한 셈이다. 주로 마을 입구의 양쪽에 세워 놓는 솟대에도 오리 등 새를 얹혀 놓는데, 마을의 안녕과 농사의 풍요를 기원하는 의미가 담겨져 있다.

대전에서 출토된 청동기에는 3마리의 새가 앉아 있는 모습이 새겨져 있는데, 뒷면의 농사짓는 모습과 연결해 보면 농사와 관련한 '풍요의 새'임을 알 수 있다. 청동기의 뒷면에는 조우관을 꽂은 채 따비로 밭은 가는 사람의 모습이 새겨져 있다. 이때 밭을 가는 사람은 남성인데 벌거벗고 있는 것이 이색적이다. 벌거벗은 채 밭을 가는 '나경

|예빈도의 조우관을 쓴 인물  |아프라시압 벽화의 조우관을 쓴 고구려 사신

裸耕'의 풍속은 근대까지도 행해졌다. 이는 음양사상의 차원에서 땅의 여신인 대지모신을 위로함으로써 농사가 잘 되기를 바라는 염원이 담긴 것이다. 농경문 청동기는 생김새로 보았을 때 목에 걸었을 것으로 추정된다. 곧 청동기시대에 제사장이 이러한 청동 장신구를 착용한 후 제의를 주관하면서 한 해 농사의 풍요를 기원했을 것이다.

이와 같이 조우관을 썼던 풍속은 삼한과 삼국시대를 거치면서 시공간을 가리지 않고 널리 보급되었다. 그러다가 점차 고구려 관리들의 전유물이 된 듯하다. 신라의 경우 법흥왕 7년(520)에 율령을 반포하고 관복의 질서를 정한 이후 조우관을 착용한 모습이 보이지 않는다. 6세기 초에 그려진 「양직공도」에는 고구려 사신만이 조우관을 착용했고, 신라와 백제 사신은 조우관을 쓰지 않았다. 진덕여왕 3년(649)에 관복을 당나라 식으로 개편한 이후에는 조우관의 풍속이 신라에서는 완전히 자취를 감춘 듯하다.

반면에 고구려에서는 조우관이 고구려 관리의 '트레이드 마크' 역할을 하였다. 무용총·쌍영총 같은 고구려 고분벽화는 물론 당나라 고종高宗의 여섯 째 아들인 장회태자 이현李賢(654~684) 무덤 안의 예빈도禮賓圖에 그려진 고구려 사신도 여전히 조우관을 착용하였다.

돈황 막고굴 220호에도 조우관을 쓴 사람이 있고, 7세기 중반 소그드국 와흐르만 궁전인 우즈베키스탄 사마르칸트 아프라시압 벽화에 남겨진 조우관을 쓴 두 명의 인물도 고구려 사신으로 파악하는 것이 일반적이다. 조우관을 쓴 고구려 사신이 당나라뿐만 아니라 실크로드와 초원의 길을 통해 중앙아시아까지 외교활동을 벌였음을 시사한다.

# 고대 사람들은 무엇을 먹었을까?

## 곡물, 가장 중요한 기본 음식재료

곡물을 재배하기 위해서는 일정 기간의 정착이 전제가 되어야 한다. 따라서 먹을 것을 찾아 지속적으로 이동생활을 했던 구석기시대에는 수렵과 채취로써 음식물을 섭취하였다. 인류는 신석기시대에 이르러 정착생활을 영위하면서 소위 '농업혁명'을 이루어냈다. 한반도의 경우도 마찬가지였다. 신석기시대의 황해도 봉산군 지탑리·마산리 유적, 평양 남경 유적, 창녕 비봉리 유적 등에서는 불에 탄 곡물이 다량으로 출토되었다. 그에 따르면 한반도에 살았던 선사시대 사람들이 처음 재배해 먹었던 곡물은 조·피·기장·수수 등 잡곡류였다. 대부분의 유적지가 강변에서 가까운 곳임을 주목할 필요가 있다. 이는 비록 잡곡이라고 할지라도 농사를 짓는 데 있어 물이 필요했음을 말해주며, 신석기시대 사람들이 강변과 가까운 곳에 살았던 근본적인 이유도 여기에 있음을 알 수 있다.

한반도에 벼가 전파되고 재배된 것은 기원전 2천 년경 무렵이었다. 평양 남경 유적, 여주 흔암리 유적, 부여 송국리 유적, 진주 대평리 유적 등에서는 불에 탄 쌀이 출토되었다. 벼는 잡곡보다 훨씬 많은 물의 공급이 필요하다. 그러나 우리나라의 강수량은 주로 여름에 집중되기 때문에 봄철에 많은 양의 물이 필요한 벼농사를 짓기 위해서는 제방의 축조와 물을 대는 수리관개水理灌漑 시설이 꼭 필요하였다. 그런데 제방시설은 단기간에 많은 노동력이 투입되어야 만들 수 있다.

곧 국가의 출현과 왕권의 성장이 뒷받침될 때라야 가능한 것이다. 삼국의 경우 330년 김제 벽골제의 축조가 최초이다. 이처럼 벼농사의 조건이 까다로움에도 불구하고 성행한 까닭은 벼가 다른 잡곡에 비해 단위면적당 생산량이 훨씬 더 많았기 때문이었다.

고대로부터 우리민족이 가장 흔하게 먹었던 대표적인 곡물 다섯 가지를 '오곡五穀'이라고 한다. 시기와 문헌에 따라 차이가 나지만 일반적으로 조·콩·보리·기장·벼를 일컫는다. 삼국시대 초기에는 콩과 보리가 주곡식이었던 것 같다. 콩은 벼에 비해 가뭄에 잘 견뎌서 재배하기 쉽다. 보리도 가뭄에 강하고 다른 밭작물에 비해 짧은 기간에 자라 6월에 추수할 수 있는 장점이 있다. 실제로 『삼국사기』 기록을 살펴보면, 5세기까지는 벼농사 관련 기록보다 서리·우박 등 자연재해와 콩·보리 재배 관련 기록이 더 많다.

〈『삼국사기』 초기 기록의 콩과 보리 관련 기록〉

• 신라

[파사왕] 5년(84) 남신현에서 보리줄기가 가지를 쳤다.

[지마왕] 3년(114) 봄 3월에 우박이 내려 보리의 싹을 상하게 하였다.

[일성왕] 6년 (139) 가을 7월에 서리가 내려 콩을 해쳤다.

[나해왕] 27년(222) 여름 4월에 우박이 내려 콩과 보리를 해쳤다.

[눌지왕] 41년(457) 여름 4월에 서리가 내려 보리를 상하게 하였다.

[지증왕] 10년(509) 가을 7월에 서리가 내려 콩을 죽였다.

• 고구려

[서천왕] 3년(272) 여름 4월에 서리가 내려 보리를 해쳤다.

• 백제

[온조왕] 28년(10) 여름 4월에 서리가 내려 보리를 해쳤다.

[기루왕] 14년(90) 봄 3월에 크게 가물어 <u>보리</u> 수확이 없었다.

23년(99) 가을 8월에 서리가 내려 <u>콩</u>을 해쳤다.

[고이왕] 13년(246) 여름에 크게 가물어 <u>보리</u> 수확이 없었다.

[동성왕] 23년(64) 3월에 서리가 내려 <u>보리</u>를 해쳤다.


벼가 콩과 보리 등 잡곡들을 제치고 우리 민족의 주된 곡식으로 자리를 잡은 것은 6세기 무렵에 이르러서였다. 제방과 수리·관개시설을 구축할 수 있을 정도로 국가권력이 성숙했고, 소를 이용하여 밭을 깊게 갈았으며, 철로 만든 농기구를 사용해 생산량이 증대됨으로써 가능한 일이었다. 그렇다고 모두가 쌀을 배불리 먹을 수 있는 것은 아니었다. 왕과 귀족을 비롯한 지배층에게만 해당되는 것이었다. 백성들은 여전히 잡곡이 주곡식이었다.

물론 지역에 따른 편차도 있었을 것이다. 조선시대의 경우이지만 논의 비율은 전국 평균 기준으로 15세기에는 28%, 18세기에는 45%였다. 그런데 남부지방에서는 논의 비율이 15세기 47%, 18세기 68%였다고 하니 지역 간 차이가 컸음을 알 수 있다. 조선시대에도 북부지방에서는 조의 생산량이 가장 많아 주곡식의 역할을 했다. 따라서 삼국의 경우 백제의 벼농사 재배가 가장 활발했을 것이고, 상대적으로 고구려는 쌀보다 조의 섭취가 많았을 것으로 추정된다.『삼국사기』에서 벼농사와 관련한 기록을 뽑아 보면 다음과 같다.

〈『삼국사기』의 벼농사 관련 기록〉

• 신라

[벌휴왕] 3년(186) 가을 7월에 남신현에서 <u>상서로운 벼이삭[嘉禾]</u>을 바쳤다.

[조분왕] 13년(242) 가을에 큰 풍년이 들었다. 고타군[경북 안동]에서 상서로운 벼이삭을 바쳤다.

[유례왕] 11년(294) 가을 7월에 다사군[경남 하동]에서 상서로운 벼이삭을 바쳤다.

[눌지왕] 36년(452) 가을 7월에 대산군에서 상서로운 벼이삭을 바쳤다.

[문무왕] 7년(667) 강심에게 급찬의 관등을 주고 벼 500섬을 내려주었다.
10년(670) 한기부 여자가 한꺼번에 아들 셋과 딸 하나를 낳았으므로 벼 200섬을 주었다.

[효소왕] 6년(697) 가을 7월에 완산주[전주]에서 상서로운 벼이삭을 바쳤다.

• 고구려

[양원왕] 4년(548) 가을 9월에 환도[중국 길림성 집안]에서 상서로운 벼이삭을 바쳤다.

• 백제

[동성왕] 11년(489) 가을에 크게 풍년이 들었다. 나라 남쪽 바닷가의 사람이 이삭이 합쳐 있는 벼를 바쳤다.


삼국이 공통적으로 지방에서 '상서로운 벼이삭[가화嘉禾]'이 나오면 중앙 왕실에 바친 것이 눈에 띈다. '상서로운 벼이삭'은 벼의 줄기에 낟알이 보통의 것보다 많이 달려 있는 것이다. 이는 곧 '벼농사의 풍요'를 상징한다. 신라의 경우 3세기 이전 경주 분지를 벗어난 소국에서 신라에 상서로운 벼이삭을 바치는 것은 복속의례로 해석할 수 있다. 다른 경우에도 중앙과 지방 간 통치 차원의 행위로 볼 수 있다.

문무왕은 재위 7년(667) 강심에게 급찬[17관등 중 9위]의 관등과 벼 500섬을 상으로 내려주었다. 이는 강심이 나·당 연합군의 대고구려 작전에서 활약했기 때문이었다. 또한 재위 10년(670) 한기부의 여자가 한 번에 아들 셋과 딸 하나를 낳자 벼 200섬을 상으로 주었다. 통일신라시대에 벼가 포상 수단으로 활용될 정도로 높은 가치가 있었음을 잘 보여준다.

### 채소, 반찬이자 보조 음식

고대 사람들이 먹었던 채소는 곡물과 같은 탄화된 형태의 것이 남아 있지 않다. 따라서 문헌기록을 통해서만 섭취 여부와 양상을 살필 수 있다.

『삼국유사』에 전해지는 단군신화에는 곰과 호랑이가 동굴에서 쑥과 산蒜을 먹으면서 사람이 되기를 빌었다. 산은 일반적으로 마늘로 알려져 있는데, 달래로 보는 견해도 있다. 단군신화의 무대 배경이 산악지방인데 마늘이 밭작물이라는 것이 주요 이유였다. 자전을 찾아보면 '蒜'은 마늘과 달래 두 가지 뜻이 모두 있다. 어쨌든 단군신화를 통해 신석기시대 후기~청동기시대 초기의 사람들이 쑥·달래·마늘을 채취하거나 재배해 먹었음을 알 수 있다.

『삼국사기』에 따르면, 주몽은 고구려를 건국한 후 비류수 상류에서 채소 잎이 떠내려 오는 것을 보고 상류에 사람이 살고 있었음을 알았다. 송양이 우두머리로 있는 비류국 복속기사인데, 비류국의 존재를 알려준 것이 바로 채소 잎이었다. 그것이 무엇인지는 분명하지 않지만 물에 뜰 수 있는 상추와 같은 잎채소였음은 분명하다.

신라 건국시조 박혁거세 신화에서 혁거세가 탄생한 알의 크기가 박[瓠]과 같아서 박朴을 성으로 삼았던 유래가 전한다. 신라인들이 커다란 호박과 같은 박을 식재료로 활용했음을 엿볼 수 있다. 중국 북위北魏시대에 가사협賈思勰이 지은 농사서인 『제민요술齊民要術』에는 6세기 이전까지의 중국 농업생활이 잘 정리되어 있다. 여기에 오이·참외·아욱·우엉·파·부추·생강 등 채소 재배법이 자세히 소개되어 있다. 북위는 고구려와 대립과 우호를 반복하면서 문화적으로도 교류하였다. 따라서 한반도에서도 이러한 채소들이 전파되어 재배되었을 가능성이 충분하다.

### 과일, 나무에서 열리는 축복

과일은 애초에는 자연 상태 그대로의 것을 채취해서 먹었을 것이다. 그러다가 정착생활을 하면서 좀 더 안정적으로 과일을 먹기 위해 과일나무를 심었을 것으로 추정된다. 곡식처럼 고대로부터 가장 많이 먹었던 다섯 가지 과일을 '오과五果'라 하는데, 복숭아·오얏[자두]·살구·밤·대추를 말한다.

| 다호리 유적 출토 칠기와 감(국립중앙박물관)

기원 전후 시기 변한의 유적지인 창원 다호리 유적에서는 삼한시대의 밤과 감이 칠기 그릇과 함께 출토되었다. 옻칠이 되어 있는 제사용 그릇으로 추정되

| 다호리 유적 출토 칠기와 밤(국립중앙박물관)

는데, 이로써 당시 감과 밤이 제물로 사용되었음을 알 수 있다. 오늘날 제사의례에서도 감과 밤이 제물로 사용되는데, 그 연원이 적어도 2천 년 전까지 소급됨을 알려주는 실물자료이자 당시 사람들의 식생활을 생생하게 보여준다.

『제민요술』에는 5과 외에도 매실·살구·배·석류·모과·능금이 소개되어 있다. 기후와 지역별 편차가 있었겠지만, 석류를 제외하면 한반도에서도 충분히 재배해 먹었을 가능성이 있다. 통일신라시기 특수 행정구역인 5소경 중 서원경西原京[충북 청주]과 그 인근의 지배를 위해 만든 소위「신라촌락문서」에는 촌락별로 호두나무 숫자가 자세하게 기록되어 있다. 신라촌락문서의 연대가 7세기 말부터 8~9세기까지 논란이 분분한 까닭에 시기를 특정하기는 어렵지만, 신라시대 사람들이 호두나무를 과실수로 심고 채취해 먹었음을 알려주는 중요한 자료이다.

### 가축, 귀하고 또 귀했던 육식재료

곡물과 채소·과일로는 식물성 영양분만을 섭취할 수밖에 없다. 인간은 뼈·근육의 생성과 유지에 필요한 단백질을 반드시 섭취해야 했다. 따라서 구석기시대부터 사냥을 통해 육류를 지속적으로 먹어왔다. 그런데 사냥은 기후와 상황 조건에 따라 얻을 수 있는 고기의 분량이 일정하지 않다. 곧 안정적인 단백질 공급을 위해서는 동물을 인간 삶의 테두리 안에서 기르면서 수시로 잡아서 먹을 수 있는 시스템이 필요하였다. ’가축’의 개념이 탄생한 것이다.

선사시대 사람들의 생활문화를 알려주는 보물창고인 울산 반구대 암각화에는 짐승이 울타리 안에서 사육되는 가축이 그려져 있다. 한반도 사람들이 정착생활을 한 신석기시대에 이르러 농경과 함께 가축을 길렀음을 시사한다.

고대부터 흔히 길렀던 대표적인 가축을 ‘육축六畜’이라고 했는데, 소·말·양·돼지·닭·개였다. 여기서 양은 호주와 뉴질랜드의 초원에서 기르는 있는 양이 아닌 산기슭을 오를 수 있는 산양이다. 부여의 관직 이름 중 6축을 본뜬 마가馬加[말]·우가牛加[소]·구가狗加[개]·저가猪加[돼지]가 있었고, 고구려 주몽의 건국신화에도 개·돼지·소·말이 나온다. 돼지를 제외한 나머지는 북방의 유목민족들이 이동생활을

| 울산 반구대 암각화(울산시 울주군 언양읍 대곡리 소재)

하면서 길렀던 가축이다. 부여와 고구려가 유목민 문화의 영향을 받았음을 알 수 있다. 돼지는 농경 정착생활을 하면서 좀 더 안정적으로 다량의 단백질 공급을 위해 길렀을 것이다. 소와 말이 군사용으로 소비되었기 때문이다.

신라의 경우 박혁거세 신화에서 혁거세가 태어난 알을 발견할 수 있게 해 준 메신저가 말이었다. 김알지 신화에서의 메신저는 닭이었다. 그로 인해 국호도 '계림鷄林'으로 바꾸었다. 신라와 백제의 육식생활도 고구려와 크게 다르지는 않았을 것으로 추정된다.

고대사회에서의 6축 중 소·말·돼지는 제사용 희생동물로 국가의 특별 관리를 받았다. 먼저 고구려 왕실 제사의 중요한 희생물은 돼지였다.

① 21년(2) 봄 3월에 교제郊祭[하늘에 지내는 제사]에 쓸 돼지가 달아나서, 왕은 장생掌牲 설지에게 명하여 뒤쫓게 하였다. [그는] 국내國內 위나암에 이르러 찾아내어 국내 지방 사람의 집에 가두어 기르게 하고

는 돌아와 왕을 뵙고 아뢰었다.

"신이 돼지를 쫓아 국내 위나암에 이르렀는데, 그 산수가 깊고 험하며 땅이 오곡을 키우기에 알맞고, 또 순록·사슴·물고기·자라가 많이 나는 것을 보았습니다. 왕께서 만약 수도를 옮기시면 백성의 이익이 끝없을 뿐만 아니라 전쟁의 걱정도 면할 수 있을 것입니다."

22년(3) 겨울 10월에 왕은 국내로 천도하고 위나암성을 쌓았다.

-『삼국사기』권13, 고구려본기1, 유리왕조

② 12년(208) 겨울 11월에 교제에 쓸 돼지가 달아나서 담당자가 쫓아가서 주통촌에 이르렀으나 머뭇거리다가 잡지 못하였는데, 20세 쯤 되는 아름답고 요염한 한 여자가 웃으면서 앞으로 가서 잡으니 그 후에야 쫓아가던 사람이 잡을 수 있었다. 왕은 그것을 듣고 이상하게 여겨, 그 여자를 보려고 밤에 몰래 여자의 집으로 가서, 시종을 시켜 말하게 하였다. 그 집에서는 왕이 온 것을 알고 감히 거절하지 못하였다. 왕은 방으로 들어가 여자를 불러서 관계하려 하자, 여자가 고하였다.

"대왕의 명을 감히 피할 수 없으나, 만약 관계하여 아들을 낳으면 버리지 말기 바랍니다."

왕은 그것을 허락하였다. 자정이 되어 왕은 일어나 궁으로 돌아왔다. … [13년] 가을 9월에 주통의 여자가 사내아이를 낳았다. 왕은 기뻐하며 "이것은 하늘이 뒤 이을 아들을 나에게 준 것이다"라고 말했다. 교제에 쓸 돼지의 일에서 시작되어 그 어미를 침석에 들게 하였으므로, 그 아들의 이름을 교체郊彘라 하고, 그 어미를 소후로 세웠다. …

17년(213) 봄 정월에 교체를 세워 왕태자로 삼았다.

-『삼국사기』권16, 고구려본기4, 산상왕조

기원후 2년, 고구려 유리왕이 왕위에 오른 지 21년이 되는 해 하늘에 제사를 지낼 때 희생물인 돼지가 국내성으로 달아났다. 왕이 담당 관리에게 명령하여 돼지를 뒤쫓아 잡은 후 살펴본 국내성 일대는 지리적으로 험준해 방어에 유리할 뿐만 아니라, 오곡이 자라기에 적당하고 짐승과 물고기 등 물산이 풍요로운 곳이었다. 그에 따라 유리왕은 다음해 수도를 졸본성에서 국내성으로 천도하였다. 수도의 천도는 기존 수도에 사는 기득권 세력의 반대 때문에 결코 쉬운 것이 아니다. 유리왕은 국내성 천도의 정당성을 천신天神에 올리는 제사 때 사용할 돼지가 점지해 준 땅, 곧 하늘의 권위에서 얻은 셈이다.

돼지로 인해 태어나 왕위에까지 오를 수 있었던 동천왕(227~248)의 경우도 마찬가지이다. 산상왕(197~227)이 주통촌의 여자와 관계를 하여 나은 아들은 교제사에 쓸 희생동물 돼지가 맺어준 인연의 결과여서 이름을 '교체郊彘'라고 했다. '彘'가 돼지이므로 이름으로서는 꽤나 굴욕적이다. 하지만 교체는 이름 덕분에 죽지 않고 왕위에까지 오를 수 있었다. 왜냐하면 하늘이 점지해 준 탄생, 곧 하늘의 권위를 부여받았기 때문이다.

신라의 경우도 가축과 관련한 재미있는 이야기가 전한다. 곧 지증왕(500~514)의 배필을 만나게 해준 인연이 다름 아닌 '똥개'였다.

제22대 지철로왕智哲老王의 성은 김씨요, 이름은 지대로智大路 또는 지도로智度路라 했고, 시호는 지증智證이라 했다. 시호는 이때부터 시작되었다. … 왕은 음경의 길이가 한 자 다섯 치[一尺五寸]가 되어 배필을 얻기 어려웠다. 그래서 사자를 삼도三道에 보내어 배필을 구했다. 사자가 모량부에 이르러 동로수冬老樹 아래에서 개 두 마리가 북 크기 만한 똥덩어리의 양쪽 끝을 물고 다투는 것을 보았다. 그 마을 사람에게 물으니 한 소녀가 말했다. "모량부 상공의 딸이 여기서 빨래하다가 수풀 속에 숨어서 눈 것입니다."

그 집을 찾아 살펴보니 그 여자의 신장이 일곱 자 다섯 치나 되었다. 사실대로 상세히 아뢰었더니 왕은 수레를 보내어 그 여자를 궁중에 맞아들여 황후로 삼았다. 여러 신하가 모두 축하했다.

— 『삼국유사』 권1, 기이2, 지철로왕

지증왕은 음경의 길이가 한 자 다섯 치나 되어 배필을 얻기 어려웠다고 한다. 1척은 한나라 기준으로도 23cm, 당나라의 것으로는 24.5cm이다. 한나라 척으로 환산한다고 해도 굳이 상상할 필요가 없는 과장(?)임이 분명하다. 이는 지증왕의 생산능력을 과시하기 위한 것이었다. 왜냐하면 직전 소지왕(479~500)이 아들을 낳지 못해 정치를 잘못 하다가 폐위되었는데, 그 다음으로 왕위를 이은 것이 지증왕이었기 때문이다. 지증왕은 왕실 계보 상 방계여서 원래 왕위에 오를 수 있는 위치가 아니었다. 곧 비정상적인 방법에 의해서 64세라는 늦은 나이에 즉위했기 때문에 이를 정당화할 만한 무엇인가가 절실히 필요하였다. 지증왕은 그것을 전왕 소지왕의 가장 큰 한계인 '생산능력'으로 잡은 것이었다.

지증왕이 모량부 상공의 딸을 부인으로 얻는 과정에서의 매개 동물이 곧 개였다. 상공의 딸은 '북만 한 똥'을 배출했다는 것으로 상징화 된 생산능력으로 황후가 되었다. 지증왕과 황후[연제부인] 사이에서 두 아들이 탄생했고, 그 중 첫째가 법흥왕(514~540)이 되었다. 똥개 두 마리가 만들어준 역사적인 인연이라 할 만하다. 지증왕과 관련한 재미있는 이야기에서 가축으로서의 개가 존재했음을 자연스럽게 알 수 있다.

6세기 초 신라시대의 비석인 「포항 냉수리신라비」(503년 건립)와 「울진 봉평리신라비」(524년 건립)의 내용을 살펴보면, 제사용 희생 동물도 소를 사용하였다. 다만 봉평비의 경우 '반우斑牛'라고 되어 있어

오늘날의 황소 한우가 아닌 얼룩소였음을 알 수 있다.

가축은 원래 먹기 위해 키운 것이었다. 하지만 소와 말이 전쟁과 농경, 운송수단으로 이용되면서 자연스럽게 이들을 보호하는 정책을 취하게 되었다. 고려와 조선시대에도 원칙적으로 소와 말의 도살이 내내 금지되었다. 물론 수명을 다한 소와 말고기는 먹었다. 하지만 질겨서 그리 맛있지 않았다. 따라서 이들 고기를 대신할 돼지·개·닭·오리 등이 육식 재료로써 사육되었다. 이는 비단 고대 시기뿐만 아니라 전통시대 한국의 음식문화에 유효하였다.

### 한국 음식문화의 꽃, 김치와 장醬

사람이 죽지 않으려면 소량이지만 꼭 꾸준히 먹어야 하는 것이 있다. 바로 소금이다. 구석기시대에는 동물의 내장이나 피를 먹음으로써 간접적으로 염분을 섭취하였다. 농경이 본격화된 신석기시대 이후에는 주식으로 곡식과 채소를 먹었기 때문에 별도로 소금을 섭취해야 했다. 소금은 또한 기능적인 측면에서 육류와 생선의 부패를 방지하고 각종 음식의 맛을 내는 데도 사용되었다.

소금은 주로 바닷가에서 생산된다. 내륙의 일부에서도 바위소금[암염巖鹽]이 있지만 흔한 것은 아니었다. 한반도는 삼면이 바다로 둘러싸인 까닭에 소금의 대부분을 바닷가에서 조달하였다. 고구려의 경우 1세기 태조왕대에 동해안의 동옥저를 복속했는데, 그 주요 이유가 소금을 공납으로 공급받기 위함이었다. 유리왕이 수도를 졸본성[중국 요령성 환인]에서 국내성[중국 길림성 집안]으로 옮긴 이유 중의 하나도 압록강 수로를 이용하여 서해안의 소금과 해산물을 조달하기 유리했기 때문이었다. 실제로 고구려 제15대 왕 을불은 미천왕(300~331)으로 즉위하기 전 정치적 변란을 피해 압록강 일대에서 소금장수를 하였다. 소금을 팔아 부를 축적한 을불은 무사히 왕위에 오를 수 있었다. 당시 소금이 매우 중요한 재화의 수단이었음을 시사한다. 통일신라시대에도 소금은 쌀과 함께 절에 시주될 정도로 귀중한 물품으로 취급되었다.

그런데 소금은 직접 섭취하기에는 짜기만 하고 맛이 없다. 따라서 다른 음식재료들에 적당히 섞어서 먹게 되었다. 이때 소금과 채소가 만나 탄생한 것이 김치였다. 우리나라의 경우 계절적 특성상 겨울에 채소류를 섭취하기가 어렵다. 따라서 무나 잎채소를 소금에 절여두면 겨울철 내내 먹을 수 있었다. 이규보의 『동국이상국집』에서 "담근 장아찌는 여름철에 먹기 좋고, 소금에 절인 김치는 겨울 내내 반찬되네"라는 표현은 전통시대 김치의 풍속과 효용성을 잘 보여준다. 김치가 곧 겨울철 무기질과 비타민의 훌륭한 공급원이었던 셈이다. 고추와 배추는 조선시대에 와서야 전래되므로, 고대 사람들이 먹었던 김치는 '하얀 김치'였다.

소금은 또한 콩과 만남으로써 장醬이 되었다. 우리나라에 고추가 임진왜란(1592~1598) 이후에 들어왔으므로 고대 사람들이 만든 장은 간장과 된장이었다. 장은 사계절 내내 식물성 단백질과 염분을 안정적으로 공급해 주는 중요한 식재료였다. 특히 국물요리가 많은 우리 음식에서 장이 차지하는 비중은 매우 컸다. 곧 고대시기의 장은 귀하고 귀한 것이었다.

> ① … 무덤을 만드는데 1만 명의 공력이 들었고, 날마다 소와 양을 잡아서 술과 고기, 쌀은 먹지 못할 정도이다. 아침 식사로 먹을 장을 한 창고 분이나 보관해 두었다.
>
> —「덕흥리고분 묵서명」(4세기)
>
> ② 봄 2월에 일길찬 김흠운의 작은 딸을 맞아들여 부인으로 삼았다. 먼저 이찬 문영과 파진찬 삼광을 보내 기일을 정하고, 대아찬 지상을 보내 납채納采하게 했는데, 예물로 보내는 비단이 15수레이고 쌀·술·

기름·꿀·간장·된장·포·젓갈이 135수레였으며, 벼가 150수레였다.

- 『삼국사기』 권8, 신라본기8, 신문왕 3년(683)

4세기 고구려 고분벽화인 「덕흥리고분 묵서명」에는 무덤 주인공의 재력을 자랑하는데 '날마다 소와 양을 잡아서 술과 고기를 먹었고, 쌀은 먹지 못할 정도'라고 했다. 이때 아침식사로 먹을 장醬을 창고 가득 보관해 두었다고 덧붙였다. 장의 보유량이 부의 기준이 되었을 정도로 중요하게 취급되었음을 잘 보여준다. 통일신라시기 신문왕 3년(683) 신라 귀족의 혼인 때 보낸 예물의 목록에도 간장과 된장이 포함되어 있다.

장은 식재료로써 뿐만 아니라 위급 상황에서 상처 부위에 바르는 비상구급약으로도 사용되었다.

… 사나운 호랑이가 성안으로 들어와서 사람들을 심하게 해치니, 감히 당해낼 수가 없었다. 원성왕이 이 소식을 듣고 영을 내려 말했다. "호랑이를 잡는 사람은 2급의 벼슬을 주겠다." … 김현이 칼을 쥐고 숲속으로 들어가니, 호랑이는 낭자로 변해 반갑게 웃으면서 말했다. "어젯밤에 낭군과 정이 서로 결합된 일을 잊지 마십시오. 오늘 내 발톱에 상처를 입은 사람들은 모두 흥륜사의 된장을 바르고 그 절의 나발소리를 들으면 나을 것입니다."
낭자는 김현이 찼던 칼을 뽑아 스스로 목을 찔러 넘어지니 곧 호랑이의 형체로 바뀌었다. 김현은 숲에서 나와 거짓 핑계로 말했다. "내가 지금 호랑이를 쉽게 잡았다." 그러나 사유는 숨기고 말하지 않았다. 다만 시키는 대로 치료하니 그 상처가 모두 나았다. 지금도 민간에서는 호랑이에게 입은 상처에는 그 방법을 쓰고 있다.

- 『삼국유사』 권5, 감통7, 김현감호

이 이야기는 설화적이지만 호랑이의 발톱에 난 찰과상을 치료하는 데 된장이 사용되었음을 보여준다. 얼마 전까지도 민간요법으로 벌에 쏘이거나 독충에 물렸을 때 장을 발랐는데, 그 유래가 꽤 오래된 것임을 알 수 있다.

김치와 장에는 유산균이 다량으로 들어 있어 대장의 면역력을 높여준다. 소금을 넣음으로써 보관기간도 늘여주고, 다양한 영양분을 사계절 내내 공급해 주는 김치와 장이 '한국 음식문화의 꽃'임에 분명하다.

# 고대 사람들은 어디에 살았을까?

### 선사시대 사람들의 움집 주거

1만 년 전까지의 구석기시대 사람들은 식량 채집과 사냥을 위해 이동생활을 하였다. 따라서 집을 짓는데 굳이 많은 노동력을 투입할 필요가 없었다. 구석기인들은 주로 동굴이나 경사진 바위 그늘에서 추위와 더위를 피했다. 평양 상원 검은모루동굴, 충북 청원 두루봉동굴 등 후기 구석기 유적에서는 원시적인 형태의 집터가 발견되었다.

신석기시대 사람들은 '신석기혁명'으로 불리는 농경을 하면서 정착생활을 시작하였다. 신석기인들은 농경과 함께 바닷가와 강가에서 거주하며 고기잡이와 사냥을 보조 생산수단으로 활용하였다. 이때부터 본격적인 움집 주거[수혈주거竪穴住居]가 시작되었다. 그렇다면 신석기시대 사람들은 왜 땅을 파서 집을 만들었을까?

움집의 장점은 겨울에는 따뜻하고 여름에는 시원하다는 데 있다. 반면에 단점도 뚜렷하다. 기본적으로 땅의 습기가 차기 쉽고, 햇볕을 받기에 불리하다. 또한 여름철 홍수라도 나면 집이 통째로 잠길 수도 있다. 땅의 습기는 움집 안에 화덕을 마련해 어느 정도 없앨 수 있었다. 다만 움집 지붕의 재료가

▎서울시 강동구 암사동 신석기 유적의 움집터

새나 짚 등 불에 취약한 재료였기 때문에 움집 안에서 취사와 난방을 위해 큰 불을 피우기는 어려운 구조였다.

신석기시대 움집은 땅을 파서 진흙으로 다진 후에 기둥을 꽂고 지붕을 엮었다. 움의 깊이는 1m 내외로 꽤 깊었고, 모양은 대부분 원형이었다. 넓이는 8~9평 정도여서 4~5명의 사람이 거주하기 적합한 정도였다. 자연 지붕은 원뿔과 같은 모양이었다. 출입구는 남쪽으로 내서 겨울철에 채광을 받기에 유리하도록 했다. 움집 가운데에 마련한 화덕자리[노지爐址]는 간단한 취사와 난방을 위한 용도로 사용되었다.

청동기시대 사람들은 강 쪽에서 내륙으로 확산해 낮은 구릉지나 평지에 마을을 이루고 살았다. 이때 마을의 입지조건은 산을 북쪽으로 등지고 강을 남쪽 앞에 두는 '배산임수背山臨水'를 기본으로 했다. 우리나라의 경우 그래야 겨울철에 북서 계절풍의 추위를 막고, 여름철에는 시원한 뒷산의 바람을 집안에 들일 수 있다.

청동기시대의 주거 역시 신석기시대와 같이 움집의 형태였다.

| 청동기시대 복원 움집, 파주 교하리 1호 주거지

다만 움집 바닥의 모양이 직사각형인 경우가 많은데, 이는 움집의 규모가 이전보다 커짐을 의미하였다. 따라서 수용 인원도 크기에 따라 다양해 10인 이상 대가족의 거주가 가능한 움집도 만들어졌다. 화덕은 움집 가운데가 아닌 한쪽에 자리했고, 숫자도 2~3개로 늘어났다. 바닥의 깊이는 신석기시대보다 낮아져 점차로 지상에 가까워졌다. 자연스럽게 지붕은 맞배지붕의 형태였다. 움집 바깥에 별도의 보관시설 등이 마련되었다.

청동기시대 움집의 형태가 모두 방형은 아니었다. 청동기시대 중기에 이르러 신석기시대의 움집과 유사한 원형 움집도 생겼다. 충남 부여군 송국리에서 이러한 대규모 주거지가 발견된 까닭에 '송국리형 주거지'라고 부른다. 청동기~철기시대의 움집은 기본형인 사각형 외에 '철凸'자형이나 '여呂'자형이나 주거지도 있었다. 출입구가 별도로 마련된 것이다. 움집의 공간이 나누어짐으로써 구조가 점점 진화해 갔다.

청동기시대에 이르면 여러 움집이 모이고 모여 마을[촌락村落]이 형성되었다. 부여 송국리 주거지의 경우 4~5km²에 걸치는 넓은 지역에 100여 기의 집터가 발견되었다. 이때 마을 주변에는 나무 기둥으로 담을 쌓은 목책木柵을 두르고, 방어용 도랑으로써 환호環濠를 설치하였다. 이로써 마을과 마을의 구분이 생겼다. 마을 간의 통합 전쟁은 곧 국가의 탄생을 예고하는 것이었다.

| 포천 자작리 유적의 몸자형 주거지

## 철기[삼한三韓]시대 이후 지상가옥의 등장

신석기시대에서 청동기시대로 오면서 움집 바닥의 깊이가 점차로 얕아졌다. 그 이유는 움집의 가장 큰 단점인 습기와 빗물 누수 때문이었을 것이다. 따라서 지상가옥이 탄생하기 위해서는 움집 주거의 장점을 계승하고 단점을 보완할 수 있는 난방시설의 개발이 꼭 필요하였다.

우선 삼한시대의 주거와 관련한 기록을 검토해 보자.

> ① 거처는 초가草家에 토실土室을 만들어 사는데, 그 모양이 마치 무덤과 같았으며, 그 문은 윗부분에 있다. 모든 식구가 그 속에 함께 살기 때문에 어른 아이와 남녀의 분별이 없다.
>
> – 『삼국지』 위서 한전
> ② 그 나라는 집을 지을 때 나무를 가로로 쌓아서 만들기 때문에 마치 감옥과 흡사하다.
>
> – 변진전

사료 ①은 3세기 이전 마한의 초가집에 대한 기록이다. 그런데 묘사한 기록에 따르면, 지상가옥으로 보기는 힘들 것 같다. 무덤과 같은 형태의 흙으로 만든 방을 들어가기 위한 문이 윗부분에 있다고 했으므로 여전히 움집 주거의 형태로 생각된다.

사료 ②는 변·진한의 귀틀집을 묘사한 것이다. 귀틀집은 통나무를 '井'자 모양으로 쌓고 통나무 사이는 흙이나 돌로 메워 막은 형태이다. 이것은 곧 지상식 가옥의 탄생을 의미한다. 다만 난방시설의 여부는 분명하게 기록되어 있지 않다.

## 고구려의 주거와 쪽구들

① 토양이 기름지고 아름다우며, 산하가 험하고 견고한 것을 보고 마침
내 도움하려고 하였으나, 궁실을 지을 겨를이 없었으므로 다만 비류
수 곁에 초막을 짓고 살았다. 나라 이름을 고구려라 하고 그로 말미
암아 고로써 성을 삼았다.

　　－『삼국사기』권13, 고구려본기1, 시조 동명성왕 즉위년(기원전 37)

② 주거는 반드시 산골짜기에 있으며, 대개 띠풀로 이엉을 엮어 지붕을
잇는다. 오직 불사佛寺·신묘神廟 및 왕궁·관부만이 기와를 쓴다. 일반
인의 생활은 대부분 가난하고, 겨울철에는 모두 <u>구덩이를 길게 파서
밑에다 숯불을 지펴 방을 덥힌다.</u>

　　－『구당서』동이열전 고[구]려

③ 큰 창고는 없고 집집마다 조그만 창고가 있으니, 그 이름을 부경桴京
이라 한다.

　　－『삼국지』위서 동이전 고구려

　　사료 ①~③을 통해서 고구려의 주거생활을 살필 수 있다. 주몽
이 부여로부터 남하하여 고구려를 건국한 직후에는 왕궁조차 초가집
일 정도의 상황이었다. 초가집은 고구려 백성들의 일반적인 주거형태
였다. 그런데 ②의 기록에 따르면, 겨울철에는 집 안에 구덩이를 길게
파서 밑에다 숯불을 지펴 방을 덥혔다. 난방시설이 보급된 것이다. 이
때의 구들은 방 전체를 데우는 전면 온돌이 아닌 일부분만을 데우는
'쪽구들'이었다. 주로 방 한쪽이나 일부 바닥에 '一'자 혹은 'ㄱ'자 모
양의 구들 침상을 만든 뒤 방 안의 아궁이에서 불을 때는 형식이었다.
고구려 사람들은 집 안에서도 신발을 신는 입식생활을 했기 때문에
구들의 높이가 허리춤에 가까울 정도로 바닥 위에 마련된 것이 특징

아차산 4보루

아차산 4보루의 규모는 남북 77m, 동서 25m, 둘레 210m 가까이다. 건물지는 모두 7기가 확인되었는데 내부에는 각방 1기 이상의 온돌이 있다. 저수시설은 3호 건물지 내부에서만 2기가 발견되나, 출토 유물은 6세기경으로 추정되며, 토기류는 모두 고구려 중기의 대표적인 기종이다.

아차산 4보루 7·8호 온돌    아차산 4보루 1호 온돌    아차산 4보루 1호 저수시설    아차산 6호

아차산 4보루 복원투시도

| 아차산 4보루의 구조와 쪽구들(몽촌 역사관)

적이다.

　쪽구들은 현재까지의 고고학 자료에 따르면, 기원전 4~1세기대에 옥저인들이 개발한 것으로 파악되었다. 러시아 연해주 남부의 크로우노프카 유적에서 출토 사례가 전한다. 경남 사천시 늑도 유적에서도 기원전 2~1세기대의 쪽구들 유적이 발굴되었다. 환동해를 끼고 연해주의 옥저인들이 남하해서 전파했을 가능성이 큰 것으로 해석된다. 쪽구들을 주거생활에 본격적으로 활용한 것은 고구려 사람들이었다. 옥저의 쪽구들 문화를 고구려가 받아들여 발전적으로 계승한 셈이다. 고구려 주거지에서는 여지없이 쪽구들이 발견되었다. 집안 동대자 유적, 환인 오녀산성, 평양 정릉사지, 아차산 4보루, 아차산 시루봉보루 등 그 출토 사례도 많다. 발해 유적 곳곳에도 쪽구들이 출토됨으로써 고구려와 발해의 계승성을 잘 보여준다.

　사료 ③에 따르면, 고구려에서는 기와가 왕궁·사당·관청·사찰에 제한적으로 사용되었다. 기와는 가마에서 고온으로 구워서 만들어

| 중국 요령성 조선족 가옥의 부경

| 일본 요시노가리 유적의 고상가옥

야 하는 고급 건축 재료였기 때문에 그 용도를 규제한 것이다. 이 때
문에 고구려 유적의 발굴에서 기와의 출토 여부는 건물지의 용도를
추정하는 데 중요한 단서가 된다.

　고구려의 집집마다 작은 창고가 있었는데 이를 '부경桴京'이라고

불렀다. '부경'이란 '마루 창고' 곧 지상에서 일정 공간 떠 있는 고상가옥 형태의 창고를 말한다. 덕흥리 고분벽화에도 부경이 그려져 있으며, 지금도 중국 길림성과 요령성 일대 민가에서는 부경을 쉽게 볼 수 있다. 부경에서는 짐승의 고기와 각종 곡물류를 건조시켰을 것이다. 아마도 바람이 잘 들어 건조하기에 좋고 들짐승이나 쥐 등으로부터 식량을 보호하기 위해 고안된 건축구조인 것 같다. 실제로 일본 규슈의 사가현에 있는 요시노가리 유적의 고상가옥 기둥을 살펴보면, 쥐가 기둥을 타고 올라올 수 없도록 가림판을 둘러놓았다.

4~5세기에 조성된 황해도 안악 3호분과 덕흥리 고분벽화에는 고구려 귀족의 주거구조와 형태가 잘 남아 있다. 그에 따르면, 당시 무덤 피장자의 집은 안채와 사랑채가 구분된 채, 방과 부엌·창고·수레고·외양간·마굿간·방앗간 등이 별도의 공간으로 마련되어 있다. 실내에서 신발을 신은 채 생활하는 입식생활을 했고, 침상식 쪽구들도 그려져 있다.

### 신라인의 주거생활

통일 이전 신라의 주거생활을 알려주는 문헌과 고고자료는 찾기가 쉽지 않다. 몇 점의 집 모양 토기가 있는 정도이다. 대표적으로 경주 사라리 유적에서 4세기경의 집 모양 토기가 출토되었고, 경북 현풍에서도 5세기 것으로 추정되는 창고 모양 토기가 출토된 바 있다. 사라리 토기는 정면과 측면 1칸의 초가집이고, 현풍 토기는 정면 1칸, 측면 2칸의 초가집 창고이다. 물론 경주의 절터와 주거지에서 출토되는 수많은 기와를 통해서 보면, 통일 이전인 신라 상대上代에도 궁궐과 관청을 비롯해 진골귀족들의 집은 기와집이었음이 확실해 보인다. 경주 북군동에서 출토된 기와집 모양의 토기는 비록 8세기대의 것이지만 통일 이전 기와집의 형태를 살피는 데 참고가 된다. 지붕은 팔작

| 경주 사라리 유적 출토 집모양 토기 (국립경주박물관) | 기와집 모양 토기(국립경주박물관) |

지붕이고, 문은 앞으로 밀어서 여는 여닫이문이다.

『삼국사기』와 『삼국유사』에는 헌강왕대(875~886) 신라 수도 경주의 주거생활을 시사하는 기록이 남아 있다.

① 9월 9일에 왕이 좌우의 신하들과 함께 월상루에 올라가 사방을 둘러보았는데, 서울[경주] 백성의 집들이 서로 이어져 있고 노래와 음악 소리가 끊이지 않았다. 왕이 시중侍中 민공을 돌아보고 말하였다. "내가 듣건대 지금 민간에서는 기와로 지붕을 덮고 짚으로 잇지 않으며, 숯으로 밥을 짓고 나무를 쓰지 않는다고 하니 사실인가?" 민공이 "신도 역시 일찍이 그와 같이 들었습니다"라고 답했다.

– 『삼국사기』 권11, 신라본기 11, 헌강왕 6년(880)

② 제49대 헌강대왕 때는 서울[경주]에서 해내海內에 이르기까지 집과 담장이 잇닿아 있고, 초가는 하나도 없었다. 풍악과 노래 소리가 길

고대 사람들은 어디에 살았을까?  185

에 끊이지 않았고, 바람과 비는 사철 순조로웠다.

-『삼국유사』 권2, 기이2, 처용랑 망해사

위의 기록에 따르면, 9세기대 신라의 수도에서는 백성들의 집들이 담장이 서로 잇닿아 있을 정도로 인구밀도가 매우 높았음을 알 수 있다. 또한 왕경 안에 초가집 없이 기와집으로만 채워질 정도로 부유하고 풍요로운 생활을 누린 것으로 되어 있다. 아마도 7세기 중반 삼국을 통일한 후 전쟁 없이 오랜 기간 평화를 누리면서 사회경제적으로 윤택한 전성기를 구가했던 것 같다. 『삼국유사』에는 통일신라시대에 '금입택金入宅'으로 불리는 왕족과 귀족들의 대저택이 경주에 39개가 있었고, 사계절용 별장인 '사절유택四節遊宅'도 있었다고 전한다.

그러나 이와 같은 화려한 주거생활이 신라 사람 모두에게 해당되는 것은 아니었다. 신라는 신분 간 차별이 엄격한 골품제骨品制 사회였기 때문이다. 앞에서 이미 옷을 입는 데 있어 골품 사이에 세세한 차별이 있음을 살펴본 바 있다. 이는 주거에 있어서도 마찬가지로 적용되었다.

> • 진골
> 집(室)은 길이·너비가 24자를 넘지 못하고, 막새기와를 덮지 않으며, 겹처마(飛簷)를 시설하지 않고, 현어[懸魚, 지붕에 다는 장식철물]를 조각하지 않으며, 금·은·유석鍮石·오채五彩로 장식하지 않았다. 계단돌(階石)은 갈지 않고 삼중계단을 설치하지 않으며, 담장은 들보(梁)와 마룻도리(棟)를 시설하지 않고 석회를 바르지 않았다. 발(簾)의 가장자리 테는 금錦·계수罽繡·야초라野草羅를 금지하고, 병풍은 수놓은 것을 금하고, 침상은 대모玳瑁·침향으로 장식하지 않았다.

• 6두품

집은 길이·너비가 21자를 넘지 못하고, 막새기와를 덮지 않으며, 겹처마와 중보·공아[공포의 기초]·현어를 시설하지 않으며, 금·은·유석·백랍[납과 주석의 합금]·오채로 장식하지 않았다. 가운데 계단과 이중 계단을 설치하지 않고 계단돌은 갈지 않으며, 담장은 8자를 넘지 않고 또한 들보와 마룻도리를 시설하지 않고 석회를 바르지 않았다. 발의 가장자리 테는 계수·능을 금하고, 병풍은 수놓은 것을 금하고, 침상은 대모·자단·침향·회양목으로 장식할 수 없고 또한 비단보료(錦薦)를 금하였다. 겹문(重門)과 사방문四方門을 설치하지 않으며, 마굿간은 말 5마리를 넣을 수 있게 하였다.

• 5두품

집은 길이·너비가 18자를 넘지 못하고, 느릅나무를 쓰지 않고, 막새기와를 덮지 않고, 줏개[獸頭, 짐승머리 모양의 장식기와]를 설치하지 않고, 겹처마와 중보·화두아[공포의 종류]·현어를 시설하지 않으며, 금·은·유석·동랍·오채로 장식하지 않았다. 계단돌은 갈지 않으며, 담장은 7자를 넘지 않고 들보를 가설하지 않고 석회를 바르지 않았다. 발의 가장자리 테는 금·계·능·견·시를 금하였다. 대문과 사방문을 만들지 않으며, 마굿간은 말 3마리를 넣을 수 있게 하였다

• 4두품~백성

집은 길이·너비가 15자를 넘지 못하고, 느릅나무를 쓰지 않고, 우물천장을 시설하지 않고, 막새기와를 덮지 않고, 줏개와 겹처마와 공아·현어를 설치하지 않으며, 금·은·유석·동랍으로 장식하지 않았다. 섬돌은 산돌(山石)을 쓰지 않으며, 담장은 6자를 넘지 않고 또한 들보를 가설하지 않고 석회를 바르지 않았다. 대문과 사방문을 만들지 않으며, 마굿간

은 말 2마리를 넣을 수 있게 하였다.

- 『삼국사기』 권33, 잡지2, 옥사屋舍

이 기록은 신라 흥덕왕대(826~836)의 것이다. 통일 이후 경제적으로 안정되고, 당나라를 비롯해 멀리 아랍의 문물까지 수입할 수 있게 되면서 사치가 극에 달했다고 판단한 흥덕왕이 신분 간 위계질서를 재정비하고자 마련한 규정이었다.

그 내용에 따르면, 집[방]의 크기, 지붕과 대들보의 재료, 계단의 종류와 크기, 담장의 높이와 재료, 장식품의 종류와 재료, 출입문의 종류, 심지어 마굿간의 크기까지도 신분에 따라 규제를 받았다. 이것은 역으로 그동안 신라 왕경 안의 사람들이 생활했던 주거의 규모와 양상을 시사해 준다.

다만 신라는 흥덕왕대 이후 왕위를 둘러싸고 왕실 및 진골 귀족 세력 사이에 극심한 권력 다툼을 벌였다. 그에 따라 사회경제적으로 점차 피폐해져 갔을 것임은 불 보듯 뻔한 일이었다. 따라서 헌강왕대에 수도의 모든 집이 기와집이고 나무가 아닌 숯으로 밥을 지어 먹을 정도로 태평성대를 구가했다는 앞의 기록은 과장된 모습이라고 생각한다.

실제로 신라는 헌강왕대 기록으로부터 불과 9년 후인 889년(진성여왕 3)부터 나라의 창고가 비고, 농민들이 굶주림에 시달려 곳곳에서 농민 반란이 일어났다. 견훤과 궁예가 각각 900년과 901년에 후백제와 후고구려를 건국함으로써 후삼국 혼란기에 들어섰고, 신라 경순왕은 935년에 고려의 왕건에게 나라를 가져다 바쳤다. 신라 역사의 전개는 헌강왕대의 풍요가 얼마나 부질없었던 '속 빈 강정'인지를 잘 알려준다.

참고로 조선시대에도 한양 도성 안에 기와집 비율이 60%를 넘지 못했다. 19세기 말~20세기 초까지 조선 전체의 가옥 비율은 초가집이 90%였다. 지금으로부터 불과 100년 전까지의 조선시대 사람들 대부분은 각각 1칸짜리 큰 방과 작은 방에 부엌이 딸린 구조에 볏짚 등으로 지붕을 덮은 '초가삼간草家三間'에 살았다.

# 고대 사람들의 축제와 놀이문화

## 온 나라의 축제, 제천의례

고대 국가들이 중앙집권적 귀족국가로 발전하기 이전에는 복속한 소국의 연맹체적 성격이 강한 '연맹국가' 단계에 있었다. 이 시기 국가 구성원들의 단합과 국가 정체성을 높이기 위해 마련한 축제의 장이 하늘에 지내는 제사, 곧 '제천의례祭天儀禮'였다. 모두가 다 같은 하늘신의 자손임을 확인하는 이벤트였다.

먼저 부여의 제천의례인 '영고'부터 살펴보기로 한다.

> 은력殷曆 정월에 하늘에 제사 지낸다. 나라 안의 큰 모임으로 날마다 마시고 먹고 노래하고 춤추는데, 그 이름을 '영고迎鼓'라 하였다. 이 때에는 형옥刑獄을 판결하고 죄수를 풀어준다.
>
> 전쟁을 하게 되면 그때도 하늘에 제사지내고, 소를 잡아서 그 발굽을 보아 길흉을 점치는데, 발굽이 갈라지면 흉하고 발굽이 붙으면 길하다고 생각한다.
>
> - 『삼국지』 위서 동이전 부여

부여의 제천의례인 '영고迎鼓'는 글자 그대로 '북을 맞이함'이라는 뜻을 가지고 있다. 아마도 제의과정에서 북을 두드림으로써 신을 불러왔던 것 같다. 그런데 부여의 영고는 왜 1년 중에 하필 가장 추운 계절에 지냈을까? 고구려의 동맹東盟과 동예의 무천舞天이 추수감사제로서 10월에 개최된 것과 차이가 난다. 부여가 영고를 한 겨울에 개최한 까닭은 사냥과 관련이 있을 법하다. 영고 때 하늘의 신에게 바칠 제의용 희생동물을 사냥하는 데 있어서 수풀이 우거진 가을보다는 한겨울이 훨씬 유리하기 때문이었다. 게다가 사냥대회는 군사훈련의 의미도 동시에 내포되어 있었다.

축제의 장인 영고에서 군이 형옥을 판결하고 죄수를 풀어준 이유는 무엇일까? 이것은 공공장소에서 법률 집행권을 행사함으로써 연맹왕의 권위를 공인받고 부각시키려는 정치적 행위이다. 국왕은 사면을 통해 자신의 권위를 드러내고 동시에 민심을 위무할 수 있었다. 전쟁 시에 소의 발굽을 보고 점을 치는 행위는 전쟁을 수행하기에 앞서 승리를 기원하는 군사적 의미가 강하다. 만약 전쟁에 이긴다면 국왕의 권위가 더욱 절대화될 것이고, 전쟁에 지더라도 국왕의 권위에 손상이 가지 않고 다만 제사장에 그 책임을 돌릴 수 있다. 그만큼 당시 부여의 왕권이 강했음을 알 수 있다. 흉년이 발생했을 때 목숨까지 내놔야 했던 옛날 부여의 왕과 정치적 위상이 완전히 달라졌음을 알 수 있다[1부의 '잊혀진 왕국, 부여사의 재조명' 참조].

영고는 '축제와 재판의 협주곡'이라 할 만하다. 제천행사에 참여한 제가諸加들을 비롯한 구성원들은 영고를 통해 '부여국민'으로서의 공동체 의식을 높였다. 부여왕은 제천의례를 통해서 자신의 권력 행사에 대한 합법성을 유지하고 통치행위의 정당성을 확보하였다.

동예는 '무천'이라는 제천의례를 하였다.

해마다 10월에 하늘에 제사를 지내는데, 밤낮으로 술 마시고 노래 부르고 춤추니 이를 '무천舞天'이라 한다. 또 호랑이를 신으로 여겨 제사지낸다.

– 『삼국지』 위서 동이전 동예

'무천舞天'이라는 이름을 글자 그대로 풀어보면 '하늘에 춤춘다'는 뜻이다. 곧 제사의례의 과정에서 춤을 추는 의식이 있었음을 짐작할 수 있다. 해마다 10월에 지냈으므로 한 해의 농사 성과를 정리하는 추수감사제의 성격이 강했다.

제사 때의 음주가무는 단순한 유희가 아닌 신과의 상관관계에서 나오는 행위이다. 신을 맞이하고, 즐겁게 하고, 노여움을 풀고, 자신의 소망을 비는 과정인 것이다. 제천행사에서의 음주가무는 한국 고대 국가의 공통적인 모습으로, 제천의례에 담긴 축제적 성격을 잘 보여준다. 그것이 직접적으로 강조된 제천행사가 동예의 '무천'이었다.

고구려의 제천행사는 '동맹'이었다.

> 10월에 지내는 제천행사祭天行事는 나라 안의 큰 모임인데 이름하여 '동맹東盟'이라 한다. … 그 나라의 동쪽에 큰 굴이 있는데 그것을 수혈隧穴이라 부른다. 10월에 온 나라에서 크게 모여 수신隧神을 맞이하여 나라의 동쪽 [강] 위에 모시고 가서 제사를 지내는데, 나무로 만든 수신을 신神의 좌석에 모신다.
>
> — 『삼국지』 위서 동이전 고구려

'동맹東盟'이라는 제의 이름에 따르면, '동쪽에서 맹세하는' 의식이다. '맹盟'이라는 한자는 해[日]+달[月]+그릇[皿]이 합쳐져서 만들어졌다. 중국 고대로부터 맹세하는 의식을 치룰 때 짐승의 피를 나누어 마시는 '삽혈歃血'의식을 치렀다. 따라서 그릇에 담긴 것은 다름 아닌 하늘에 바치는 희생동물의 피일 것이다. 곧 동맹은 '왕궁[수도]의 동쪽에서 하늘에 맹세하는 의례'라고 풀이할 수 있겠다.

실제로 사료에 따르면, 동맹제의 때 나라의 동쪽에 있는 수혈隧穴이라 부르는 곳에서 동굴신[隧神]을 맞이하여 동쪽 강 위에서 제사를 지냈다. 학계에서는 중국 길림성 집안시 국내성 동쪽 17km 지점에 남아 있는 '국동대혈國東大穴'을 그것으로 보고 있다. 수신은 고구려 건국시조 주몽의 어머니인 유화부인일 것으로 추정한다. 유화부인은 물의 신 하백河伯의 딸로서 고구려 사회에서 지모신地母神으로 섬겼다. 지모신은 농업생산력의 풍요를 관장하는데, 이것은 동맹이 가지는 추수감사제로서의 성격과도 부합한다. 결국 고구려의 동맹은 천신+지신에 대한 종합적인 제사의식으로서의 성격을 가졌다.

삼한에서도 제천행사를 거행하였다.

> 해마다 5월이면 씨뿌리기를 마치고 귀신에게 제사를 지낸다. 떼를 지어 모여서 노래하고 춤추며 술 마시는데 밤낮으로 쉬지 않는다. 그 춤은 수십 명이 모두 일어나서 뒤를 따라가며 땅을 밟고 구부렸다 치켜들었다 하면서 손과 발로 서로 장단을 맞추는데, 음악소리 곡절의 변화가 [중국의] 탁무鐸舞와 흡사하다. 10월에 농사일을 마치고 나서도 다시 이렇게 한다.
>
> ─『삼국지』 위서 동이전 한

삼한의 제천의례는 북방의 국가들과 달리 5월과 10월 두 차례 거행되었다. 5월은 씨뿌리기를 마치고 한 해의 농사가 잘 되기를 기원하는 의미의 제사의례였고, 10월은 수확과 관련한 추수 감사의례였다. 삼한이 다른 국가들에 비해 좀 더 농업경제가 근간이었음을 보여준다.

삼한에서 제사를 지낸 대상은 '귀신鬼神'으로 되어 있다. 『삼국지』 동이전의 기록이므로 중국인의 관점에서 표현한 것이다. 고구려와 부여의 제사 대상을 하늘[天]로 기록한 것과 대비되는 것인데, 이는 곧 삼한에서 제사를 지낸 대상이 하늘이 아님을 시사한다. 삼한에서 제사를 바친 귀신은 다름 아닌 조상신祖上神이었다. 지금도 추석 때 조상의 음덕을 기리며 제사를 지내는 것과 같은 맥락이다.

10월은 농경민족으로서 추수를 한 후 가장 한가한 때였다. 고대 국가는 이때 풍작에 대한 감사를 드리며, 월동준비를 하고 또 국가 구성원들의 결속을 다지기 위해 축제적 성격이 내포된 제천행사를 거행했던 것이다.

### 농사와 관련한 놀이문화

고대로부터 우리민족의 놀이문화는 농사와 밀접한 관련을 가졌다. 음력 정월에서 3월까지는 농사의 준비기간으로 한 해의 복과 풍년을 기원하고 마을과 국가의 결속을 다지고자 놀이를 하였다. 그 대표적인 것은 돌싸움의 기원이라 할 만한 고구려의 석전石戰이었다.

> 매년 초에 패수浿水[대동강]가에 모여 놀이를 하는데, 왕은 수레(腰輿)를 타고 나가 우의羽儀를 나열해 놓고 구경한다. 일[놀이]이 끝나면 왕이 의복을 물에 던지는데, [군중들은] 좌우로 두 편을 나누어 물과 돌을 서로 [그 옷에다] 뿌리거나 던지고, 소리치며 쫓고 쫓기기를 두세 번 되풀이하고 그만 둔다.
>
> – 『수서』동이열전 고구려

위의 기록은 겨울철 농한기에 고구려의 수도였던 평양 대동강가에서 벌어졌던 돌싸움 놀이이다. 왕이 그것을 봄으로써 국가행사로 공식화하였다. 돌팔매질은 산성을 지키는 농성전을 주로 했던 고구려에서는 전투 시에 반드시 필요했던 싸움능력이었다. 농한기에 이를 놀이로 함으로써 백성들의 체력도 증진시키고 일종의 군사훈련을 겸하는 1석 2조의 효과를 노린 듯하다. 우리 민속에서도 음력 정월대보름 저녁에 이러한 돌싸움 놀이를 하는 마을이 있다. 들판에서 한 마을 사람들이 두 편으로 나누어 거리를 두고서 돌팔매질을 한다. 처음에는 먼 곳에서 던지다가 점차 가까워지는데, 이때 달아난 편이 지는 것을 규칙으로 한다.

| 각저총의 씨름하는 장면

전통 민속경기로 유명한 씨름도 씨 뿌리고 김매는 농경이 본격적으로 시작되는 4~6월에 체력을 유지하기 위해 고안된 놀이였다. 5월 단옷날에 씨름을 하게 된 까닭도 여기에 있었다. 고구려 고분벽화 중 씨름무덤[각저총]에는 고구려 사람들이 씨름하는 모습이 남아 있다. 우리 전통놀이로써 씨름의 연원이 꽤 오래됐음을 알 수 있다.

고구려에서는 맨손으로 승부를 가리는 무예인 수박手搏과 말타기, 활쏘기, 칼·창 쓰기 등 무술 연마와 체력 단련을 위한 놀이가 특히 성행하였다. 이는 북중국의 강자들과 지리적으로 인접해 있고, 또 '전쟁이 곧 생산행위'였던 고구려의 국가적 특성이 반영된 결과였다.

특히 고구려에서는 지도자의 가장 우선적인 조건이 활을 잘 쏘는 것이었다. 고구려의 건국시조 주몽은 이름부터가 '활을 잘 쏘는 아이'에서 붙여졌다. 바보로 알려진 온달도 활쏘기 능력을 인정받아 고구려 최고의 장군으로 거듭날 수 있었다. 활을 잘 쏘는 사람은 제천행사에 앞서 개최되는 사냥대회에서 우수한 성적을 거두었다. 이때 잡은 짐승이 곧 하늘에 바치는 희생물이었다. 사냥대회는 군사훈련도 겸하였다. 또한 고구려의 경우 중국과 전쟁 시 산성에 들어가 장기 농성전을 벌이는 전술을 추구하였다. 이때 쳐들어오는 적을 공격할 수 있는 군사가 곧 활을 잘 쏘는 궁수들이었다. 고구려에서는 활을 잘 쏘는 사람이 최고의 스타이자 영웅이었던 것이다.

신라의 가배도 농사와 관련한 놀이문화이다.

왕이 6부를 정하고 나서 이를 반씩 둘로 나누어 왕의 딸 두 사람으로 하여금 각각 부 안의 여자들을 거느리고 무리를 나누어 편을 짜서 가을 7월 16일부터 매일 아침 일찍 큰 부(大部)의 뜰에 모여서 길쌈을 하도록 하여 밤 10시경에 그쳤다. 8월 15일에 이르러 그 공적의 많고 적음을 헤아려 진편은 술과 음식을 차려서 이긴 편에게 사례하였다. 이에 노래와 춤과 온갖 놀이를 모두 행하는데 그것을 가배嘉俳라 하였다. 이때 진편에서 한 여자가 일어나 춤을 추며 탄식해 말하기를 "회소會蘇 회소"라고 하였는데, 그 소리가 슬프고도 아름다워 후대 사람들이 그 소리를 따라서 노래를 지어 회소곡이라 이름하였다.

－『삼국사기』 권1, 신라본기1, 유리이사금 9년(32)

가배嘉俳는 농사를 짓고 난 결과물로 대마에서 추출한 삼베나 누에고치에서 뽑아낸 비단 등을 길쌈하여 그 성과를 겨루던 놀이였다. 이때 음주가무와 온갖 놀이가 함께 벌어진, 말 그대로 축제의 장이었다. 오늘날 추석 명절의 기원이 되었고, 신라시대 여성들의 대표적인 놀이문화로 전승되었다. 가배놀이 역시 한 해의 농사를 마친 후 추수 감사제의 성격을 가졌다.

### 그 외 다양한 놀이문화

고구려 고분벽화에는 오늘날의 서커스 공연과 비슷한 놀이문화가 생생하게 그려져 있다. 곧 평안남도 남포시에 소재한 수산리 고분벽화에 긴 막대기를 타고 다니는 묘기, 수레바퀴를 던졌다가 받아내는 묘기, 여러 개의 공을 교대로 던지며 받아내는 저글링을 하는 장면이 있다. 다만 벽화의 내용상 서커스를 즐기는 대상은 왕족 내지 귀족으로 보인다. 고구

| 수산리 고분벽화의 놀이 그림

려 고분벽화에는 신분의 높고 낮음에 따라 사람의 크기를 과장해서 그렸다. 수산리 고분에서도 서커스 놀이를 즐기는 귀족과 귀족에게 차양 우산을 받쳐주는 시종 사이의 크기가 비현실적으로 차이가 난다.

백제의 놀이문화와 관련해서는 한성 백제시대를 종식시킨 장기와 바둑놀이 관련 기록이 남아 있다.

21년(475) 가을 9월에 고구려 왕 거련巨璉[장수왕]이 군사 3만 명을 거느리고 와서 수도 한성漢城을 포위했다. 왕[개로왕, 455~475]이 싸울 수가 없어 성문을 닫고 있었다. 고구려 사람들이 군사를 네 방면으로 나누어 협공하고, 또한 바람을 이용해서 불을 질러 성문을 태웠다. 백성들 중에

는 두려워하여 성 밖으로 나가 항복하려는 자들도 있었다. 상황이 어렵게 되자 왕은 어찌할 바를 모르고, 기병 수십 명을 거느리고 성문을 나가 서쪽으로 도주하려 하였으나 고구려 군사가 추격하여 왕을 죽였다.

이보다 앞서 고구려 장수왕이 백제를 치기 위하여, 백제에 가서 첩자 노릇을 할 만한 자를 구하였다. 이때 중 도림道琳이 이에 응하였다. … 왕이 기뻐하여 비밀리에 그를 보내 백제를 속이도록 하였다. 이에 도림은 거짓으로 죄를 지어 도망하는 체하고 백제로 왔다.

당시 백제 왕은 장기와 바둑을 좋아하였다. 도림이 대궐 문에 이르러 "제가 어려서부터 바둑을 배워 상당한 묘수의 경지를 알고 있으니, 왕께 들려 드리고자 합니다"라고 하였다. 왕이 그를 불러들여 대국을 하여 보니 과연 국수였다. 왕은 마침내 그를 상객으로 대우하고 친하게 여겨 서로 늦게 만난 것을 한탄하였다.

도림이 하루는 왕을 모시고 앉아서 말했다. "저는 다른 나라 사람인데 왕께서 저를 멀리 여기시지 않고 많은 은혜를 베풀어 주셨으나, 다만 한 가지 재주로 보답했을 뿐이고, 아직 털끝만한 이익도 드린 적이 없습니다. 이제 한 말씀 올리려 하오나 왕의 뜻이 어떠한지 알 수 없습니다." … "대왕의 나라는 사방이 모두 산·언덕·강·바다이니 이는 하늘이 만든 요새이지 사람의 힘으로 된 지형이 아닙니다. 그러므로 사방의 이웃 나라들이 감히 엿볼 마음을 갖지 못하고 다만 받들어 섬기기를 원하고 있습니다. 그러므로 왕께서는 마땅히 숭고한 기세와 부유한 치적으로 남들을 놀라게 해야 할 것인데, 성곽은 수축되지 않았고 궁실은 수리되지 않았습니다. 또한 선왕의 해골은 들판에 가매장되어 있으며, 백성의 가옥은 자주 강물에 허물어지니, 이는 대왕이 취할 바가 아니라고 저는 생각합니다." 왕이 말했다. "좋다! 내가 그리 하겠다."

이에 왕은 백성들을 모조리 징발하여, 흙을 쪄서 성을 쌓고, 그 안에는 궁실·누각·사대를 지으니 웅장하고 화려하지 않은 것이 없었다. 또한 욱리하郁里河에서 큰 돌을 캐다가 관을 만들어 아버지의 해골을 장사하고, 사성蛇城 동쪽으로부터 숭산崇山 북쪽까지 강을 따라 둑을 쌓았다. 이로 말미암아 창고가 텅 비고 백성들이 곤궁해져서 나라의 위태로움이 알을 쌓아 놓은 것보다 심하였다.

－『삼국사기』 권25, 백제본기3, 개로왕 21년(475)

한성도읍기 백제의 마지막 군주 개로왕(455~475)은 평소 장기와 바둑 두는 것을 좋아하였다. 고구려 장수왕(413~491)이 이를 알아채고 첩자 도림을 승려로 위장시켜 백제로 파견하였다. 도림은 바둑으로써 개로왕에게 접근해 그의 환심을 사는 데 성공하였다. 개로왕이 도림을 높여 극진히 대우하고 매우 친근히 지내면서 서로 늦게 만난 것을 한탄한 지경이었다고 한다. 개로왕의 신임을 얻은 도림은 왕이 베풀어준 은총에 보답한다며 간언을 하였다. 주된 내용은 왕의 위세와 업적을 드러내기 위해 궁궐과 성곽을 수리하고, 한강의 홍수를 막기 위한 제방을 구축하라는 것이었다. 개로왕은 도림의 말에 따라 백성을 징발해 흙을 쪄서 성을 쌓고, 그 안에 궁실과 누각 등을 화려하게 조성하였다. 그리고 한강에서 큰 돌을 가져다가 아버

| 일본 쇼소인(正倉院) 소장 백제 바둑판과 바둑돌 (복제, 한성백제박물관)

지 비유왕의 무덤을 성대하게 만들어 장사지냈다. 또한 사성蛇城[서울시 강남구 삼성동토성]에서 숭산崇山[경기도 하남시 검단산]의 북쪽에 이르는 한강변에 제방을 쌓았다.

도림의 말대로 적절한 토목공사는 왕실의 권위를 높여줄 수 있다. 그러나 '과유불급過猶不及'이란 말처럼 백성의 노동력 징발에 의존한 그것이 과하면 민심이 이반된다. 도림이 노린 것도 그러한 민심의 이탈과 백제 내부의 혼란이었다. 『삼국사기』는 당시의 상황에 대해 "이로[토목공사] 말미암아 창고가 텅 비고 백성들이 곤궁해져서 나라의 위태로움은 알을 쌓아 놓은 것보다 심하였다"고 기록하였다. 장수왕의 치밀한 계획 하에 추진된 도림의 첩자활동이 결실을 맺는 순간이었다. 이에 도림은 고구려로 도망가 장수왕에게 모든 사실을 보고하였다. 장수왕은 곧바로 3만의 대군을 이끌고 한성을 공격해 함락하였고 개로왕을 목 베었다. 이로써 백제 한성시대는 끝났다. 백제는 수도를 웅진[충남 공주]으로 천도하였다. 바둑이라는 백제의 놀이문화가 백제 역사의 수레바퀴를 크게 움직인 순간이었다.

통일신라시대 왕실과 귀족의 놀이문화와 관련해서는 1975년 경주 월지月池[일명 안압지]를 발굴하던 중 연못 바닥의 갯벌에서 발굴된 나무로 만든 14면 주사위가 주목된다. 주사위[주령구酒令具]의 각 면에는 재미있는 벌칙이 적혀 있다.

1) 스스로 괴래만[노래이름] 부르기
2) 술 석잔 한번에 마시기
3) 여러 사람이 코 때리기
4) 더러운 것을 버리지 않기
5) 시 한수 읊기
6) 소리 없이 춤추기

7) 팔뚝을 구부린 채 술 다 마시기

8) 덤벼드는 사람이 있어도 가만히 있기

9) 얼굴을 간질어도 꼼짝 않기

10) 술 2잔이면 쏟아 버리기

11) 술을 다 마시고 크게 웃기

12) 월경月鏡 한곡 부르기

13) 스스로 노래 부르고 스스로 마시기

14) 누구에게나 마음대로 노래를 청하기

| 월지 출토 주령구(복제, 국립경주박물관)

월지는 태자가 거처하던 동궁東宮에 딸린 인공 연못으로서 674년(문무왕 14)에 완성되었다. 이곳에 화초를 심고 진기한 새와 짐승을 길렀다. 『삼국사기』에는 동궁 임해전에서 왕이 신하들과 함께 잔치를 했다는 기록이 남아 있다. 월지 안에서는 나무로 만든 배가 출토되었는데, 이를 통해 이곳에서 뱃놀이도 했음을 알 수 있다. 주령구는 잔치과정에서 술을 마실 때 사용했을 것으로 추정된다. 내용은 놀이와 연관한 벌칙인데, 모두 음주가무에 해당한다. 특히 '술 석 잔을 한 번에 마신다'는 벌칙은 오늘날에도 술자리에서 애용(?)되는 것이어서 눈에 띈다. 이 주령구를 통하여 통일신라시기 왕실과 귀족 놀이문화의 단면을 엿볼 수 있다.

우리나라는 고대로부터 전통적으로 '나'보다는 '우리', '개인'보다는 '전체'를 강조하는 공동체 문화가 발달하였다. 축제와 놀이문화는 이러한 공동체 의식의 집단성을 강화시키는 중요한 수단으로 활용되어 왔다. 개인주의 성향이 만연되어 있는 요즈음 전통 축제와 놀이문화의 복원을 통해 다른 사람과 소통·공감하는 장을 마련할 필요가 있어 보인다.

# 고대 사람들의 성, 사랑, 혼인

## '풍요와 다산'의 상징, 性

성은 인간을 재생산하는 기능이다. 원시시대부터 '풍요'와 '다산'을 상징하는 성기숭배신앙은 후기 구석기시대 이래 세계 도처에서 보편적으로 행해졌다. 오스트리아 빌렌도르프에서 발견된 구석기시대의 비너스상이 대표적인 사례이다. 11cm 정도의 작은 조각상인데, 여인의 가슴과 배·엉덩이 부분이 과장되게 표현되어 있다. 한편 곳곳에서 발굴된 남근 모형 석제 조각품 중에는 손잡이의 흔적과 한쪽 가장자리가 뭉개진 흔적이 있는 경우가 있다. 이는 생산을 기원하는 의

| 빌렌도르프의 비너스상

례과정에서 주술적·종교적 도구로 남근상이 사용되었음을 시사한다.

우리나라도 선사시대부터 풍요와 다산을 비는 신앙의 대상으로 성기숭배신앙이 유행하였다. 울산 반구대 암각화에 새겨진 남성의 성기가 지나치게 크게 표현되었다든가, 경주 미추왕릉지구에서 출토된 토우 장식 항아리에는 성행위를 하는 노골적인 토우를 장식하였다. 항아리에 장식된 토우 전체를 살펴보면, 개구리와 뱀·거북이 등 파충류·양서류 토우상이 대부분이다. 이들은 알을 많이 낳는 풍요와 다산

| 토우 장식 항아리(국립경주박물관) | 토우 장식 항아리 성행위 토우상

을 상징하는 동물이다. 따라서 성행위 토우도 같은 맥락에서 의미 파악이 가능하다.

통일신라시대 왕자가 거처했던 동궁에 딸린 월지月池[안압지] 연못에서도 나무와 돌로 만든 남근상이 출토되었다. 토기에 장식물로써 부착했던 토우들 중에는 남녀가 성교하는 장면, 여인이 출산하는 장면, 생식기가 강조된 남성상이 흔하다.

토기와 토우는 모두 무덤에서 출토되었다. 곧 죽은 사람과 함께 묻힌 부장품이다. 조선시대 같으면 노골적인 성행위 장면을 묘사한 인물상을 무덤 안에 넣을 수 있었겠는가? 유교적인 성윤리 의식으로는 도저히 불가능한 행위이다. 이것은 곧 신라 사람들이 성을 은밀한 대상으로 감추는 것이 아닌 일상적 표현의 대상으로 가까이 두고 표현할 뿐만 아니라 죽어서도 '풍요와 다산'을 염원했음을 잘 보여준다. 유교적인 관점의 색안경을 끼고 신라인의 성을 바라보면 안 된다. 선

▌성교 토우
(국립중앙박물관,
이하 같음)

▌성기가 강조된 남성상

▌출산 토우

입관을 버리고 신라인의 마음으로 기록과 고고자료를 볼 때 온전한 신라 생활사의 복원이 가능하다.

고대는 인구의 규모가 곧 국가 경쟁력의 강화로 직결되는 시기였다. 농사를 짓고 방어용 성을 쌓을 수 있는 노동력의 확보와, 전쟁을 수행하는 전사집단의 양성 차원에서도 생산력은 가장 큰 미덕으로 인정되었다. '풍요'와 '다산'을 기원하는 성기숭배신앙과 개방적인 성 윤리 의식은 그래서 생긴 풍속이었다.

부여와 3세기 중반까지 고구려에서 행해졌던 취수혼取嫂婚도 같은 의미로 볼 수 있다. 곧 형이 죽었을 때 형수를 아내로 취하는 것은 종족의 분산과 인적 자원의 상실을 방지하는 것이 일차적인 목적이었다. 또한 죽은 형의 재산상속을 계승함으로써 가계를 유지하고 가족제도를 옹호하기 위한 제도이기도 했다. 이러한 풍속은 주로 고대 유목민 사회에서 유행했던 것이다.

여성의 생산능력을 최고의 가치로 삼았던 것은 각종 문헌기록에서 살필 수 있다. 『삼국사기』는 신라인들이 다산에 대해 각별하게 기록하고 포상했음을 남겨 두었다. 세 쌍둥이부터 심지어 다섯 쌍둥이까지 출산한 기록이 있다. 이들에게는 벼 100섬~200섬을 상으로 주었다. 다산의 범주에는 사람뿐만 아니라 동물도 해당되었다. 경덕왕 2년(743) 한 번에 세 마리의 송아지를 낳았다는 기록이 전한다. 지금은 그렇지 않지만 당시에는 역사책에 기록될 정도로 기념할 만한 사건이었던 것이다.

〈쌍둥이 출생 관련 기록〉

[벌휴이사금 10년, 193] 3월에 한기부의 여자가 한꺼번에 아들 넷과 딸 하나를 낳았다.

[문무왕 10년, 670] 한기부 여자가 한꺼번에 아들 셋과 딸 하나를 낳았으므로 벼 200섬을 주었다.

[경덕왕 2년, 743] 봄 3월에 주력공 집의 소가 한꺼번에 송아지 세 마리를 낳았다.

[원성왕 7년, 791] 웅천주의 대사 향성의 아내가 한꺼번에 아들 셋을 낳았다.

[헌덕왕 17년, 825] 우두주 대양관군 나마 황지의 아내가 한꺼번에 아들 둘 딸 둘을 낳았으므로 벼 100섬을 주었다.

[헌강왕 8년, 882] 겨울 12월에 고미현 여자가 한꺼번에 아들 셋을 낳았다.

－『삼국사기』 신라본기

지증왕(500~514)은 '생산능력'으로 왕위에 올랐다[관련 사료는 2부 '고대 사람들은 무엇을 먹었을까?' 참조].『삼국유사』가 전하는 그의 남근 크기는 무려 1척 5촌이었다. 한나라 척으로 1척이 23cm인데, 이것으로 어림잡아도 비현실적으로 과장되어 있음을 알 수 있다. 지증왕의 남근 크기는 그의 생산능력을 상징하는 코드이다. 그것은 직전왕이었던 소지왕(479~500)이 가진 가장 큰 한계를 부각함과 동시에 자신의 왕위계승을 정당화하는 장치였다.

소지왕이 왕위에 있었던 시기는 김씨 마립간麻立干시대의 전성 기였다. 눌지마립간 이후 김씨가 독점적으로 왕위를 이어갔는데, 큰아들로의 계승이 원칙이었다. 그런데 소지왕은 왕위를 이을 아들을 낳지 못했다. 그러던 중 500년에 소지왕이 날이군[경북 영주시]에 순행을 갔다. 이곳은 당시 고구려와 대치했던 국경지대로서 신라 변방이었지만 국방상으로 중요한 지역이었다. 소지왕은 이때 날이군 세력가였던 파로가 바친 그의 딸 벽화의 미모에 반했다. 벽화를 왕궁에까지 데려와 관계를 맺었고, 급기야 둘 사이에 아들이 태어났다. 폐쇄적인 신라 골품제 하에서 국왕이 변방 지방세력의 딸과 야합한 사건은 넘어갈 수 없는 사안이었다. 결국 소지왕은 폐위되어 쓸쓸한 죽음을 맞이하였다.

지증왕의 즉위는 소지왕의 실정이 없었다면 불가능했을 것이다. 따라서 소지왕의 폐위과정에 어떻게든지 지증왕이 개입되어 있을 것이라는 합리적인 의심을 갖게 한다. 지증왕은 64세에 왕위에 올랐음에도 불구하고 모량부 상공의 딸과 혼인하여 아들 둘을 낳았다. 원종과 갈문왕 입종이 그들이다. 그 중 큰아들 원종[법흥왕, 514~540]이 지증왕에 이어 왕위에 올라 불교 공인, 율령 반포 등 다양한 업적을 세웠음이 잘 알려져 있다.

### 남성보다 강한 여성성

여성만이 가지고 있는 생산능력은 토지의 생육과 동일시되어 땅의 신은 여신, 곧 대지모신大地母神으로 숭배되었다. 따라서 생산능력을 기반으로 한 여성성이 강조되거나 존중되는 경우가 많았다.

〈선덕여왕이 미리 알아낸 일 세 가지〉

영묘사 옥문지玉門池에 겨울철에 많은 개구리가 모여서 사나흘 동안이
나 울고 있었다. 나라사람들이 이를 괴이하게 여겨 왕에게 물었다. 왕은
급히 각간 알천·필탄 등을 시켜 정병 2천 명을 뽑아서 빨리 서쪽 교외
로 가서 여근곡女根谷을 탐문하면 반드시 적병이 있을 것이니 덮쳐서 죽
이라 했다. 두 각간이 명령을 받고 각각 군사 천 명을 거느리고 서쪽 교
외에 가서 물었다. 부산 아래에 과연 여근곡이 있고, 백제 군사 5백 명
이 그곳에 와서 매복해 있으므로 모두 잡아서 죽였다. 백제의 장군 오
소란 자는 남산 고개 바위 위에 매복해 있으므로 이를 포위하여 쏘아
죽였다. 또 후속 부대 1300명이 오는 것을 쳐서 죽여 한 사람도 남기지
않았다.… 여왕이 말했다. "개구리의 노한 형상은 병사의 형상이다. 옥
문이란 것은 여자의 생식기인데 여자는 음이고, 음은 그 빛이 백색이다.
백색은 서방이므로 군사가 서쪽에 있음을 알 수 있었으며, 남자의 생식
기는 여자의 생식기에 들어가면 반드시 죽게 되니 이로써 쉽사리 잡을
줄 알았소." 여러 신하가 모두 그 뛰어난 지혜에 감복하였다.

–『삼국유사』 권1, 기이2, 선덕왕 지기삼사

이 기록은 신라에 몰래 쳐들어온 백제 군사의 동향을 선덕여왕
(632~647)의 예지능력으로 미리 알아채서 물리쳤다는 내용이다. 이때
선덕여왕이 "개구리의 노한 형상은 병사의 형상이다. 옥문은 여자의
생식기인데 여자는 음이고, 음은 그 빛이 백색이다. 백색은 서방이므
로 군사가 서쪽에 있음을 알 수 있었으며, 남자의 생식기는 여자의 생
식기에 들어가면 반드시 죽게 되니 이로써 쉽사리 잡을 줄 알았소"라
고 한 말이 주목된다. 여기에는 음양사상상 남성성보다 여성성이 우
월함이 내재되어 있다. 이 설화는 궁극적으로 남성을 능가하는 여왕
으로서의 힘, 그것이 곧 지혜임을 강조하는 것이다.

선덕여왕은 신라 역사상 최초의 여왕이었다. 선덕여왕의 즉위는 아버지 진평왕(579~632)의 철저한 사전 정지작업과 선덕여왕의 개인적인 능력, 그리고 김유신과 김춘추의 뒷받침을 받아서 이루어졌다. 그렇더라도 당시 신라 사회에서 여성의 지위가 어느 정도 보장되어 있었기에 가능한 결과였다. 다만 여자가 왕위에 오른 전례가 없었기 때문에 지속적인 논란이 생겼고, 또 반대세력의 저항도 만만치 않았다. 647년에 비담과 염종이 "여자 임금은 나라를 잘 다스릴 수 없다[女主不能善理]"라면서 반란을 일으킨 것이 이를 잘 말해준다. 선덕여왕은 반대파들의 주장과 여왕으로서의 한계를 상쇄시키기 위해 여성으로서의 지혜와 예지능력을 강조했던 것이다. 『삼국유사』의 선덕왕 지기삼사知幾三事조가 그것이 집약된 이야기이다.

신라시대 토우의 크기를 살펴보면 대체로 남성상보다 여성상이 더 크다. 이것 역시 남성보다 우월한 여성성의 결과이다. 우리 전통 민속신앙에서는 한 해의 농사가 끝나고 난 후 볏짚 등으로 새끼줄을 꼬아 암줄과 숫줄을 만들었다. 이를 연결해 줄다리기를 하였다. 암줄과 숫줄은 각각 남녀의 성기이며, 두 줄의 결합과 줄다리기는 성행위를 상징한다. 우리 민속신앙에서는 이때 여자 편이 이겨야 풍년이 온다고 하는 속설이 있다. 토지와 여성의 생산능력을 동일시함으로써 여성성을 우위에 놓은 데 따른 풍속이었다.

## 신라의 근친혼과 파격적인 성 문화

신라의 개방적인 성 윤리의식과 골품제는 가까운 친족끼리 혼인하는 근친혼近親婚으로 나타났다. 이것은 물론 왕실과 귀족의 혼인양상에 한정된다. 몇 가지 사례를 들어보면 다음과 같다. 각 인물의 혼인양상은 〈신라 중고기 왕실 계보도〉를 참조하기 바란다.

【사례 1】신라 중고기 법흥왕의 딸 지소부인과 법흥왕의 동생 갈

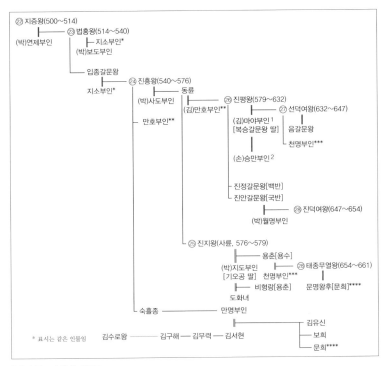

**┃ 신라 중고기 왕실 계보도**

문왕 입종이 혼인하였다. 삼촌과 조카가 혼인한 것이다. 둘은 아들인 진흥왕과 숙흘종을 낳았고, 딸로서 만호부인을 낳았다.

【사례 2】진흥왕의 여동생 만호부인은 진흥왕의 아들 동륜과 혼인하였는데, 이는 고모와 조카가 혼인한 것이다. 둘은 진평왕과 갈문왕 진정[백반]·진안[국반]을 낳았다. 진안 갈문왕과 박씨 월명부인 사이에서 진덕여왕이 탄생하였다.

【사례 3】진평왕의 둘째 딸 천명부인은 진지왕의 아들인 용춘과 혼인하였는데, 이는 5촌간 혼인에 해당한다. 둘은 태종무열왕 김춘추를 낳았다.

【사례 4】 계보도에 나와 있지는 않지만 태종무열왕 김춘추의 셋째 딸 지소부인은 외삼촌 김유신과 혼인하였다. 외삼촌과 조카의 혼인 사례이다. 더욱 놀라운 사실은 당시 지소부인은 10대 김유신은 60대라는 것이다. 둘은 673년 김유신이 79세로 죽을 때까지 18년 동안 원술 등 아들 4명을 낳았다. 『삼국사기』에는 김유신의 아들 5명과 딸 4명이 모두 지소부인의 소생으로 되어 있다. 다만 필사본 『화랑세기』에는 아들 1명[삼광]과 딸 4명은 하종공의 딸 영모와의 사이에서 낳았다고 되어 있어 차이가 난다.

이와 같이 신라시대 왕실에서 벌어졌던 근친혼의 양상은 오늘날의 유교적인 가족 윤리의식에서는 도저히 납득하기 어렵다. 그렇다면 왜 이러한 근친혼이 이루어졌을까 궁금해지지 않을 수 없다. 그것은 천년의 왕국 신라 역사의 근간을 이루었던 '골품제骨品制'라는 신분제도 때문이었다.

신라 골품제의 특징은 폐쇄적이라는 데 있다. 6두품 이하의 두품 세력들은 아무리 큰 공을 세우더라도 진골眞骨로 승격할 수가 없었다. 한 번 '흑수저'는 영원한 '흑수저'이지 결코 '금수저'가 될 수 없는 신분구조인 것이다. 따라서 왕실과 진골귀족들은 그들 혈통의 순수성을 보존·유지하기 위하여 근친혼을 추구했던 것이다.

신라의 개방적인 성 윤리의식은 출세를 위해 아내를 상관에게 바치는 것도 마다하지 않았다.

〈재상 거득공과 안길의 이야기〉
[문무]왕이 어느 날 서제庶弟 거득공을 불러 말하기를 "그대가 재상이 되어 백관을 고루 다스리고 천하를 태평하게 하시오"라고 했다. 공이 말했다. "폐하께서 만약 소신으로 재상을 삼고자 하시면 신은 원컨대 국내를 몰래 다니면서 민간 부역의 괴로움과 편안함, 조세의 가벼움과

무거움, 관리의 청렴함과 탐오함을 살펴본 뒤에 관직에 나가겠습니다."
왕은 그 말을 들어주었다.

공은 승복을 입고 비파를 들고 거사의 차림을 하고 서울[경주]을 떠났다. 아슬라주[강릉], 우수주[춘천], 북원경[원주]을 거쳐 무진주[전남 광주]에 이르러 마을을 돌아다녔다. [무진]주의 관리 안길이 그를 비범한 인물인 줄 알아보고 자기 집으로 맞아들여 정성을 다해 대접했다. 그날 밤에 안길은 아내(妻)와 첩妾 세 사람을 불러 말했다.

"오늘 밤에 거사손님을 모시고 자는 사람은 [나와] 평생 같이 늙을 거요." 두 아내는 말했다. "차라리 [공과] 함께 살지 못할지언정 어찌 남과 동침할 수 있겠습니까?" 그 중 다른 한 아내가 "공이 만약 종신토록 함께 살기를 허락한다면 곧 명령을 받들겠습니다"라며 그대로 좇았다.

이튿날 아침 거사는 떠날 때에 말했다. "나는 서울 사람이다. 내 집은 황룡사·황성사 두 절의 사이에 있다. 내 이름은 단오이다. 주인이 만약 서울에 오거든 내 집을 찾아주면 좋겠소." 마침내 서울로 돌아와서 재상이 되었다.

나라의 제도에 매년 외주外州의 향리 한 사람을 서울에 있는 여러 관청에 올려 보내 지키게 하는 제도가 있었다(지금의 기인其人이다.). 안길이 마침 올라와 지킬 차례가 되어 서울에 이르러 두 절 사이에 있는 단오거사의 집을 물으니 아는 사람이 없었다. 안길이 오랫동안 길가에 서 있으니 한 늙은이가 지나가다가 그의 말을 듣고 한참 서서 생각하다가 말했다. "두 절 사이에 있는 집은 대궐이고, 단오란 것은 거득령공인데 [그분이] 외군外郡을 미복차림으로 돌아다닐 때에 그대와 아마 인연과 약속이 있었던 모양이구려." 안길이 그 사실을 말하자 노인이 말했다. "그대는 궁성 서쪽 귀정문으로 가서 출입하는 궁녀를 기다려 사실을 말하오." 안길은 그 말을 좇아 아뢰었다. "무진주 안길이 상공을 뵈러 왔습니다." [거득]공은 그 말을 듣고 달려 나와서 손을 붙잡고 궁으로 들어가서 공의 부인을 불러내어 안길과 함께 잔치를 베풀었는데, 차린 음식이 50가지나 되었다.

이 사실을 임금에게 아뢰니, 성부산 밑의 땅을 무진주 상수리의 소목전燒木田[궁중과 관청에 땔감을 공급하는 밭]으로 삼아 벌채를 금했다. 사람들이 감히 가까이하지 못하니, 경향의 사람이 모두 부러워했다. 산 밑에 밭 30묘가 있어 종자 3섬을 뿌리는데, 이 밭이 풍작이면 무진주도 풍작이 되고, 흉작이 되면 무진주도 또한 흉작이 되었다.

-『삼국유사』권2, 기이2, 문호왕법민

이 기록의 내용은 무진주[광주광역시]의 관리 안길이 지방 순행차 무진주에 온 왕족 거득공을 극진히 모셨고, 그 결과 나중에 왕경에 가서 경제적으로 큰 보상을 받았다는 이야기이다. 그런데 안길은 거득공의 마음을 얻기 위해 부인 중 한 명으로 하여금 거득공과 동침하게 했다. 물론 한 부인이 '어찌 남과 동침할 수 있겠는가'라고 한 것을 보면, 외간 남자와의 동침이 일상화된 것으로 볼 수는 없다. 하지만 다른 한 부인이 남편의 뜻에 따라 거득공을 모셨다는 것은 개방적인 성 윤리의식이 있지 않았다면 근본적으로 불가능했을 것이다.

이처럼 신라시대의 성 관념과 윤리의식은 고려나 조선시대보다 파격적으로 개방적이었다. 그러나 거득공 관련 기록에서 알 수 있듯이 처와 첩의 구별이 분명하게 있었다.

① 죽죽은 선덕왕 때 사지[신라 17관등 중 13위]가 되어 대야성大耶城[경남 합천] 도독 김품석의 휘하에서 보좌역을 맡고 있었다. 왕 11년 임인(642) 가을 8월에 백제 장군 윤충이 군사를 거느리고 와서 그 성을 공격하였다. 이보다 앞서 도독 품석이 막객인 사지 검일의 아내가 예뻐 이를 빼앗았으므로 검일이 한스럽게 여기고 있었다.

이 때에 이르러 [검일이 백제군과] 내통하여 그 창고를 불태웠으므로 성 안의 사람들이 두려워하여 굳게 막지 못하였다. … 품석 및 여러 장수에게 권하여 성을 나가려 하니, 죽죽이 말리며 말하였다. "백제는 자주 번복을 잘하는 나라이니 믿을 수 없습니다. 그리고 윤충의 말이 달콤한 것은 반드시 우리를 유인하려는 것으로 만약 성을 나가면 반드시 적의 포로가 될 것입니다. 쥐처럼 엎드려 삶을 구하기보다는 차라리 호랑이처럼 싸우다가 죽는 것이 낫습니다." 품석이 [이 말을] 받아들이지 않고 문을 열어 병졸을 먼저 내보내니 백제의 복병이 나타나 모두 죽었다. 품석이 장차 나가려 하다가 장수와 병졸이 죽었다는 말을 듣고 먼저 처자를 죽이고 스스로 목을 찔러 죽었다.
— 『삼국사기』 권47, 열전 죽죽

② 8월에 장군 윤충을 보내 군사 1만 명을 거느리고 신라의 대야성을 공격하였다. 성주 품석이 처자와 함께 나와 항복하였다. 윤충이 모두 죽이고 그 머리를 베어 서울(王都)에 전달하고, 남녀 1천여 명을 사로잡아 나라 서쪽의 주·현에 나누어 살게 하였다.
— 『삼국사기』 권28, 백제본기 의자왕 2년(642)

대야성[경남 합천]은 7세기대 신라가 낙동강 중·하류 서쪽 방면을 감시·통제하며 왕도를 방어하는 중요한 요충지였다. 때문에 당대 최고의 실세였던 김춘추의 사위 김품석이 성주城主로 파견되었다. 642년 8월 의자왕이 장군 윤충에게 1만 명의 군사를 주어 대야성을 공격하였다. 대야성 전투에서 신라는 제대로 싸워 보지도 못하고 백제군에 허무하게 성을 내주었다. 왜냐하면 김품석의 막객이었던 검일이 사전에 신라군과 내통해 성 안의 창고를 불태웠기 때문이었다.

검일의 배신은 김품석의 실정에서 비롯되었다. 김품석이 검일의 아내를 강제로 취하자, 검일이 앙심을 품었던 것이다. 대야성 전투의 패배로 김춘추는 사위와 딸을 잃는 아픔을 겪었다. 뿐만 아니라 사위의 실책이 백제에게 대야성을 내준 결정적인 원인이었기 때문에 김춘추의 정치적 부담이 가중되어 가는 최악의 상황을 맞았다. 김춘추는 이에 고구려에 군사 원조를 요청하고자 잠입했다. 보장왕(642~668)과 연개소문을 만나 백제를 쳐부술 군사를 요청하였다. 그러나 보장왕은 6세기 중반 신라가 차지한 한강 유역을 다시 돌려주면 군사를 내줄 수 있다는 전제 조건을 내세웠다. 결국 김춘추는 목숨만 간신히 건진 채 성과 없이 귀국하였다.

김춘추가 갈 수 있는 나라는 이제 당나라 밖에 없었다. 648년 김춘추는 아들 문왕을 데리고 당나라로 향했다. 당 태종太宗과 만난 김춘추는 마침내 당나라와 동맹을 이끌어냈다. 소위 '나·당 동맹'이 체결된 것이다. 나·당 동맹은 신라가 뻗은 손을 뿌리친 고구려 때문에 성사되었지만, 따지고 보면 대야성 전투가 촉발시킨 측면이 크다. 그리고 그것은 남의 아내를 탐한 김품석의 잘못된 행실이 불씨가 되었다. 신라 사회의 성 윤리의식이 아무리 개방적일지라도 남의 아내를 강제로 빼앗는 것은 큰 죄로 취급받았던 것이다.

신라에서는 남녀 모두의 재혼이 자유로웠다. 조선시대의 경우 재가녀의 아들과 손자는 과거시험을 볼 수조차 없었다. 이는 여성의 재혼을 실질적으로 금지한 것이다. 신라가 조선보다 훨씬 더 성 윤리가 개방적이었음을 알 수 있다. 하지만 신라 사회도 일부일처제의 원칙은 지켰고, 처와 첩의 구별도 철저하였다. 엄숙한 유교적 성 관념을 가지고 바라 본 신라는 문란하게 보일 수 있다. 그러나 '천년의 왕국' 신라가 단일왕조로 존속할 수 있었던 것은, 개방적인 성 관념 하에서도 나름대로의 규칙을 지켰기에 가능하였다.

# 고대 사람들의 죽음과 장례문화

고대사회에서는 왕이나 귀족이 죽으면 노비 등 살아 있는 사람을 함께 묻는 장례 풍습, 순장殉葬이 만연하였다. 중국의 경우 한족漢族 왕조는 기원전 3세기 무렵인 전국戰國시대 말에 순장이 금지되었다. 춘추시대 노나라의 공자孔子는 '순장 인형만 만들어도 자손이 끊어질 것이다'라고 했다. 이는 당시 순장이 여전히 행해지고 있음을 반증하며, 동시에 유교적 이념으로써 순장을 금기기하는 사회적 분위기가 생겨났음을 시사한다.

춘추春秋시대에는 사람뿐만 아니라 말과 수레까지도 순장함으로써 이승의 영광을 저승세계로 그대로 가져가려 했다. 진시황제秦始皇帝(기원전 259~210년)의 무덤에서 흙으로 빚은 수많은 병사와 군마상이 순장의 대용품으로써 부장된 사실을 통해 늦어도 이 무렵에는 순장이 금지되었음을 알 수 있다. 그럼에도 불구하고 북방의 이민족 왕조, 예컨대 금, 원, 청나라에서는 순장이 여전히 성행하였다.

| 중국 산동성 제나라 수도 임치 고차박물관의 순장 말과 수레

우리나라도 고대로부터 각 나라마다 순장의 풍습이 있었다. 먼저 부여는 한꺼번에 수백 명씩 순장했다는 기록이 전한다.

여름에 사람이 죽으면 모두 얼음을 넣어 장사지내며, 사람을 죽여서 순장殉葬하는 데 많을 때는 100명 가량 된다. 장사를 후하게 지내는데, 곽槨은 사용하나 관棺은 쓰지 않는다.

『위략』에서 말하기를, 그 나라의 습속은 5달 동안 초상을 치르는데 오래 둘수록 영화롭게 여긴다. 상주는 빨리 지내고 싶어하지 않지만, 다른 사람이 강권하기 때문에 실랑이를 벌이는 것으로써 예절로 삼는다. 상중에는 남녀 모두 순백색의 옷을 입고, 부인은 베로 만든 면 옷을 착용하며, 반지나 패물 따위를 몸에서 제거한다.

－『삼국지』 위서 동이전 부여

고구려에서도 3세기까지는 순장의 풍습이 남아 있었던 듯하다.

가을 9월에 왕이 서거하였다. 시원柴原에 장사지냈다. 이름을 동천왕이라 하였다. 나라 사람들이 그 은덕을 생각하며 슬퍼하지 않음이 없었다. 가까운 신하들이 자살하여 따라 죽으려고 하는 자가 많았으나, 새 왕이 예가 아니라 하여 이를 금하였다. 장례일에 이르러 무덤에 와서 스스로 죽는 자가 매우 많았다. 나라 사람들이 잡목(柴)을 베어 그 시체를 덮었으므로, 드디어 그 땅의 이름을 '시원'이라 하였다.

－『삼국사기』 권17, 고구려본기5, 동천왕 22년(248)

삼국 중에서는 특히 가야의 무덤에서 순장의 흔적이 많이 발견되었다. 각각 대가야와 금관가야의 중심지였던 고령 지산동 고분군과 김해 대성동 고분군 등에서는 순장 묘의 발굴 사례가 많다.

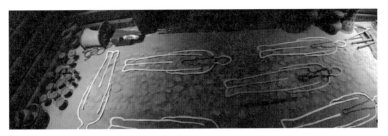

| 김해 대성동 고분군의 순장 모습(대성동고분박물관)

| 경산 조영동 고분군의 순장 모습

신라의 경우 국왕이 죽으면 남녀 5명씩 순장하던 풍속을 6세기 초 지증왕 3년(502)에 공식적으로 금지하였다. 고고학적으로는 5세기에 조영된 경주 황남대총 남분에서 순장의 흔적이 나왔고, 경산 조영동 고분군에서도 순장 묘가 발굴된 사례가 있다.

순장이 폐지된 이유는 4~6세기 농업생산력의 증대와 빈번한 전쟁의 발생으로 인하여 인간의 노동력과 전사戰士집단으로서 가치를 인식했기 때문이었다. 유교적 이념으로서 인仁과 의義에 대한 관념이 높아지면서 생명을 존중하게 된 측면도 있었다. 또한 불교의 전래와 공인으로 인하여 장례를 후하게 지내던 풍습에서 간소하게 하는 박장薄葬으로 장례문화가 변화된 것도 관련되었다. 살아생전의 부富를 저 승세계로 그대로 가져가는 계세적繼世的 관념보다는 생전에 쌓은 공 덕에 따라 사후 극락정토에 태어난다는 믿음이 강해진 것이다. 다만 순장의 대용품으로 흙으로 빚거나 구워서 만든 토용土俑을 부장품으 로써 무덤에 넣어주는 새로운 풍습이 생겨났다.

## 동옥저의 장례 풍습

그들은 장사를 지낼 적에는 큰 나무 곽槨을 만드는데, 길이가 10여 장이 나 되며 한쪽 머리를 열어 놓아 문을 만든다. 새로 죽은 사람은 모두 가 매장을 하고, 겨우 형체가 덮일 만큼 묻었다가 가죽과 살이 다 썩은 다 음에 뼈만 추려 곽 속에 안치한다. 온 집 식구를 모두 하나의 곽 속에 넣 어 두는데, 죽은 사람의 숫자대로 살아 있을 때와 같은 모습으로 나무를 새긴다. 또 질솥이 있는데, 그 안에 쌀을 담아서 곽의 문 곁에다 엮어 매 단다.

－『삼국지』위서 동이전 동옥저

함경남도 해안지대에서 두만강 유역 일대에 걸쳐 존재했던 동옥 저에서는 10여 장 크기의 덧널[곽槨]을 만들어 가족의 공동 묘로 사용 하였다. 시신은 살이 전부 썩기까지 기다렸다가 뼈만 추려서 덧널 안 에 안치하였다. 이러한 장례풍습을 '골장제骨葬制'라고 한다. 질솥 안 에 쌀을 넣어 둔 것은 죽은 사람의 부활과 저승에서의 풍요를 기원하 는 의미였다.

## 낙랑군과 삼한의 장례문화

기원전 108년 고조선이 멸
망한 후 평양과 황해도 일대에는
중국 군현으로서 낙랑군이 설치
되었다. 낙랑군에서는 나무덧널
무덤[목곽분木槨墳]과 벽돌무덤[전
축분塼築墳]이 유행하였다. 나무덧
널무덤은 초기에는 한 사람을 매
장한 구조에서 이후 하나의 덧널
안에 2개의 널[관]을 안치한 부부

| 평양 석암리 9호분의 시신에 부장된 각종 옥제품
(국립중앙박물관)

합장묘로 조성되었다. 외형은 흙
을 쌓아 봉분을 만든 봉토분이다.
목관 안의 시신에는 옥벽玉璧·옥
돼지·옥매미 등 옥으로 만든 각
종 장례용품을 부장하였다. 옥벽
은 가운데가 뚫린 원판인데, 죽어
서 하늘로 무사히 가기를 염원하
면서 만든 것 같다. 고대로부터
동양에서 '하늘을 둥그렇고 땅은
네모지다'는 '천원지방天圓地方'
사상을 가진 데서 연유한 듯하다.
시신의 입에 물린 옥 매미는 부활

| 옥 매미

을 기원하는 의미이고, 손에 쥐어 준 옥 돼지는 저승에서의 식량 내지
풍요를 기원하는 의미였다.

벽돌무덤은 3세기 말~4세기 말까지 성행하였다. 널방은 사각형
의 형태로 지하에 만들어지지만 위로 올라오면서 좁아지는 궁륭형穹

| 평양 장진리 벽돌무덤

| 경주 사라리 130호분 출토 쇠도끼(국립경주박물관)

窿形 형태의 전형적인 중국식 무덤 양식이다. 평양과 황해도 일대에는 이와 같은 중국식 벽돌무덤이 많이 발견되었다. 낙랑군과 대방군이 비록 본국의 사정에 따라 군현지배의 정도가 시대에 따라 많이 이완되었을지라도, 400여 년 간 존속했던 결과물이 곧 중국식 벽돌무덤이다.

한반도 남부의 삼한지역에서는 나무널무덤[목관묘]에서 나무덧널무덤[목곽묘]으로 발전해 갔다. 대표적인 유적지로는 경주 조양동과 사라리 유적, 창원 다호리 유적 등이 있다. 덧널무덤은 널의 바깥쪽에 나무로 만든 또 하나의 공간[덧널]을 마련했는데, 더 많은 부장품을 매장하기 위한 것이었다. 여기에는 주로 철제 도끼 같은 철기류가 다량으로 부장되었다.

장례를 지낼 때 큰 새의 깃털을 사용했는데, 죽은 사람이 새처럼 날아다니라는 뜻에서였다. 새가 죽은 사람의 영혼을 저승으로 인도해 준다고 믿었기 때문이었다. 삼한 사람들은 금·은보다도 구슬류를 더 귀하게 여겨 옷에 장식하거나 목걸이로 착용하였다는 기록이 전한다. 그래서인지 지배층의 무덤 안에서 금·은제 장신구보다 옥과 유리제품의 장신구 출토 사례가 더 많다.

## 고구려의 장례문화

① 남녀가 혼인하면 곧 죽어서 입고 갈 수의壽衣를 미리 조금씩 만들어
   둔다. 장례를 성대하게 지내니, 금·은의 재물을 장례에 다 쓴다. 돌을
   쌓아서 봉분을 만들고 소나무와 잣나무를 그 주위에 벌려 심는다.
   　　　　　　　　　　　　　　　　－『삼국지』 위서 동이전 고구려

② 사람이 죽으면 집 안에 안치해 두었다가, 3년이 지난 뒤 길일吉日을
   가려 장사지낸다. 부모와 남편의 상喪에는 모두 3년복을 입고, 형제
   의 [상에는] 3개월간 입는다. 초상에는 눈물을 흘리며 곡哭하지만, 장
   사지낼 때에는 북치고 춤추며 풍악을 울리면서 장송葬送한다. 매장이
   끝나면 죽은 사람이 생존 시에 썼던 의복·노리개·수레·말 등을 가
   져다가 무덤 옆에 놓아두는데, 장례에 참석한 사람들이 다투어 [그것
   을] 가져간다.
   　　　　　　　　　　　　　　　　－『북사』 열전 고구려

　　고구려 사람들은 혼인을 하자마자 죽어서 입고 갈 수의를 미리
조금씩 만들어 두었다. 한 인간의 생애에서 가장 전성기라고 할 수 있
는 삶의 축제의식을 치룸과 동시에 죽음의 의식을 준비한 셈이다. 빈
번했던 전쟁과 그에 따라 삶과 죽음을 연속적으로 파악했던 영혼관의
산물로 생각된다. 장례는 부모와 남편상은 3년상[27개월]이고, 형제상
은 3개월상이었다.

　　무덤은 고구려 초기부터 돌을 쌓아서 봉분을 만든 돌무지무덤
[적석총積石塚]이었다. 이때 시신을 땅 위에 안치했는데, 같은 시기 중
국 및 부여의 움무덤과 구별되는 고구려만의 특징이었다. 고구려 돌
무지무덤도 시대에 따라 양식이 변하였다. 기원 전후에는 강변의 냇
돌을 기단 없이 쌓아 봉분을 만든 '무기단식 돌무지무덤'이었다. 2~3

| 환인 상고성자 고분군의 기단식 돌무지무덤(2014년)

| 장군총의 위용(2008년)

세기에 이르러서는 봉분이 무너져 내리는 것을 막기 위한 기단이 추가된 '기단식 돌무지무덤'이 조성되었다. 고구려의 첫 번째 수도인 요령성 환인현의 상고성자에는 이러한 양식의 돌무지무덤이 곳곳에 있다.

4~5세기에 이르러서는 '계단식 돌무지무덤'을 거쳐, 시신을 안

치했던 널방이 지상 상층부에 마련된 '계단식 돌방 돌무지무덤'으로 완성되었다. 고구려의 두 번째 수도였던 길림성 집안 국내성 일대의 태왕릉과 장수왕릉으로 추정되는 장군총이 대표적인 사례이다. 특히 장군총은 현재 남아 있는 계단식 돌방 돌무지무덤 가운데 가장 완벽한 원형을 보존하고 있어 '동방의 피라미드'로 칭송받는다.

한편 4세기에 이르러 굴식 돌방무덤[석실봉토분石室封土墳]이 출현하여 5~7세기에 전성기를 구가하였다. 처음에는 2~3개의 돌방을 가진 구조였다가 점차 1개의 돌방으로 단순화되는 특징을 가졌다. 굴식 돌방무덤의 출현으로 무덤 안에 벽화를 그릴 수 있게 되었다.

고구려 사람들은 장례의식 때 죽은 사람이 생전에 사용했던 물건들을 부장하기보다는 무덤 옆에 놓아두면 다른 사람이 가져갔다. 그에 따라 무덤 안에서 발견되는 부장품의 출토양이 백제나 신라에 비해서 적다. 사람이 죽으면 곡을 하며 슬퍼하면서도 장사를 지낼 때는 북치고 노래하였다. 이것 역시 삶과 죽음을 연속적으로 보는 계세繼世관념으로 인한 것인데, 무덤 방 안에 생전 삶의 모습을 고분벽화로 재현한 까닭도 여기에 있었다.

**무령왕릉 묘지석을 통해 본 백제의 장례문화**

백제 무령왕릉에서 지석 2개가 발견되었다. 하나는 왕의 묘지석이고, 다른 하나는 왕비의 묘지석이자 왕과 왕비의 묘역을 토지신에게 구입한 매지권買地券이다. 지석 내용을 새긴 순서는 왕의 묘지석 → 왕의 묘지석 뒷면(방위도) → 왕과 왕비의 매지권 → 왕비의 묘지석이다. 그 내용을 정리해 보면 다음과 같다.

| 면 수 | 전 체 내 용 | 비면의 성격 |
|---|---|---|
| 가 -1 | 영동대장군 백제 사마왕斯麻王이 나이 62세인 계묘년癸卯年[523년] 5월(초하루의 간지干支는 병술) 7일 임진일壬辰日에 돌아가셨다. 을사년乙巳年[525년] 8월(초하루의 간지는 계유) 12일 갑신일甲申日에 등관登冠의 대묘大墓에 안치하였다. 그 뜻을 왼쪽과 같이 기록한다. | 왕의 묘지석 (앞면) |
| 2 | 사각형의 네 변 중 세 변에 17개의 간지가 둘러져 있음[서쪽에 해당하는 간지 申·庚·酉·辛·戌은 생략]. | 왕의 묘지석 (뒷면):방위도 |
| 나-1 | 병오년[526년] 12월 백제국왕대비의 수명이 끝나 [왕궁의] 서쪽의 땅(酉地)에서 거상居喪하였다. 기유년[529년] 2월 12일(甲午)에 개장改葬하여 대묘로 돌아왔다. 그 뜻을 왼쪽과 같이 기록한다. | 왕비의 묘지석 (앞면) |
| 2 | 돈 1만 문. 오른쪽 [문서] 1건.<br>을사년[525년] 8월 12일에 영동대장군 백제 사마왕이 상기 돈으로 토왕土王·토백土伯·토부모土父母 상하土下[지하]의 2천 석 여러 관리에 의논하여 [왕궁의] 서남쪽(申地) 땅을 사서 무덤을 삼았다. 그러므로 문권文券을 만들어 명백히 한다. 율령을 따르지 않는다. | 왕의 매지권買地券 (뒷면) |

| 무령왕의 묘지석(국립공주박물관)

무령왕릉 출토 묘지석을 통해서 백제왕실의 장례 풍습을 엿볼 수 있다. 곧 지석에 따르면, 무령왕과 왕비가 죽은 후 약 27개월의 가매장 기간을 거쳤다. 27개월 내내 추모하면서 문상을 받은 '빈殯'을 한 것인지, 아니면 일정한 빈의 기간을 거쳐 가매장한 후 정식으로 무덤에 안치한 것인지는 분명하지 않다. 27개월 동안 가매장을 한 까닭은 주변 국가에 사절단을 보내 무령왕의 죽음을 알리고 문상을 받는다든가 무덤의 조성에 필요한 기간을 확보해야 했기 때

| 묘지석과 오수전, 진묘수(국립공주박물관)　| 진묘수 옆 모습

문일 것이다. 당시 양나라도 27개월의 3년상을 지냈다. 벽돌무덤이라는 축조방식, 묘지명과 무덤 입구를 지키는 진묘수는 모두 백제가 양나라의 장례의식을 받아들인 결과이다. 능역을 조성하기 위한 토지매매 대금을 치른 것도 마찬가지이다. 발굴단이 무령왕릉에 들어갈 당시 나란히 놓인 묘지석 위로 철로 만든 오수전五銖錢 98점이 놓여 있었다.

나-1면에서 왕비의 빈장을 치른 곳으로는 1996년에 발굴된 정지산 유적이 주목되었다. 공산성이 웅진백제의 왕성이라는 전제 하에, 정지산 유적이 공산성의 서쪽에 위치해 있기 때문이다. 정지산 유적의 건물지는 주춧돌이 없고, 주거에 불편하게 기둥구멍이 배치되어 있었다. 이는 관을 안치하는 데 적합한 공간배치였다. 다만 동아시아에서 빈전이 왕궁을 벗어난 산꼭대기에 마련된 사례가 없다는 약점도 있어 논란의 여지는 남아 있다.

나-2면에서 '왕궁의 서남쪽 땅을 사서 무덤을 조성했다'고 했으므로 이는 역으로 무령왕릉의 동북쪽에 웅진시대 왕성이 있음을 반증한다. 실제로 무령왕릉의 동북쪽에 공산성이 위치해 있다. 현재까지 공산성의 발굴 결과 왕궁으로 단정할 만한 대형 건물지가 나오지 않아 논란의 여지는 남아 있지만, 무령왕릉 묘지석으로 인해 공산성이 웅진시기 백제의 왕성으로 한층 유력해진 것만은 분명하다.

'중관이천석衆官二千石'은 한漢나라 대 지방관의 녹봉이 2천 석이었던 데서 비롯된 것으로, 지하세계의 여러 지방관을 가리킨다. '부종율령不從律令'은 '국왕이 세속의 율령을 초월한다는 의미'로 해석하거나, '따르지 않으면 율령에 의거하여 처분하라'는 뜻으로 파악한다[무령왕릉 묘지석의 종합적인 의미는 1부 '동아시아 교류사의 보물창고, 무령왕릉' 참조].

## 신라의 장례문화

신라의 전신인 삼한三韓의 진한辰韓시대에는 널무덤[목관묘]과 덧널무덤[목곽묘]을 사용하였다. 4세기 이후 수도 경주를 중심으로 돌무지덧널무덤[적석목곽분]이 조성되기 시작해 5세기에는 초대형의 적석목곽분으로 완성되었다. 대체로 김씨가 왕위를 세

| 경주 대릉원의 황남대총

습했던 '마립간기麻立干期'의 왕족 무덤으로 추정하며, 6세기 초반에 소멸되었다. 현재 경주 시내에 작은 언덕처럼 솟아있는 무덤이 이때 만든 것인데, 호우총·서봉총·봉황대·황남대총·금관총·천마총·금령총·식리총 등이 대표적이다.

돌무지덧널무덤은 시신을 매장한 후 완전히 밀폐되기 때문에 재출입이 불가능하다. 무덤 조성 후 오랜 기간이 지나면 지상에 세워서 만든 나무널이 썩어서 붕괴됨으로써 윗부분이 함몰된 동산의 모습을

띈다. 따라서 짧은 기간에 도굴이 원천적으로 불가능하다. 그러한 까닭에 무덤 안에서는 금관을 대표로 하는 신라의 황금 문화재가 다량으로 출토되었다. 또한 서아시아와 지중해 연안에서 제작한 유리그릇과 장식보검 등도 출토됨으로써 신라의 교역범위를 알려주었다. 무덤의 기원은 시베리아 알타이로부터의 '전파설'과 고구려의 영향을 받은 '자생설'로 나뉘어 팽팽히 맞서고 있다[적석목곽분 출토 유물은 3부 '신라의 적석목곽분과 출토 유물' 참조].

경주에 돌무지덧널무덤이 조성된 시기 지방에서는 구덩식 돌덧널무덤[수혈식 석곽묘竪穴式石槨墓]이 유행하였다. 구덩식 무덤은 땅을 파고 시신을 위에서 아래로 안치하는 특징이 있다. 구덩식 돌덧널무덤은 경주와 우호적인 상하관계를 맺은 지방 수장층의 무덤으로 추정된다. 경산시 임당동과 조영동 고분군이 대표적인 사례이다.

### 통일신라의 장례문화

통일신라시대에는 굴식 돌방무덤[횡혈식 석실묘橫穴式石室墓]과 앞트기식 돌방무덤[횡구식 석실묘橫口式石室墓]이 만들어졌다. 굴식과 앞트기식 모두 봉분의 앞에 출입문이 있어 추가 매장이 가능하다는 것이 특징이다. 때문에 부부묘로 많이 조성되었는데, 무덤의 구조상 후대에 도굴되는 경우가 많았다. 굴식은 출입문에서 무덤방을 연결해주는 연도가 마련되었고, 앞트기식은 문을 열면

| 경주 황성동고분 출토 여성상 토용
(국립경주박물관)

곧바로 무덤방인 구조이다. 곧 앞트기식 돌방무덤에 비해 굴식 돌방

| 화장용 뼈단지와 돌함(국립중앙박물관)

무덤을 조성하는 데 더 많은 노동력이 투입되어야 한다. 대체로 수도 경주에 굴식 돌방무덤이 많이 조성되었고, 경주 이외의 지역에서는 앞트기식이 더 많은 경향성을 띤다. 무덤의 위치도 기존의 것이 경주 분지 안에 한정되었다면, 6세기 법흥왕대(514~540) 불교의 공인 이후 무덤은 점차 산 중턱으로 올라가고, 규모도 작아졌다.

통일신라시기의 무덤 안에는 기존의 순장을 대체하는 성격의 흙으로 만든 인형[토용土俑]을 부장하는 경우가 많았다. 경주 황성동과 용강동 고분 등에서 출토된 토용이 그 대표적인 사례이다. 또한 불교 수용의 영향으로 화장火葬을 실시한 후 뼈만 추려서 그릇에 담아 매장하는 장례문화가 보편화 되었다. 그에 따라 부장품을 적게 두고 장례를 간소하게 치르는 박장薄葬화의 추세가 강화되었다. 뿐만 아니라 화장한 후 뼈를 바다 등에 뿌리는 산골散骨의 풍습도 유행하였다. 그 시초는 다름 아닌 문무왕(661~681)이었다.

가을 7월 1일에 왕이 죽었다. 시호를 문무文武라 하였다. 여러 신하들이 유언으로 동해 입구의 큰 바위 위에서 장례를 치렀다. 민간에서 전하기를, 왕이 변해 용이 되었다고 하므로, 그 바위를 가리켜서 대왕석大王石이라고 한다. 남긴 조서는 다음과 같다.

" … 헛되이 재물을 쓰는 것은 서책書冊에 꾸짖음만 남길 뿐이요, 헛되이 사람을 수고롭게 하는 것은 죽은 사람의 넋을 구원하는 것이 못된다. 가만히 생각하면 슬프고 애통함이 그치지 않을 것이지만, 이와 같은

| 감은사지 동탑과 서탑

| 문무왕 수중릉 추정 바위

일은 즐겁게 행할 바가 아니다. 죽은 뒤 10일 이 지나면 곧 고문庫門 바깥의 뜰에서 서국[西國, 인도]의 의식에 따라 화장火葬을 하라. 상복을 입는 등급은 정해진 규정이 있으니 장례를 치르는 제도는 검소하고 간략하게 하는데 힘쓰라. … 멀고 가까운 곳에 널리 알려 이 뜻을 알게 할 것이며 주관하는 자는 시행하도록 하라."

– 『삼국사기』 권7, 신라본기7, 문무왕 하 21년(681)

문무왕은 신라 왕실의 장례문화에서 화장을 모범적으로 선도하였다. 그는 조서를 남겨 자신의 장례를 지내는데 재물을 낭비하지 말고 불교식으로 화장하라고 명령하였다.『삼국유사』기이편의 문호왕 법민文虎王法敏과 만파식적萬波息笛조에 따르면, 문무왕은 죽은 뒤에 동해의 호국대룡護國大龍이 되어 왜병을 물리치고자 했다. 따라서 왕의 유조에 따라 동해 중의 큰 바위 위에 장사 지냈고, 아들인 신문왕(681~692)은 아버지를 위하여 감은사感恩寺를 지었다. 지금 경주시 감포 앞바다에 남아 있는 문무왕 수중릉이 그것인 듯하다.

### 발해의 장례문화

발해의 주민구성은 고구려 유민을 주축으로 한 지배층과 말갈계가 대부분을 차지하는 피지배층으로 나뉘어 있었다. 우선 말갈족들의 무덤은 대부분 움무덤[토광묘]이었다. 이와 달리 고구려의 전통을 계승했던 지배층의 무덤으로는 돌방무덤[석실봉토분]이 수적으로 가장 많았다. 3대 문왕(737~793)의 둘째 딸 정혜공주의 무덤이 대표적인 사례인데, 천장이 고구려 무덤의 특징인 모줄임방식이다.

| 정효공주 묘(복원, 국립민속박물관)

다만 고구려 지배층의 무덤이라고 하더라도, 발해가 당나라와 우호관계를 추구하면서 점차 당의 묘제를 받아들였다. 그것은 다름 아닌 벽돌무덤이었다. 문왕의 넷째 딸 정효공주의 무덤이 대표적이다. 무덤 위에는 벽돌로 만든 전탑을 만들고 그 아래 널방을 있는 구조이다. 발해가 8세기 말 이후 왕실 묘에서 무덤탑을 만들었다는 것은 불교를 신봉한 결과로 볼 수 있다. 같은 문왕의 딸인데 정혜공주의 무덤은 고구려 계통이고, 정효공주의 무덤은 당나라 방식이라는 점이 눈에 띈다. 이것은 발해 문화의 성격이 문왕대를 기점으로 기존의 고구려 중심에서 점차 당 문화화 되어 갔음을 시사한다.

# 3부

# 유물·유적으로
# 본
# 고대사

# 구석기시대, 인류의 탄생과 떠돌이생활

시대 개관

구석기시대는 인류가 도구를 처음 사용한 250만 년 전부터 마지막 간빙기가 시작되는 1만 년 전까지의 기간을 말한다. 일반적으로 석기를 다듬는 수법에 따라 전기(250만 년~20만 년 전), 중기(20만년~4만 년 전), 후기(4만 년~1만 년 전)로 나눈다. 세계사적인 인류의 변화를 기준으로 살펴보면 다음과 같다.

**인류의 변화**
오스트랄로피테쿠스(Australopithecus) : 400만 년 전~ / '남방의 원숭이'
호모 하빌리스(Homo Habilis) : 200~150만 년 전 / '손을 쓰는 사람'
호모 에렉투스(Homo erectus) : 180~30만 년 전 / '직립인'(자바인, 북경원인), 불의 발견
호모 사피엔스(Homo sapiens) : 40만 년 전~10만 년 전, / '지혜가 있는 사람' 현생 인류
(네안데르탈인)
호모 사피엔스 사피엔스(Homo sapiens sapiens) : 5만 년 전~ / '매우 지혜가 있는 사람'
(크로마뇽인, 흥수아이, 만달인 등)

지금의 한반도 지형은 구석기시대가 끝날 무렵 빙하가 녹아 해수면이 높아짐에 따라 그 윤곽이 갖추어졌다. 약 1만 년 전후로 추정되는데, 이때 제주가 섬이 되었다. 구석기시대 유적으로 북한에서는 1962년 함경남도 웅기군 굴포리에서 후기 구석기 유적이 처음 발견되었다. 남한에서는 1964년 충남 공주시 석장리 금강변 단애에서 중

기 구석기 유적이 발견되었다. 이어 1978년 경기도 연천군 전곡리에서 전기 구석기 유적이, 1980년 충주댐 수몰지구에서 중기~후기 구석기시대의 수양개 유적이 발견되었다. 지금까지 한반도에서 발견된 구석기시대의 유적만 해도 1천 곳이 넘는다.

대표적인 전기 구석기 유적으로는 연천 전곡리, 단양 금굴, 평안남도 상원군 검은모루 동굴 유적이 있다. 중기 구석기 유적으로는 평안남도 덕천 승리산동굴, 단양 수양개, 청원 두루봉동굴, 공주 석장리 유적 등이 알려져 있다. 후기 구석기 유적으로는 함경북도 웅기군 굴포리, 단양 수양개, 단양 구낭굴, 청원 두루봉동굴 유적[홍수아이] 등이 대표적이다. 구석기시대 사람들은 식량 채집과 사냥을 위해 지속적으로 이동생활을 하였다. 따라서 동굴이나 경사진 바위 그늘이 주요 생활무대였다. 다만 단양 수양개와 연천 전곡리 유적의 사례에서 알 수 있듯이 강변에서 거주하는 경우도 있었다.

### 구석기시대 석기의 종류

구석기시대 사람들이 사용했던 석기石器의 종류를 구별해 보면 다음과 같다.

- 찍개 : 둥근 자갈돌의 한쪽 면을 떼 내어 날을 형성하였다.
- 주먹도끼 : 둥근 자갈돌의 양쪽을 떼 내어 뾰족하게 만들었다.
- 주먹자르개[가로날도끼] : 자갈돌에서 떼어낸 격지에 2차로 손질을 하였다. 대형 석기를 만드는 과정에서 떼어진 작은 돌을 격지라고 한다. 한쪽 끝 부분에 생긴 날을 그대로 이용하거나 약간의 손질을 하였다.
- 주먹찌르개[뾰족끝찍개] : 길쭉한 자갈돌의 한 끝을 뾰족하게 만든 석기이다.
- 슴베찌르개 : 꼭지 모양의 슴베 부분을 가진 석기로 화살촉이나 자

루에 꽂아서 쓸 수 있도록 뾰족하게 가공하였다. 이로써 원거리 사
냥이 가능해졌다.

• 여러면석기 : 둥근 자갈의 여러 면을 떼어내어 공처럼 만든 석기이
다. 돌팔매질을 하기에 용이하다.

　그밖에 긁개, 밀개, 뚜르개, 새기개 등이 있다.

| 찍개(국립중앙박물관)

| 주먹도끼(국립중앙박물관)

| 주먹자르개(국립중앙박물관)

| 주먹찌르개(국립중앙박물관)

| 슴베찌르개
(국립중앙박물관)

| 여러면석기(국립중앙박물관)

## 연천 전곡리 유적, 처음 발견된 아슐리안형 주먹도끼

1977년 4월 고고학을 전공했던 미군 병사 그레그 보웬이 한탄강변을 산책하다가 주먹도끼를 발견하였다. 보웬은 1978년 당시 서울대학교 박물관장이었던 김원룡 교수에게 주먹도끼를 보냈다. 김원룡 교수는 이것이 곧 '아슐리안형 주먹도끼'임을 알아챘다. 김원룡 교수는 곧바로 현장을 답사한 후 국립문화재연구소와 국립중앙박물관 등 6개 기관 합동으로 발굴조사를 실시하였다. 이로써 24만 평에 달하는 광범위한 유적의 면모가 드러나게 되었다. 1979~2010년까지 18차례 발굴조사가 실시되어 8천 여 점에 달하는 각종 석기 유물이 출토되었다.

| 전곡리 유적 발굴모습(문화재청 국가문화유산포털)

'아슐리안형 주먹도끼'는 전기 구석기시대의 대표적인 유물로 150만 년 전~10만 년 전에 사용한 것으로 추정된다. 프랑스 생따슐(St Acheul) 유적에서 처음 발견되어 붙여진 명칭이다. 돌의 한쪽 면만을 다듬은 '찍개'와 달리 양쪽 면을 다듬은 것이 특징이다.

| 아슐리안형 주먹도끼(국립중앙박물관)

전곡리 유적의 발견 이전까지만 해도 아슐리안형 주먹도끼는 유럽과 아프리카에만 있다는 것이 정설이었다. 그러나 전곡리 유적에서 아슐리안형 주먹도끼가 발견됨으로써 기존설이 무너지게 되었다.

전곡리 유적의 연대에 대해서는 애초에 20~30만 년 전이라는 주장과 4~5만 년 전이라는 주장으로 엇갈렸다. 전자는 전기 구석기시대에, 후자는 후기 구석기시대에 해당해 차이가 난다. 그러다가 1982년 미국 버클리대학의 세계적인 구석기 학자인 존 데스먼드 클라크(J. D. Clark) 교수를 초빙해 전곡리 구석기 유물이 약 27만~26만 년 전일 가능성이 크다는 의견을 들었다. 2001년 화산재 분석과 현무암에 대한 연대측정 결과 가장 오래된 석기면의 연대는 30만 년 전으로 추정되었다.

이 시기 인류는 호모 에렉투스에서 호모 사피엔스로 진화하려는 과도기에 해당한다. 그렇게 보면 연천 전곡리에 살았던 구석기인은 현재 한국인의 직계 조상으로 보기는 어려울 듯하다. 1만 년 전까지 한반도 서해가 육지였고, 그에 따라 중국과 한반도 일본이 연결되어 있었다고 한다. 그렇다면 오늘날의 지형을 가지고 구석기시대의 유적을 특정 국가에 한정시켜 의미 부여를 하는 것이 얼마나 부질없는 것인가. 2000년 11월 일본 마이니치 신문의 보도로 미야기현 가미타카모리 유적 발굴현장에서 후지무라 신이치가 가짜 석기를 파묻는 장면을 몰래 찍은 영상이 공개되었다. 유명한 '구석기시대 유적 조작사건'이다. 이 사건 이후 일본의 구석기시대 연대는 기존 70만년에서 7만년으로 하향 조정되었다. 아마도 후지무라 신이치는 일본 구석기시대의 연대를 올림으로써 일본 역사의 유구성을 강조하고 싶었던 듯하다. 이 사건은 현대의 잘못된 애국·민족의식이 초래한 촌극으로 두고두고 회자될 것이다.

연천 전곡리뿐만 아니라 임진강·한탄강 유역은 구석기시대 유

적이 곳곳에 많다. 이 지역이 50만 년 전 강원도 평강군 오리산에서
분출한 현무암이 흘러내려 평평한 대지를 이루고 있고, 강이 흐르면
서 낮은 산지가 넓게 형성되어 있어 인류가 생활하기 좋기 때문이다.
전곡선사박물관(홈페이지 주소 http://jgpm.ggcf.kr/)에는 전곡리 유적에
서 출토된 유물을 중심으로 선사시대를 종합적으로 이해할 수 있는
유물이 다양하게 전시되어 있다. 이곳을 중심으로 연천 전곡리에서는
매년 5월 첫째 주중에 '구석기축제'를 개최하고 있으니 꼭 한번 들러
보기를 권한다.

### 제천 점말동굴 유적, 동물뼈의 보물창고

점말동굴 유적은 충북 제천시 송학면 포전리에 있다. 점말의 용
두산 산허리에 작은 골짜기를 낀 바위 벼랑에 뚫려 있는 석회암 동굴
로 일명 '용굴'로 불린다. 동굴은 해발 430m 지점에 위치해 있다. 동
굴의 길이는 12~13m, 너비는 2~3m, 높이는 최대 7m이다. 동굴 안
에 4~5m 두께의 구석기 중·후기의 퇴적물이 쌓여 있다. 연세대학
교 손보기 교수 등이 단양지역을 조사하던 중 한약재 시장에서 오래
된 짐승 뼈들이 팔리고 있다는 소문을 듣고 수소문해서 발견하였다.
1974~1980년까지 7차에 걸쳐 발굴하였다.

동굴을 조사한 결과 각종 짐승 뼈, 다양한 쓰임새의 뼈 연모, 땔
감으로 쓰인 숯조각, 불 땐 자리 등이 발견되었다. 특징적인 것은 석
기가 거의 발견되지 않은 점이다. 점말동굴 유적에서 출토된 모든 동
물을 구석기시대 사람들의 사냥활동과 연결 짓는 것은 신중해야 할
듯하다. 왜냐하면 일부 사슴뼈에는 육식 동물의 이빨 자국이 남아 있
었기 때문이다. 곧 점말동굴은 항상 구석기인들의 살림터였다기보다
는 동물들의 보금자리였을 가능성도 있다.

점말동굴 동물화석 가운데 가장 많이 출토된 것은 사슴 종류이

| 제천 점말동굴 유적(문화재청 국가문화유산포털)

다. 출토된 수량만 해도 8천 여 점에 달한다. 그 중 확실하게 드러난 뼈만도 4600여 점인데, 이는 사슴 175마리에 해당하는 것으로 추정된다. 이것은 구석기시대 사람들에게 사슴이 가장 중요한 사냥 짐승이었음을 시사한다. 사슴은 고기와 내장 같은 먹을거리뿐만 아니라 뿔과 뼈 등 각종 생활용품 제작에 활용 폭이 컸다. 또한 사냥하기도 다른 맹수 동물들에 비하여 상대적으로 수월했을 것이다.

# 신석기시대, 인간의 정착과 농경생활

신석기시대는 기원전 1만년~1천년까지의 기간을 말한다. 일반적으로 초기(기원전 1만년~5000년), 전기(기원전 5000~3500년), 중기(기원전 3500~2000년), 후기(기원전 2000~1000년)로 구분한다.

신석기시대 사람들은 '신석기혁명'으로 불리는 농경을 위해 정착생활을 시작하였다. 주로 바닷가와 강가에서 거주하며 고기잡이와 사냥·채집활동을 농경과 함께 하였다. 농사를 짓고 난 부산물로 움집의 지붕을 엮는다거나, 옷을 제작해 입었다. 이 시대에 흔히 출토되는 가락바퀴는 실을 뽑을 때 꼬챙이를 가락바퀴에 끼어 회전력을 높이는 둥근 판이다. 뼈바늘과 바늘통이 같이 출토되는 것을 보면 뽑아낸 실을 이용해 초보적인 형태의 의복을 만들어 입었음을 알 수 있다.

재배한 곡식은 사냥감처럼 불에 구워먹을 수 없었다. 물에 끓여서 먹어야만 했다. '필요는 발명의 어머니'라고 하지 않았던가. 신석기시대에 토기가 출현한 까닭이 여기에 있었다. 조리용 토기뿐만 아니라 먹고 남은 농산물을 저장하는 저장용 토기도 만들어졌다. 이 시기의 토기는 600~700℃의 저온으로 야외의 노천에서 구워 만들었다. 신석기시대 초기에는 토기 표면에 진흙 띠를 붙여 만든 덧무늬[융기문隆起文]토기가 유행하였다. 한반도 동남해안과 중남부 이남 내륙의 강 유역에서 주로 출토되고 있다. 신석기 중~후기에 이르러서는 이 시대를 대표할 만한 빗살무늬토기가 다량으로 제작되었다. 토기의 몸통에 빗금을 가로 세로로 장식한 것이 특징인데, 한반도 전역에서 출토되고 있다.

| 갈판·갈돌과 불에 탄 도토리(국립중앙박물관)

석기는 신석기 초기에는 구석기시대의 뗀석기[타제打製] 전통이 남아 있었지만, 중기 이후 간석기[마제磨製]가 보급되면서 점차 보편화되었다. 사냥도구로서 화살촉과 창촉, 고기잡이에 썼던 작살과 그물추가 출토되었다. 농공구로서는 돌도끼·반달칼·갈판·갈돌이 있었다. 반달칼로는 곡식의 이삭을 베어서 추수했고, 생산된 곡물을 갈판과 갈돌을 이용해 갈아서 섭취하였다. 사슴 뼈와 물고기 뼈 등을 이용한 바늘과 낚시바늘·송곳 등의 골각기도 있었다.

### 제주 고산리 유적, 한국 유일의 초기 신석기문화

1987년 5월, 제주시 한경면 고산리에서 밭을 갈던 마을주민 좌정인 씨는 고구마처럼 생긴 돌 두 점을 주웠다. 그는 이것을 당시 제주대학교 사학과에 다니던 윤덕중 학생에게 보여주었다[이것은 나중에 길이 8.5cm의 창끝과 4.3cm의 긁개로 밝혀졌다.]. 윤덕중은 사학과 이청규 교수[현 영남대 교수]에게 이 돌을 보여주었고, 이에 이 교수는 지표조사를 실시하였다. 이때 마제 돌도끼 1점과 각편석기 1점을 수습하였다.

1988년 1월 강창화[현 제주고고학연구소장]가 덧띠새김무늬[융기문隆起文] 토기를 수습하였다. 좌정인이 수습한 돌창과 긁개는 후기 구석기시대 말에서 신석기시대로 이행하는 단계의 유물이고, 융기문 토기는 신석기시대 초기의 유물이었다. 이로부터 본격적인 발굴이 시

| 고산리 유적 전경(문화재청 국가문화유산포털)

작되었다. 유적의 범위 10만평에 달하는 대규모 발굴이었다.

　고산리 유적은 제주대학교 박물관의 주도하에 1991~1992년 시굴조사를 거쳐, 1994~1998년 3차례 발굴조사를 실시하였다. 그 결과 10만 여 점이 넘는 유물이 출토되었다. 후기 구석기시대의 끝 시기에 사용한 세형 돌날, 돌화살촉, 창끝[첨두기尖頭器], 세형 몸돌이 출토되었다. 동시에 신석기시대의 시작을 알리는 무늬 없는 원시 고토기 조각 2500여 점이 출토되었다. 고토기는 섭씨 450~600도의 낮은 온도에서 구운 저화도 토기로서, 구울 때 성형을 위한 보강재로 연한 억새풀 같은 식물성 섬유질을 섞어 넣었다. 소성 후 유기물이 타 없어지고 흔적만이 토기 안과 바깥 면에 남는 특징이 있다. 같은 시기 한반도에서는 보이지 않으므로 '고산리식 토기'로 이름 붙였다.

　이러한 고토기의 모양은 러시아 아무르강[흑룡강黑龍江] 하류 유역의 오시포프카(Osipovka) 문화와 흡사한 것으로 평가된다. 강창화 소장의 견해에 따르면, 기원전 9천 년 전 당시에는 서해가 표고 20~30m 정도의 완만한 평지였으며, 요동반도에서 흘러들어오는 강줄기가 산재해 있었던 상황이라고 한다. 따라서 아무르강 유역의 사람들이 서해의 평원과 강줄기를 따라 남으로 향해 제주에까지 정착했을 가능성이 크다고 보고 있다.

| 고산리식 원시 고토기(국립제주박물관)

고산리 유적에서 출토된 돌화살촉의 길이는 3cm 내외이다. 화살촉은 슴베가 달린 유경식과 무경식이 있는데, 고산리의 것은 유경식이 더 많다. 반면에 한반도에서는 유경식이 거의 없다. 이는 고산리 사람들이 발달된 수렵 중심의 생업체제를 유지한 집단이었음을 시사한다. 창끝의 길이는 5cm 이내이다. 역시 슴베가 달린 것이 출토되었는데, 한반도에서 출토 사례가 없는 것이다. 오히려

| 고산리 유적 출토 화살촉(국립제주박물관)

이러한 유물은 일본의 죠몽시대(繩文時代)의 것과 유사하다. 그렇다면 제주의 신석기문화는 한반도와 관련짓기보다는 발해연안 및 동아시

| 고산리 유적 출토 융기문토기(국립제주박물관)

아 문화권과 관련해서 해석해야 할 것이다.

고산리 유적의 연대는 기원전 9천 년 전의 신석기 초기까지 올라간다. '고산리식 토기'는 기원전 7500년 경에 만들어진 것으로 추정한다. 그런데 제주도에서는 기원전 6300년 전부터 융기문 토기문화가 성행하였다. 고산리뿐만 아니라 애월읍 고성리, 제주시 아라동, 구좌읍 대천리 등 해발 200~450m 한라산 중산간 지역에서 종종 확인되었다. 또한 지그재그의 사선으로 짧고 깊은 문양을 가진 之자문 빗살무늬토기가 고산리 동굴 유적과 온평리 유적에서 발견되었다. 기왕에 융기문토기와 之자문 토기를 포함한 빗살무늬토기는 발해연안문명과 관련된 것으로 주목되었다.

결국 기원전 1만 년 전후 '고산리식 토기'를 사용하면서 고산리 문화를 창조한 사람들과, 7~6천 년 전후 융기문과 之자문 토기문화를 향유했던 세력 간에는 일정기간 동안 단절이 있었음을 알 수 있다. 아마도 1만 년 전후 지구 온난화가 시작하면서 해수면이 상승함에 따라 제주가 섬으로 고립된 결과인 듯하다.

### 서울 암사동 유적, 빗살무늬토기를 사용한 사람들

1925년 우리나라에는 기록에 남을 만한 물난리가 발생하였다. 이 해가 을축년乙丑年인 관계로 '을축년 대홍수'로 불리는데, 강동구 암사동 선사유적이 이때 발견되었다. 현장을 답사한 경성제국대 교수 요코야마가 남긴 보고서에 따르면, 강가에 널려 있는 토기 조각이 차

| 암사동 유적의 집터(문화재청 국가문화유산포털)

로 몇 번을 실어 날라도 남을 정도로 많았다고 한다. 이때 신석기시대 대표 유물인 빗살무늬토기가 다량으로 수습되었다. 다만 청동기시대를 대표하는 민무늬토기도 발견됨으로써 암사동 유적이 여러 시대에 걸친 복합유적이라는 사실이 밝혀졌다.

암사동 유적은 1971~1975년까지 4차례에 걸쳐 발굴 조사하였다. 발굴 결과 맨 위의 백제시대 문화층과 그 아래 청동기시대 문화층, 가장 아래에 신석기시대 집터와 유물들이 나오는 빗살무늬토기 문화층이 확인되었다. 발굴된 신석기시대 집터는 지름 3~6m, 깊이 50·60cm~1m 안팎인데, 원형이나 모서리가 둥근 네모꼴이 많았다. 집터 바닥 가운데 냇돌을 꽂아 만든 원형이나 네모꼴의 화덕이 설치되어 있었다. 집터 옆에 불탄 흔적이 있는 돌이 구덩이로 쌓여 있었는데, 야외 화덕으로 추정된다. 그렇다면 움집 안에 마련된 화덕은 전문적인 취사용이라기보다는 난방용이었을 가능성이 더 클 것 같다.

집자리에서 채취한 목탄의 탄소연대 측정 결과는 기원전 4500~2000년에 걸쳐 분포한다. 특히 기원전 4500~3500년의 흔적이 집중적이어서 유적의 중심 연대를 추정케 한다.

유적 안에서는 바닥이 뾰족한 빗살무늬토기가 출토되었다. 신석기시대 토기는 강원도 양양 오산리 유적을 경계로 그 아래 지역에서는 바닥이 둥글거나 뾰족한 토기가, 그 위 지역에서는 바닥이 납작한 토기가 분포하는 경향성을 보인다. 빗살무늬토기의 기원에 대해서는 크게 두 가지 견해가 있다. 먼저 그릇 모양과 무늬 모양으로 보아 시베리아 문화권의 영향으로 보는 것이 일반적이다. 이 경우 한반도 북동쪽 바닷가 쪽으로 들어온 빗살무늬토기는 동해안과 남해안을 거쳐 서해안으로 퍼져나갔을 것으로 추정한다. 이와 달리 한반도의 빗살무늬토기 제작방법과 무늬가 독특하며, 방사성탄소연대 측정 결과 연해주의 것보다 더 오래되었다는 점을 들어 한반도 자생설을 주장하는 견해도 있다.

빗살무늬토기도 시기에 따라 빗살무늬가 새겨진 양상이 차이가 난다. 신석기 전기에는 토기 입구와 몸뚱이, 바닥의 무늬가 서로 다르게 새겨

┃ 암사동 유적 출토 빗살무늬토기(국립중앙박물관)

져 있다. 이른바 '3부위식토기'라고 부르는데, 강동구 암사동과 하남시 미사동 유적이 대표적이다. 신석기 중기에는 토기 입구와 몸뚱이의 무늬는 있고, 바닥 부분의 무늬가 없어진다. 암사동과 미사동, 군산 가도 유적이 대표적이다. 신석기 후기에는 토기 입구에만 무늬가 있는 것이 특징이다. 연평도, 경기도 시흥, 평양 금탄리 유적이 대표적이다. 곧 신석기시대 전기 토기 전면에 빗살무늬가 새겨지다가 후기로 갈수록 위로 올라가면서 무늬가 사라져 결국 청동기시대에 이르러 무늬 없는 토기가 탄생하게 되었다.

암사동 유적에서는 신석기시대임에도 불구하고 구석기시대에 사용했던 뗀석기[돌도끼·긁개·찍개]가 출토되었다. 그리고 납작한 자갈돌의 양끝을 떼어 만든 그물추도 출토되었다. 물론 무기용 창끝과 화살촉, 농사도구인 반달돌칼·보습·돌낫, 갈돌과 갈판 등 간석기도 출토되었다. 이를 통해 암사동 사람들이 농경을 기본으로 하여 채집과 고기잡이를 병행했음을 알 수 있다.

### 부산 동삼동 유적, 조개무지에 남겨진 신석기인의 생활

부산 동삼동 유적은 1930년과 1932년 일본인의 시굴조사로 존재를 처음 드러냈다. 1962년 미국인 부부 모아와 샘플이 구덩이 두 개를 발굴하였다. 1966년 일본의 『조선학보朝鮮學報』에 발표한 중간보고에 따르면, 탄소연대 측정 결과 기원전 3000년으로 유적의 연대를 추정하였다. 1969~1971년 국립중앙박물관과 서울대학교가 3차례 공동 발굴함으로써 유적의 연대는 기원전 6000년~2000년까지로 규명되었다. 1999년 국립중앙박물관과 부산시립박물관의 공동 발굴 결과 기원전 7500년까지 유적의 연대가 소급되었다.

동삼동 유적은 조개무지[패총貝塚] 유적이다. 석회질로 된 조개껍데기가 토양을 알칼리성으로 바꾸기 때문에 패총 내 유구와 유물은

썩지 않은 채 보존되는 특
징이 있다. 동삼동 앞바다는
물살이 빠르고 바위가 많아
서 특히 조개류가 많았다.
다른 패총 유적은 굴의 출
토가 가장 많은 데 비해 동
삼동에서는 홍합이 가장 많
고, 전복·소라·고둥·가리
비 등이 다양하게 출토되었
다. 특히 전복과 소라는 수
심 10m 정도까지 잠수해야

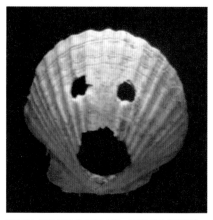

| 동삼동 유적 출토 가리비로 만든 가면(국립중앙박물관)

채취가 가능함을 감안할 때, 이곳에도 제주처럼 해녀가 있었을 가능
성이 크다.

동삼동 유적에서 발굴된 유물 중 대표적인 몇 가지를 소개하기
로 한다. 동삼동 유적의 가장 아래층에서 덧띠무늬[융기문]토기가 출
토되었는데, 기원전 6000년 경의 신석기 초기 유물로 추정된다. 러시
아 연해주와 중국 만주지역에서 융기문 토기가 유행한 점을 감안할
때, 이곳 북방에서 남방으로 전래되었을 가능성이 크다. 가리비 조개
로 만든 가면은 동삼동 유적을 대표하는 유물이다. 크기가 11cm로 작
아 성인 얼굴에 착용하기는 불가능하고 유아용이었을 가능성이 있다.
입에 해당하는 구멍에 끈을 묶었던 흔적이 있다. 연해주의 신석기 유
적에도 이와 비슷한 것이 많다. 다만 연해주의 것은 눈은 없고 입에
해당하는 구멍 한 개만 있는 점이 동삼동의 것과 다르다.

동삼동 유적에서는 투박조개로 만든 조개 팔찌 1500여 점이 출
토되었다. 완제품과 파손품, 미 제작품 등 다양하다. 투박조개는 매우
단단하여 가공이 쉽지 않다. 이는 투박조개로 팔찌를 만들었던 전문

적인 장인이 존재했음을 시사한다. 팔찌 구멍의 크기가 작아 남성보다는 여성이 착용했을 가능성이 더 크다. 일본의 쓰시마와 사가현에서도 이와 같은 투박조개 팔찌가 다량으로 출토되었다. 이를 통해 동삼동 사람들의 교류범위를 알 수 있다. 동삼동에서도 일본의 신석기시대인 죠몬시대의 토기와 일본제 흑요석이 수입되어 작살과 같은 어로도구를 만드는 데 사용되었다. 흑요석은 부산시 범방 패총이나 통영시 욕지도·연대도 패총에서도 출토되었다.

동삼동 유적에서는 어로도구라든지 그와 관련한 유물이 집중적으로 출토되어 눈에 띈다. 토기에 새겨진 그물무늬를 통해서 이미 그물로 고기를 잡았음을 알 수 있고, 짐승의 뼈와 돌을 결합식으로 만든 낚시 바늘은 매우 정교하다. 뼈는 사슴 다리뼈나 멧돼지 어금니로 낚시 바늘을 만들고, 돌은 점판암 계통으로 축을 만들어 낚시바늘과 연결하였다. 작살도 나무와 흑요석을 결합해 만들었는데, 이와 같은 작살로 고래까지 잡은 것으로 추정된다. 실제로 동삼동 패총에서는 지름 38cm의 고래 척추뼈를 비롯해 전 문화층에서 고래 뼈가 다량으로 출토되었다. 이밖에 곰 모양 토우와 사슴 그림이 새겨진 토기 조각도 발굴되었다. 개머리 뼈가 출토됨으로써 가축으로서 개를 길렀음이 증명되었다.

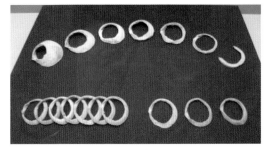

| 투박조개로 만든 팔찌(국립중앙박물관)    | 결합식 낚시바늘(국립제주박물관)

한편 신석기 후기(기원전 3천 년~1천 년)에 해당하는 제주 북촌리식 토기가 출토되기도 했다. 토기의 입구 부분이 이중으로 되어 있는 '이중구연토기'와 원형·삼각형의 점줄무늬가 새겨진 토기이다. 이로써 동삼동 사람들이 제주도와도 교류했음을 살필 수 있다. 1999년 주거지 유적에서는 기원전 7천 년 경으로 추정되는 독무덤[옹관묘甕棺墓]이 출토되었다. 현재까지 출토된 옹관묘로는 국내에서 가장 오래된 것이다. 옹관의 크기로 볼 때 유아용일 것으로 판단한다.

유적의 연대와 유물의 출토양상으로 볼 때 동삼동 사람들이 적어도 4천 년 동안 남해안 일대 해상무역의 주도권을 장악했다고 해도 과언이 아닐 듯하다. 그들 해상교역은 발해 연안과 서해-제주-일본을 잇는 광범위한 범위였음이 분명하다.

### 창녕 비봉리 유적, 8천 년 전의 배가 출토되다

경남 창녕 비봉리 유적은 2003년 9월에 발생한 태풍 '매미' 때문에 우연히 발견되었다. 곧 태풍으로 침수된 양수장을 2004년 봄에 새롭게 짓는 과정에서 다량의 조개껍데기[패총]와 신석기·청동기시대의 토기 조각을 발견한 것이다. 국립김해박물관이 같은 해 6월부터 발굴을 시작하였다.

비봉리 유적은 우리나라에서 처음으로 발굴된 신석기시대의 습지 유적이다. 습지 유적은 진흙에 덮여 있거나 물속에 잠겨 있기 때문에 산소가 통하지 않아 썩지 않고 원형을 보존하는 경우가 많다. 덕분에 생각하지 못한 유물이 출토되는 경우가 종종 있다. 유적지가 있는 창녕군 부곡면 비봉리는 현재 내륙임에도 불구하고 발굴 현장에서 바다에 서식하는 굴·상어·가오리·복어·숭어뼈와 습지의 흙 안에서 식물성 플랑크톤의 일종인 바다 규조가 발견되었다. 곧 신석기시대에는 낙동강 중·하류인 이 일대까지 바닷물이 들어왔음을 알 수 있다.

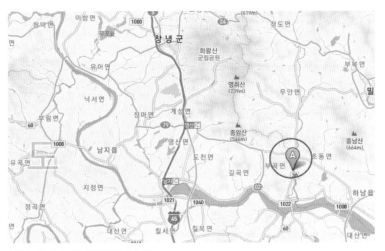

| 창녕 비봉리 유적의 위치(다음지도 활용)

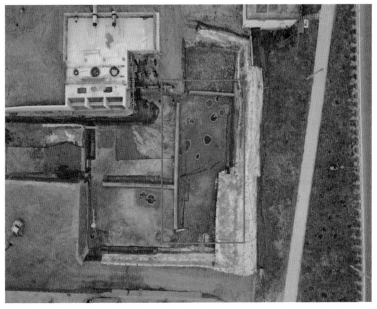

| 비봉리 유적 전경과 도토리 저장구덩이(문화재청 국가문화유산포털)

비봉리 유적에서 우선 주목할 만한 발굴 성과는 18기의 도토리 저장 구덩이가 발견된 것이다. 출토 상태를 살펴보면 구덩이 안에 열을 지어 도토리를 보관한 후 나무로 뚜껑을 덮었다. 구덩이가 밀물과 썰물의 경계에 있어 자연스럽게 도토리의 떫은 맛을 내는 탄닌 성분을 제거한 듯하다. 갈판과 갈돌이 출토된 저장공도 1기가 있어 저장공이 단순한 저장뿐만 아니라 도토리의 가공까지 한 복합공간이었을 것으로 추정한다. 구덩이 안에서는 다량의 도토리와 가래·솔방울이 출토되어 당시 사람들의 식생활을 유추할 수 있다.

| 비봉리 유적 출토 멧돼지가 그려진 토기(국립중앙박물관)

비봉리 유적에서는 도토리나 씨앗을 담는 풀로 만든 망태기도 출토되었다. 그리고 멧돼지가 그려진 토기 조각도

| 비봉리 유적에서 출토된 배의 발굴당시 모습
(문화재청 국가문화유산포털)

출토되어 신석기 사람들의 수렵생활과 풍요를 기원하는 의식을 엿볼 수 있다. 동삼동 유적과 같이 가축으로서의 개뼈도 발굴되었다. 특히 발굴사상 처음 발견된 3.8cm 크기의 똥 화석은 차후 분석에 따라 신

| 창녕 비봉리 유적 출토 복원 배(국립중앙박물관)

석기인의 식생활과 기생충 등 질병까지도 유추가 가능하다.

비봉리 유적에서 발굴된 성과 중 가장 주목할 만한 것은 유적의 가장 아래층에서 신석기시대 초기의 통나무배가 발굴된 것이다. 지금으로부터 8천 년 전의 배로 밝혀짐으로써 동아시아에서 가장 오래된 배로서 자리매김하였다. 길이는 310cm, 최대 폭 두께 2~5cm이다. 약 200년 된 소나무를 파내 만들었다. 배를 만들 때 군데군데 불에 그슬려서 배가 완성된 후 병충해를 방지하는 효과를 얻었다. 이 배는 '비봉1호'로 이름 붙였다.

이와 별도로 잔존 길이 64cm, 너비 22cm, 두께 1.2~1.7cm의 '비봉 2호'도 발굴되었다. 비봉리 사람들이 이 배를 타고 낙동강과 남해 연안항해를 왕래하며 어로활동을 했음을 보여주는 실물자료이다.

# 청동기~철기시대, 마을과 국가의 탄생

## 시대 개관

청동기시대의 시작은 무늬 없는[무문無紋]토기를 기준으로 기원전 15~13세기로 비정할 수 있고, 기원전 300~100년 전후에 끝난 것으로 파악함이 일반적이다. 석기를 사용하던 인류가 구리(Cu)와 주석(Sn)을 합금하여 만든 청동기를 사용함으로써 기술적인 면에서 비약적으로 발전한 시기이다.

청동기시대에는 농경과 목축이 본격화되어 신석기시대보다 더 생산력이 증가하고 교역량이 증가하였다. 그 결과 잉여생산물이 생겼고, 그것의 축적과 분배에 따라 계층이 분화하고 신분이 발생하였다. 마을[촌락]이 형성되었으며, 마을 바깥 둘레에 방어용 도랑[환호環濠]과 물길[해자垓字]이 만들어져 마을 간에 구별이 생겨났다. 마을 상호 간에 약탈과 통합 전쟁이 벌어진 결과 초기 국가가 탄생하였다.

청동기시대 사람들은 강변에서 다소 떨어진 구릉성 산지에 움집을 마련해 살았다. 움집 수혈의 깊이가 신석기시대보다는 낮아져 지상가옥으로 가는 과도기에 있었다. 움집은 주로 한 변 4~5m 내지 4~7m의 장방형 네모꼴이 많았다. 다만 부여 송국리, 진주 대평리, 제주 삼양동 등 중부 이남 지역에서는 신석기시대와 같은 원형 움집도 있었다. 마을은 10~100가구까지 규모가 다양하다.

청동기시대의 토기는 무늬가 없으며 황갈색 또는 적갈색을 띠는 민무늬토기가 만들어졌다. 바닥은 납작하며, 지역적으로 모양이 다르다. 이것을 분류해 보면 다음과 같다.

- 미송리형 토기 : 표주박의 윗부분을 잘라낸 모양에 옆구리 양쪽에 손잡이가 있다. 평안도와 중국 요령성의 고조선 전기 영역에서 주로 출토된다.
- 팽이형 토기 : 이름대로 팽이 모양이다. 평안도와 황해도의 고조선 전기 영역에서 출토된다.
- 구멍무늬[공렬문孔列文]토기 : 입구 둘레에 작은 구멍이 뚫려 있다. 함경도와 두만강 유역에서 출토된다.
- 송국리형 토기 : 바닥의 굽이 좁고 전체적으로 긴 달걀 모양이다. 부여 송국리에서 대량 출토된 청동기 전기 남한 지역의 대표적인 토기이다.
- 덧띠[점토대粘土帶]토기 : 입구 바깥쪽에 둥근 띠를 말아 돌려 붙였다. 청동기 후기 한반도 중부 이남에서 출토된다.

  그밖에 의례용 특수 용도로 사용된 붉은간토기와 검은간토기 등이 있다.

▌미송리형 토기(국립중앙박물관)  ▌팽이형 토기(국립중앙박물관)

청동기시대라고 해도 일상도구로는 여전히 석기나 목기가 사용되었다. 청동기는 의례용이 대부분이었다. 이러한 청동기로는 청동검·청동거울[잔무늬·거친무늬]·청동방울·청동도끼와 기타 장신구 등이 있다.

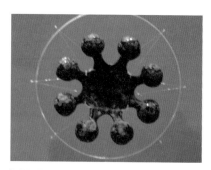

| 화순 대곡리 유적 출토 청동방울(국립광주박물관)

청동기시대를 대표하는 청동검으로는 비파형 동검이 있다. 중국 요령성에서 집중적으로 출토되는 까닭에 일명 '요령식동검'으로 부른다. 요령성 중에서도 특히 랴오허강 서쪽의 요서지역에서 집중 발굴되는 고조선 전기의 대표 유물이다. 다만 비파형 동검을 고조선 사람들만이 독점적으로 사용한 것이 아니어서

| (왼쪽)황해남도 신천 출토 비파형 동검(국립중앙박물관)
(오른쪽) 대전 괴정동 출토 세형 동검(국립중앙박물관)

비파형 동검의 출토지역을 고조선의 영역으로 단순하게 치환해서는 곤란하다. 기원전 4세기를 전후해서 한반도에서 비파형 동검은 사라지고 좀 더 가느다란 형태의 세형 동검이 출토되는 양상을 보인다. 한반도 서남부에서 주로 출토되는 까닭에 일명 '한국식동검'으로 부른다. 고조선 후기의 청동검으로 알려져 있다.

청동기시대의 무덤도 여러 형태가 시공간을 달리하며 존재하였다. 이를 간단히 정리하면 다음과 같다.

- 고인돌[지석묘支石墓] : 한반도 전역에 걸쳐서 발견되는 청동기시대의 대표적인 무덤이다. 모양상 '탁자식'과 '개석蓋石식'으로 구분하는데, 개석식 고인돌에서 짧은 굄돌이 있으면 '바둑판식'이라고 부른다. 탁자식은 시신을 지상에 안치하고, 개석식은 지하에 안치해 차이가 난다. 한반도에 남아 있는 고인돌의 숫자는 4~5만여 개로 추정되는데, 전 세계 고인돌의 40%에 해당할 정도로 많은 양이다. 따라서 고인돌의 규모에 따라 무덤의 성격과 용도가 다르게 파악해야 한다.
- 돌널무덤[석관묘石棺墓] : 지하에 판돌이나 깬 돌로 네모난 돌널을 만들고 그 위를 판돌이나 나무판자로 덮는 무덤 양식이다. 고인돌과 같은 시기에 조성되어 중국 동북지방과 한반도 전역에 걸쳐서 발견되었다. 대체로 봉분을 조성하지는 않았다.
- 나무널무덤[목관묘木棺墓] : 청동기시대 말기에서 초기 철기시대에 유행하였다. 창원 다호리 유적에서 출토된 목관이 대표적이다. 통나무를 파서 만들었다.
- 독무덤[옹관묘甕棺墓] : 초기의 독무덤은 바닥에 구멍을 뚫은 토기 항아리를 세워 묻고 입구를 판돌로 덮었다. 그러다가 철기가 보급되면서 두 개의 독을 맞대어 눕혀 묻는 방식으로 변화했다. 주로 한반도 중부 이남에서 발견된다.

### 광주 신창동 유적, 마한 목재 유물의 보물창고

신창동 유적은 광주광역시 서북쪽의 영산강 서쪽 인근에 위치해 있다. 이곳은 영산강이 곡류하는 지점이어서 배후습지 및 홍수에 따른 퇴적층이 두껍게 쌓였다.

1960년 봄, 주민의 제보로 유적지의 존재가 알려졌다. 김원룡 교수가 38평 면적의 시굴조사를 했는데, 유아용 독무덤 53개체를 발굴

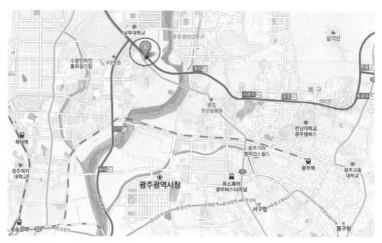

| 신창동 유적의 위치(다음지도 활용)

하였다. 1992년 광주시-장성군 사이 국도 1호선 공사를 앞두고 본격적인 1차 발굴이 시작되었다. 당시 유구는 1960년 당시 독무덤이 발견된 곳에서 150m 지점에 위치하였다. 발굴 대상지역은 도로 확장 공사범위인 저습지의 9평이었다. 좁은 지역이었음에도 불구하고 발굴 결과 습지 안에서 2천 년 전의 다양한 목제 유물[머리빗·칠기 굽잔·통발·빗자루·괭이]과 호두·오이씨 등 식물자료가 쏟아져 나왔다. 유적지는 보존 방침을 세우고 일단 다시 메웠다. 당시 발굴팀이 저습지 발굴 경험이 없었기 때문이었다.

1995년 5월에 발굴이 재개되었다. 2차 발굴 결과 지상부 1m 아래에서 다량의 벼껍질이 포함된 80~155cm의 유기물층이 나타났고, 그 아래에서는 재첩·우렁이와 각종 물고기 뼈가 발견되었다. 또한 기원전 1세기경의 각종 목제 유물이 발굴되었다. 문짝·신발골·목검과 칼집·괭이·절구공이·칠기, 새끼줄·빗자루 등 농촌마을의 생활도구들이었다. 저습지였던 까닭에 목제 유물이 썩지 않고 2천 년을 견딜

수 있었다. 각종 나무로 만든 농기구
와 두꺼운 벼껍질층으로 볼 때 이곳
벼의 생산량이 상당했음을 알 수 있다.

1997년 3~4차 발굴이 이어졌다.
발굴 결과 공방유적 안에서 목제 현악
기 부재가 출토되었다. 길이 77.2cm,
폭 28.2cm이며, 재질은 벚나무로 분
석되었다. 현악기는 『삼국지』 위서 동
이전 변진전에 나오는 '슬瑟'과 유사
할 것으로 추정된다. 현재는 10현 악
기로 복원되었다. 각목을 마찰해서 소
리를 내는 타악기도 함께 발굴되었다.

| 신창동 유적 출토 현악기
(복원, 국립중앙박물관)

이와 같은 악기는 삼한에서 5월과 10월에 지낸 농사와 관련한 제사의
례 때 연주되었을 것이다.

또한 칠기를 만드는 데 쓰이는 옻 담는 그릇, 베틀에서 천을 짜는
데 쓰이는 바디와 삼베 조각이 발굴되었다. 이것은 『삼국지』 위서 동
이전 [마]한전의 "누에치기와 뽕나무를 가꿀 줄 알고 면포綿布를 만들
었다"는 내용이나 『후한서』 동이열전 한전의 "마한사람들은 농사와
양잠을 할 줄 알며, 길쌈하여 베를 짠다"는 기록과도 부합하는 실물자
료로서의 의미가 크다. 이를 통해 당시 마한 사람들의 의생활 수준을
엿볼 수 있다.

수레 부속품인 수레바퀴·바퀴살·가로걸이대도 출토되었다. 수
레는 이 지역의 수장급 지도자가 소유했던 것일 가능성이 크며, 주변
지역과 활발한 교류가 이루어졌음을 시사한다. 그때의 교역품목이 곧
목제 수공예품과 칠기류였을 것이다. 한편 수레 부속품이 출토됨으로
써 『후한서』 한조의 "마한인들은 소·말을 탈 줄 모른다"는 기록의 오

류가 드러났다.

신창동 유적에서는 특이하게도 기생충[편충·회충]알이 발굴되었다. 이러한 기생충은 인분을 비료로 한 채소를 재배해 먹었을 때 생긴다고 알려져 있다. 과학기술의 발전이 고고학에 접목됨으로써 고대사람들의 생활사가 좀 더 구체적으로 드러나게 된 좋은 사례라 할 만하다.

호두 5개가 발굴된 것도 눈에 띈다. 호두는 이란[페르시아]이 원산지로서 중국 한漢 무제武帝(기원전 141~87) 때 장건張騫이 실크로드를 개척하면서 대월지국[아프가니스탄]에서 가져온 것이다. 그렇다면 신창동의 호두는 중국과의 교류를 통해 들여왔을 가능성이 크지 않을까 싶다. 신창동 유적에서 발견된 한나라 때 동으로 만든 화살촉은 이러한 가능성을 뒷받침해 준다.

### 창원 다호리 유적, 변한 최고 지배층의 무덤

창원 다호리 유적은 기원전 1세기 전후에 조성된 변한의 공동묘지이다. 철새도래지로 유명한 낙동강 주남저수지의 인근에 위치해 있다. 습지 유적인 까닭에 신창동 유적처럼 나무로 만든 유물이 썩지 않

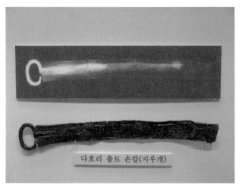

다호리 출토 손칼(지우개)

| 다호리 유적 출토 손칼(국립중앙박물관)

| 다호리 유적 출토 붓과 목간
 (복원, 국립중앙박물관)

고 온전히 남아 있었다. 1988년~1998년까지 8차례에 걸쳐 발굴 조사되었다. 발굴한 무덤은 73개에 달한다.

다호리 유적의 발굴 성과에서 가장 주목할 만한 것은 단연 1호 무덤에서 출토된 문방구 세트이다. 대나무로 짠 상자 안에 붓(33.6cm) 5자루와 목간 수정용 손칼(30.6cm)이 출토되었는데, 그동안 출토 사례가 없는 최초의 것이었다. 이는 당시에 문서 작성을 담당했던 전문적인 행정관료의 존재와 이들이 문자[한자]를 사용했음을 시사한다.

| 다호리 1호분 출토 통나무관(2008년 국립중앙박물관 특별전)    | 다호리 1호분 출토 청동칼과 옻칠한 칼집 (국립중앙박물관)

1호 무덤에서는 또한 통나무로 만든 관이 큰 훼손 없이 출토되어 초기 목관묘 목관의 실체가 오롯이 확인되었다. 목관의 길이는 240cm, 너비 85cm이다. 수종은 350년 된 참나무로 밝혀졌다. 통나무를 반으로 자른 후 내부를 철제 도구로 파냈다. 뚜껑과 몸체는 구멍을 파서 끈으로 연결할 수 있도록 했다. 목관 바닥 가운데에 타원형의 구덩이를 설치하고, 그 안에 유물이 든 바구니를 넣어 두었다. 바구니 안에서 청동 칼(60.2cm, 61.1cm)과 칼집(44.6cm, 47.2cm) 각각 2개와 투겁창(동모銅鉾, 55.2cm) 1점이 출토되었다.

다호리 유적에서는 많은 양의 철제품이 출토되었다. 1호분에서는 손잡이 없이 끈으로 묶어 놓은 상태의 쇠도끼 꾸러미와 양팔저울의 추, 그리고 중국 화폐 오수전 3점이 함께 출토되었다. 64호 무덤에서는 6kg의 철광석 원석이 있었고, 17호 부장 구덩이에서는 6cm 크기의 철기 가공용 망치 3점이 출토되었다. 망치에 나무 자루를 끼워서 사용한 듯하다. 무기뿐만 아니라 철로 만든 각종 농공구류도 출토되었는데, 따비·도끼·단조공구·끌·대패 등 종류가 다양하다. 농기구와 공구까지 철로 제작되었다는 것은 철의 생산과 보급이 원활하게 이루어졌음을 말한다. 자연 그에 따른 생산력의 증대가 이루어졌을 것이다.

철제 마구류도 출토되었다. 여러 점의 재갈과 고삐가 출토되어 수레용 말을 탔음을 알 수 있다. 다호리 유적에서는 쇳물을 부어 만드는 주조기법과 달군 쇠를 두드려 만든 단조기법이 모두 나타나고 있어 철기 제작기술이 상당했음을 알 수 있다. 다호리 유적에 부장된 철기의 규모와 양상은 『삼국지』 동이전 변진조의 "나라에서는 철이 생산되는데, 한韓·예濊·왜인倭人들이 모두 와서 사간다. 시장에서의 모든 매매는 철로 이루어져 마치 중국에서 돈을 쓰는 것과 같으며, 또 [낙랑과 대방]의 두 군에도 공급하였다"와 부합한다. 아마도 1호분에서 출토된 목간 수정용 칼과 붓은 중국·일본과 교역하는 과정에서 물건의 목록이나 영수증 등을 작성하는 것과 관련이 있지 않을까 추정된다.

다호리 유적에서는 옻칠을 한 각종 칠기류가 다량으로 출토되었다. 옻칠을 한 원형과 방형의 각종 칠기[고배·반]와 그 안에 담겨 있던 감·밤·율무가 썩지 않은 채 출토되었다. 이를 통해 다호리 사람들의 제사음식과 음식문화를 엿볼 수 있다. 다호리 유적의 출토 유물을 살피면, 옻칠은 식기류[국자], 토기[항아리], 무기류[투겁창], 칼집 등에

| 다호리 유적 출토 칠기와 감(국립중앙박물관)

| 다호리 유적 출토 칠기와 밤(국립중앙박물관)

도 광범위하게 사용되었다. 옻
칠은 표면을 아름답게 할 뿐만
아니라 방부·방습·방수의 효과
가 탁월하였다. 때문에 옻칠을
한 출토 유물의 상태는 2천 년
이 지난 오늘까지도 양호한 편
이다. 옻나무 재배지가 한정되
어 있고, 제작과정이 복잡하기

| 다호리 유적 출토 운모

때문에 전문 장인만이 칠漆제품을 만들 수 있었다. 따라서 옻칠 제품
의 소유계층은 지역 내 최고의 수장이었을 것으로 추정된다.

　다호리 유적의 특이한 유물로는 4호분에서 출토된 운모雲母를
꼽을 수 있다. 운모는 오랜 기간 복용하면 영생을 얻을 수 있는 도교
의 선약仙藥이었다. 신선사상神仙思想과 관련이 있어 보인다. 운모는
아마도 죽은 사람의 영혼불멸을 기원하기 위해 무덤 안에 매장한 것
같다. 경주시내 곳곳에 산재한 4~6세기 신라의 무덤에서도 운모가
출토된 바 있다.

## 사천 늑도 유적, 남해안 해상무역의 허브

늑도 유적은 경남 사천시 늑도동에 있다. 늑도는 길이 970m, 너비 720m, 면적 460,000m²(14만평)의 작은 섬으로서 사천시와 창선도 사이의 바다에 위치해 있다. 늑도는 남쪽으로 창선도, 북쪽으로 사천만과 삼천포 일대, 동쪽으로 사량도와 고성만, 서쪽으로 노량 인근까지 한 눈에 들어오는 지정학으로 결절지이다.

통영-여수 간 연안항로를 이동하는 배가 남해도 외곽의 먼 거리를 돌아가지 않고 이동하려면 늑도 주변의 대방수도를 반드시 통과해야 한다. 이때 빠른 조류로 인해 단번에 횡단하기 어렵기 때문에 중간에 위치한 늑도가 중간 기항지로서 이용되었을 가능성이 크다. 늑도는 다른 섬들에 비해 식수도 풍부한 편이어서 기항지로서의 조건이 탁월하다.

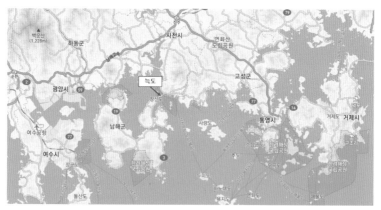

| 사천 늑도의 지정학적 위치(다음지도 활용)

늑도 유적은 1979년 부산대학교 박물관이 지표조사를 통해 초기 철기시대의 유적지임을 확인하였다. 1985~1986년, 부산대 박물관이 부분적으로 발굴조사를 했는데, 초기 철기~원삼국시대의 패총 및 주

| 늑도 유적 발굴 장면(문화재청)

거지, 그리고 옹관묘 35기와 토광묘 38기가 조사되었다. 1998년, 사천시 대방동 삼천포항과 남해군 창선도를 연결하는 국도 3호선의 연륙교 공사 때 해당구간을 집중적으로 발굴 조사하였다. 발굴은 부산대 박물관과 삼강문화재연구원[당시 경남고고학연구소], 동아대 박물관이

맡아서 진행하였다. 이때 발굴한 늘도 유적은 패총(A~C), 주거지와 건물지(A~B), 무덤(A) 등으로 구별하였다.

늘도 유적의 주거지는 경사면을 계단식으로 깎고 평탄하게 만들어 조성하였다. 주거지 사이 상호 중복이 심한 것으로 볼 때 기존 주거지를 폐기하고 나중에 그 위에 새로운 집을 마련했음을 알 수 있다. 주거지는 원형과 장방형인데, 원형이 더 많다. 원형은 지름 4~5m의 소형과 6~7m의 대형으로 구분된다. 방형주거지 일부에서 쪽구들 형태의 부뚜막시설이 출토되었다. 주거지 사이 곳곳에 4개의 큰 기둥을 세운 구멍이 발견되었는데, 고구려의 부경과 유사한 고상건물지로 추정된다.

늘도 유적의 무덤은 A지구 북쪽 가장자리의 해안선과 접해 있는 급경사면(IC지구)에 집중적으로 분포되어 있다. 이곳에서 토광묘와 옹관묘 174기가 조사되었다.

늘도 유적 출토 유물의 특징은 당시 동아시아의 한국·중국·일본을 망라하는 데 있다. 토기류는 제주도산 삼양동식 토기, 중국 낙랑계 토기, 일본 야요이(彌生)계 토기 등이 출토되었다. 기본적으로는 초기 철기~원삼국시대에 유행했던 점토대토기의 출토량이 가장 많다. 8cm 미만의 작은 소형 토기도 출토되었는데, 항해 시의 안전을 기원하는 제의행위에 사용한 것으로 추정된다.

청동제 유물로는 낙랑 및 한식漢式 청동검 2기, 화살촉, 거울편, 칼자루끝장식, 세형 동검 1기가 출토되었다. 전한前漢대 사용했던 반량전半兩錢과 전한대부터 당나라 초기까지 사용한 오수전五銖錢이 함께 출토되었다. 오수전이 전한 무제武帝 원수元狩 5년(기원전 118)에 반량전을 없애고 주조한 동전이므로 유적의 상한 연대를 추정하는 데 도움이 된다. 다만 동전의 전래와 부장시점이 이보다 후대임은 감안해야 한다.

늑도 유적 출토 제주 삼양동식 토기
(2018 고대 탐라 특별전, 국립제주박물관)

늑도 유적 출토 토기(문화재청 국가문화유산포털)

철제 유물로는 사슴뿔로 만든 손잡이와 결합식의 손칼, 저울추, 도끼, 낫 등 각종 생활용품과 농기구 등 다양하다. 토제, 골제, 활석제 등 각종 가락바퀴가 다량으로 출토되었는가 하면, 뼈바늘도 많이 출토됨으로써 늑도 사람들의 의생활을 알 수 있게 해주었다. 삿갓조개로 만든 조개 팔찌를 비롯하여 유리로 만든 구슬류와 토제 귀걸이 등 각종 장신구의 출토량도 상당하다.

한편 다량의 점을 치는 뼈[복골卜骨]가 발굴되어 주목을 받았다. 점을 치는 뼈는 사슴과 돼지의 견갑골이었다. 해남 군곡리 유적 등 바닷가 근처의 고대 유적지에서는 점을 친 뼈의 출토 사례가 많다. 사냥이라든가 항해의 날짜 등을 점을 치는 것으로 결정했음을 알 수 있다.

사천 늑도 유적은 중국-낙랑-한반도 서남해안-일본을 잇는 국제무역항으로서의 기능을 한 것으로 생각된다. 『삼국지』 위서 동이전

왜전에는 중국 군현에서 한반도 서남해안을 거쳐 일본까지 이르는 길이 상세하게 남아 있다.

> 대방군帶方郡에서 왜倭까지는, 해안을 따라 물길로 가서 한국韓國을 거쳐 때로는 남쪽으로 때로는 동쪽으로 나아가면 그 북쪽 북안北岸인 구야한국狗邪韓國[김해 금관가야]에 도착하는데, [거리가] 7천여 리이며, 처음으로 바다 하나를 건너는데, 1천여 리를 가면 대마국對馬國에 도착한다. …
>
> – 『삼국지』 위서 동이전 왜전

실제로 쓰시마(對馬島)와 큐슈 사이의 이키섬(壹岐島)의 하루노쓰지(原の辻) 유적에서는 늑도 유적과 비슷한 양상의 유물이 대거 출토되었다.

# 고구려 도성의 시대적 변천

## 개관

고구려 도성체계의 특징은 평지성+산성의 이원적인 체계라는 점이다. 국왕이 평소 평지성에 거주하다가 전쟁 시 산성으로 대피하는 전술을 펼쳤다. 이때 평지의 경작지를 불태움으로써 적군에게 식량의 보급을 차단하고자 했다. 불에 탄 들판의 시야가 맑아 이러한 전술을 '청야전술淸野戰術'이라고 불렀다.

고구려는 수도를 두 차례 옮겼다. 먼저 주몽이 고구려를 건국했던 기원전 37년~기원후 3년(유리왕 22)까지는 '졸본성卒本城'으로 불리는 곳이 왕성이었다. 다른 말로는 '홀본성忽本城'·'흘승골성紇升骨城'으로도 전한다. 지금의 중국 요령성 환인현의 오녀산성五女山城으로 비정한다. 평지성으로는 하고성자고성下古城子古城이 유력하다. 기원후 3년~427년(장수왕 15)은 국내성國內城 시기였다. 지금의 길림성 집안시에 소재하였다. 국내성은 평지성이었고, 산성으로서 환도산성丸都山城이 조성되었다.

427년~668년은 평양성 시기였다. 대동강 북쪽 지금의 평양시 동북방에 위치해 있다. 평양성 시기는 다시 둘로 나눌 수 있다. 427년~586년(평원왕 28)은 안학궁성을 평지성으로 삼았고, 산성은 대성산성이었다. 청암동토성을 평지성으로 보는 견해도 있다. 586년~668년은 지금까지 남아 있는 평양성으로 국왕의 거처를 옮겼다. 일명 장안성長安城이라고도 했다. 평양성은 내성·외성·중성·북성의 구조로써 평지성과 산성을 포괄하였다.

### 환인지역, 졸본성이 있었던 첫 번째 수도

기록에 남아 있는 고구려의 첫 번째 수도는 졸본성이었다. 관련 기록을 살펴보면 다음과 같다.

① 주몽은 모둔곡毛屯谷에 이르러 세 사람을 만났다. 그 중 한 사람은 삼베옷을 입었고, 한 사람은 중 옷을 입었으며, 한 사람은 마름 옷을 입고 있었다. 주몽은 "자네들은 어디에서 온 사람들인가? 성은 무엇이고 이름은 무엇인가?" 하고 물었다. 삼베옷 입은 사람은 "이름은 재사입니다"라고 하였고, 중 옷 입은 사람은 "이름은 무골입니다"라고 하였고, 마름옷 입은 사람은 "이름은 묵거입니다"라고 대답하였으나, 성들은 말하지 않았다. 주몽은 재사에게 극씨克氏, 무골에게 중실씨仲室氏, 묵거에게 소실씨少室氏의 성을 주었다. … 마침내 그 능력을 살펴 각각 일을 맡기고 그들과 함께 졸본천卒本川(위서魏書에서는 흘승골성紇升骨城에 이르렀다고 하였다.)에 이르렀다. 그 토양이 기름지고 아름다우며, 산하가 험하고 견고한 것을 보고 마침내 도읍하려고 하였으나, 궁실을 지을 겨를이 없었으므로 다만 비류수沸流水 가에 초막을 짓고 살았다. 나라 이름을 고구려高句麗라 하고 그로 말미암아 고高로써 성을 삼았다.

　　　　　　　－『삼국사기』 권13, 고구려본기1, 동명성왕 즉위년

② 옛날 시조始祖 추모왕鄒牟王이 나라를 세웠다. [왕은] 북부여에서 태어났고, 천제天帝의 아들이었다. 어머니는 하백河伯의 따님이었다. 알을 깨고 세상에 내려와, 태어나면서부터 성스러운 …… 이 있었다. 길을 떠나 남쪽으로 내려가는데, 부여의 엄리대수奄利大水를 지나갔다. 왕이 나룻가에서 말했다. "나는 천제의 아들이며 하백의 따님을

어머니로 한 추모왕이다. 나를 위하여 갈대를 연결하고 거북이 무리를 짓게 하여라." 말이 끝나자마자 곧 갈대가 연결되고 거북떼가 물 위로 떠올랐다. 그리하여 강물을 건너가서, 비류곡沸流谷 홀본忽本 서쪽 산 위에 성을 쌓고 도읍을 세웠다.

– 「광개토왕비」

사료 ①~②를 종합하면, 지금의 중국 요령성 환인현의 비류수[혼강] 근처에 있는 오녀산성五女山城과 하고성자성下古城子城이 고구려 초기 주몽 때의 산성과 평지성으로 비정된다.

| 지금의 혼강인 고구려 때의 비류수

〈오녀산성〉

| 오녀산성(2010년)

- 위치– 환인 시가지에서 동북쪽으로 8.5km 떨어진 오녀산(800m) 정상 부분을 둘러싸고 있다. 비류수[혼강] 상류로는 통화通化, 하류로는 압록강에 이른다. 혼강의 지류인 신개하를 따라 동남쪽으로 고구려의 두 번째 수도였던 집안集安으로 연결된다. 서쪽과 서북쪽 방면으로는 태자하太子河와 소자하蘇子河를 거쳐 요양과 심양瀋陽·무순撫順의 요동평원으로 나아갈 수 있는 교통의 요지이다.

- 발굴 경과– 1996~1999년, 2003년 두 차례 걸쳐 중국이 유네스코 세계문화유산으로 등재시키기 위해 대대적으로 발굴 조사하였다. 그 결과 고구려시대의 유물·유적은 물론 신석기시대부터 청동기, 금나라 때의 유적도 발견되었다.

- 성벽– 전체 길이는 4754m이다. 대부분 깎아지른 절벽으로 이루어진 천연 암벽이고, 인공적으로 쌓은 것은 동·남벽의 565m 정도이다. 성벽 위에는 군사들이 몸을 가릴 수 있는 성가퀴[여장女墻]가 있

| 오녀산성 서문지(2010년) | 오녀산성 서문지 확돌

는 부분이 많다. 바깥 성벽은 아랫부분에 네모지고 긴 돌[장대석]을 1~5단으로 쌓아 기초를 튼튼히 했고, 그 위에 쐐기형 돌을 들여쌓았다. '들여쌓기'는 성벽의 아랫부분에서 위로 올라갈수록 조금씩 들여서 쌓는 방식인데, 이렇게 쌓게 되면 성벽이 잘 무너지지 않는다. 고구려성 축조법의 특징 중 하나이다. 안쪽 성벽은 장대석이나 쐐기형 돌 없이, 판석으로 겉쌓기를 한 후 아랫부분을 흙으로 채웠다.

• 성문- 서문·동문·남문이 있다. 3m 너비의 서문은 발굴 결과 돌계단과 문기둥을 세웠던 확돌이 드러났다. 문의 바깥 양쪽에는 문을 보호하기 위한 치성雉城의 흔적도 남아 있다. 동문은 혼강 골짜기와 성곽을 연결하는 가장 중요한 통로이다. 반원형 옹성甕城 구조로서 역시 문을 방어하기에 유리한 구조이다. 남문에서는 별다른 시설이 확인되지 않았다.

• 건물지와 전망대- 산성 안을 조사한 결과 고구려시기에 사용한 것으로 추정되는 대형 건물지를 발굴하였다. 1호 건물지는 정면 13.8m, 측면 6~7.2m의 6칸 규모이다. 그 안에서 전한대의 오수전과 왕망이 세운 신新나라(8~23) 때 사용한 화천貨泉이 출토되었다.

| 오녀산성 1호 건물지(2010년)

화천은 천봉天鳳 원년(14)에 만들어서 후한 광무제 16년(40)까지 단기간에 사용한 동전이어서 건물지가 조성된 시기를 1세기 무렵으로 볼 수 있는 단서가 될 수 있다. 2호 건물지는 정면 24.5m, 측면 16m의 비교적 큰 규모인데, 고구려 중기의 것으로 파악되었다. 그 외에 주거지 8기, 병영터 21기, 초소 6기 등이 발견되었다. 대부분 온돌시설을 갖춘 반지하식 건물이다. 산 정상부의 동남쪽에 길이 17m, 너비 15m의 전망대[점장대]로 추정되는 석대石臺가 있다. 이곳에 서면 고구려 초기의 고분군이 수몰되어 있는 환인댐 수몰지구를 한 눈에 조망할 수 있다.

| 오녀산 전망대에서 본 환인댐 수몰지구(2010년)

〈하고성자고성下古城子古城〉

- 위치- 환인 시가지 서북쪽 3km의 육도하자향六道河子鄕 하고성자촌下古城子村에 있다. 동쪽으로는 고구려시기의 비류수인 혼강이 흐르고 있다.

- 현황과 구조- 전체적인 형태는 장방형이다. 가장 잘 보존된 서벽은 170m, 일부가 유실된 북벽은 240m이며, 전체가 유실된 동벽은 226m로 추정된다. 성벽은 황토와 진흙을 다져 축조한 토성이다. 성문은 동문과 남문이 있었는데, 동문은 유실되었고 남문은 위치만 확인되었다. 성 안에서 고구려시대의 토기와 와당瓦當, 고리자루큰칼[환두대도環頭大刀]이 출토되었다. 고구려에서 와당은 궁궐과 관청, 사찰·사당에서만 출토되는 것이어서 이곳에 있었던 건물의 성격을 짐작하게 해준다. 손잡이가 둥근 환두대도도 높은 신분의 남성이 소유했던 칼이다.

- 의미- 일반적으로 하고성자고성을 고구려 초기의 오녀산성과 대응하는 평지성으로 추정한다. 그러나 「광개토왕비」에 졸본의 위치가 오녀산 동쪽에 있는 것으로 남아 있어, 서남쪽에 있는 하고성자고성이 고구려 초기 평지성이 아니라는 주장도 있다.

## 집안 지역, 고구려의 발전기를 이끈 두 번째 수도

유리왕 22년(기원후 3) 졸본성에서 국내성國內城으로 천도하고 산성으로써 위나암성[환도산성]을 쌓았다. 국내성은 이때부터 장수왕이 평양으로 천도하는 427년까지 고구려 발전기의 수도로 기능하였다. 이곳은 연 평균기온 6.3도로 중국 길림성 지역 중 가장 따뜻하다. 또한 압록강 중류 일대에서 가장 넓은 분지이자 압록강 중상류의 수로망을 총괄할 수 있는 교통의 요지이다.

| 국내성과 환도산성의 위치(구글지도 활용)

〈국내성지〉

• 위치- 중국 길림성 집안시 압록강 북쪽의 통구분지에 있다. 압록
강을 사이에 두고 북한 만포시와 마주보며, 북쪽으로는 노령산맥老
嶺山脈의 줄기가 둘러싸고 있어 북쪽으로부터의 방어에 유리한 지리
적 조건을 가졌다. 국내성지는 서쪽의 통구하通溝河, 남쪽의 압록강
이 천연 해자를 이루고 있다. 북벽 바깥에도 해자가 있었는데 현재는
메워져 있다. 북쪽의 우산禹山은 풍수지리에서의 주산主山으로서 방
어뿐만 아니라 겨울철 북서 계절풍을 막아 주는 역할을 한다.

• 발굴 경과- 일제강점기에 일본인 학자들이 국내성지를 조사하면
서 실측 도면과 사진자료를 정리하였다. 1920~1930년대 중화민
국 정부가 성곽을 수리·신축하면서 원형이 많이 훼손되었다. 또한
1949년 중국정부 수립 이후 시가지 조성과정에서 성 돌이 건축자
재로 이용되는 등 무분별한 개발로 인해 동벽과 남벽이 유실되었
다. 1975~1977년 성곽 전체를 조사했고, 2000~2003년 유네스코

세계문화유산 등재를 위해 성벽 주변의 민가를 철거한 후 발굴조사를 실시하였다.

• 성벽- 전체 둘레는 2686m이다. 동벽 554m, 서벽 664m, 남벽 751m, 북벽 715m로서 남벽과 북벽이 긴 장방형에 가깝다. 고구려 때 쌓은 성벽은 성벽 아랫단 부분에 주로 남아 있는데, 쐐기형 돌로 가지런하게 들여쌓기 하였다. 지금 남아 있는 크기가 일정하지 않은 성 돌은 20세기 이후에 수리한 부분이다. 1975~1977년 성벽 10곳을 절개 발굴한 결과 고구려 당시 성벽을 한 차례 개축한 사실이 확인되었다.

성벽에는 모두 방어용 시설인 치雉가 있는데, 1910년대까지만 하더라도 42기가 보고되었다. 그러나 1970년대 이르러 14기로 대폭 줄어들었다. '치雉'는 꿩이 천적을 피하기 위해 구멍에 머리를 처박은 모습과 닮은 데서 그 명칭이 유래하였다. 치와 치 사이의 거리는 화살이 미치는 유효 사거리를 계산한 결과이다. 성벽에 적절한 거리마다 치를 돌출시킴으로써 적을 공격할 수 있는 아군의 공간을 확보할 수 있는 장점이 크다. 성문 양 옆에 있는 치성은 별도로 적대敵臺라고 부른다. 한편 일제강점기에는 국내성에도 아군이 몸을 엄폐하기 위한 시설인 성가퀴[여장]가 남아 있었으나 지금은 찾아볼

| 국내성 서벽(2010년)

| 국내성 서벽의 치

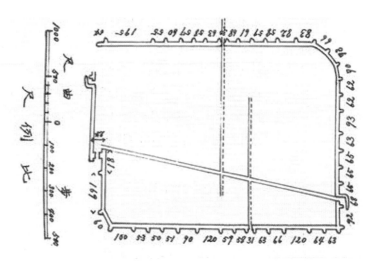

| 1910년 국내성 도면(『조선고적도보』)

수 없다.

• 성문- 1913년 조사 시에는 동문·북문·남문 1개씩, 서문 2개의 5
개 문지를 확인하였다. 그런데 2000~2003년 조사에서는 동문 2개,
서문 1개, 북문 4개, 남문 2개 등 모두 9개의 성문이 확인되었다. 아
마도 도시 개발과 통행의 필요에 따른 증축의 결과인 듯하다. 1913
년 조사 시 남쪽 동문과 북쪽 서문 바깥에서 옹성을 확인했다. '옹
성甕城'은 항아리 입구를 절반으로 자른 모양과 닮았기 때문에 유
래한 명칭이다. 성문 앞에 옹성 구조를 만들면 문도 보호할 수 있
고, 성문을 공격하기 위해 문에 접근하는 적군은 글자 그대로 '독
안에 든 쥐'의 형세가 된다. 남쪽 서문에서는 어긋문식 옹성도 확인
되었다. '어긋문'은 고구려에서만 찾아볼 수 있는 독특한 축성법인
데, 두 성벽을 일정한 공간을 떨어뜨려 어긋나게 쌓은 후 그 사이에
성문을 배치하는 방식이다. 역시 성문을 방어하기 위한 시설이다.

어긋문을 부수기 위해 접근해오는 적군을 여러 성벽 위에서 공격할 수 있다. 2000~2003년 조사 때에는 중앙 북문과 서쪽 북문 좌우에 적대도 확인되었다.

한편 서벽 북단의 바깥쪽에서 동서 방향으로 배수로가 발견되었다. 현재 남아 있는 길이는 16.25m, 너비 0.7~0.8m이다. 배수로 안쪽에 위치한 현재의 서벽이 고구려시기에 이미 개축된 것으로 추정된다.

- 건물지- 2000~2003년 발굴 시 19곳에서 건물지가 확인되었다. 그런데 4세기 이전으로 편년되는 유물이 출토되지 않음으로써 국내성 존속시기가 『삼국사기』 등 문헌기록과 어울리지 않는 문제가 남아 있다. 다만 아직까지 발굴 범위가 충분하다고 할 수 없어 향후 발굴 성과에 따라 고구려 초기의 면모가 드러날 여지는 충분하다. 건물지 중에는 서쪽에 위치한 체육장 건물지의 규모가 가장 컸는데, 4기 중 3기가 내외 겹벽으로 이루어진 '회回'자형 건물로 드러났다. 그 안에서 난방시설과 문의 흔적이 나오지 않아 특수 용도의 건물이었을 것으로 추정되었다. 건물지 안에서 4세기로 추정되는 권운문卷雲紋 와당이 출토되었다. 이는 이곳이 궁궐 내 건물이거나 관청·사당·사찰일 가능성을 뒷받침한다.

〈환도산성〉

- 위치- 일명 '산성자산성山城子山城'이라고 부르지만 고구려 당시의 이름은 '위나암성'이다. 다만 위나암성과 환도산성을 별개로 보는 견해도 있다. 국내성지에서 통구하를 따라 북쪽으로 2.5km 떨어진 해발 676m 환도산의 능선에 축성되었다. 동·북·서쪽 삼면이 가파른 절벽이고 남쪽 면이 낮은 지세이다. 산성 전체 모양이 둥글기 때문에 '환도성丸都城'으로 불렸다. 남쪽의 통구하가 자연 해자의 역할을 한다. 산성 아래에 대규모의 '산성하 고분군'이 있다.

| 환도산성 남벽의 무너진 구간(2009년)

| 복원한 남벽과 배수구

• 축성시기와 역사-『삼국사기』에 따르면, 산상왕 2년(198)에 축성
   하였고, 13년(209)에 왕이 도읍을 옮겼다. 동천왕 20년(246) 위나라
   장수 무구검毌丘儉의 침입 때와 고국원왕 12년(342) 전연前燕 모용
   황의 침입 때 폐허가 되었다. 고구려는 이때 선왕인 미천왕의 시신
   과 왕의 어머니와 왕비, 그리고 백성 5만을 약탈당하는 수모를 겪

| 환도산성의 추정 궁궐터

었다.

- 성벽 - 전체 둘레는 6,950m이
다. 동벽 1716m, 북벽 1009m,
서벽 2440m, 남벽 1786m의
타원형이다. 모든 구간의 성
벽이 돌로 쌓은 석축기법이
다. 성벽의 안과 바깥쪽은 쐐
기형 돌을 사용하여 들여쌓

| 환도산성의 전망대

기 했고, 그 사이를 잔돌로 채워 넣었다. 동벽 남단은 23단에 이르
며, 서벽 북단과 북벽 서단에도 5m에 이르는 성벽이 남아 있다. 성
벽 윗부분에는 성가퀴가 남아 있는 곳이 많다.

- 성문 - 2001~2003년 조사 시 남·동·북벽 2개, 서벽 1개의 성문지

| 환도산성 전망대에서 바라본 남문지와 집안 일대

7개가 발견되었다. 골짜기 입구에 위치한 남문이 정문이다. 남문 좌우의 성벽을 안쪽으로 오므라들게 쌓고 그 중앙에 성문을 설치한 장방형 옹성구조를 만들었다. 남문 인근에서 배수구 4개가 확인되었다. 동벽 남단에서도 옹성 시설이 확인되었다.

• 건물지 - 2001~2003년 동벽 안쪽 평지에서 궁궐터로 추정되는 곳이 발굴되었다. 궁궐터 전체의 둘레는 332m인데, 동벽 91m, 서벽 96m, 북벽 75m, 남벽 70m이다. 3층 계단식 평지구조로 배치되어 있다. 모두 11기의 건물지가 확인되었다. 2층 대지에서 8각 건물지 2기가 확인되었는데, 제사용 건물로 추정된다. 3층 대지에서 확인된 길이 84.5m의 대형 건물지는 궁궐의 중심 건물이었을 것이다. 건물지 안에서 각종 고구려 기와와 와당이 발견되었는데, 특히 고

구려 관등명 '소형小兄'[10위]이 새겨진 기와편이 출토되어 주목을 받았다. 발굴 결과 두 차례에 걸쳐 불탔던 것으로 확인되었는데, 이는 『삼국사기』에 남아 있는 환도산성의 전란사와 부합하는 것이다.

• 전망대와 병영터- 남문에서 북쪽으로 100m 지점에 전망용 장대를 축조하였다. 쐐기형 돌로 축조한 장대의 길이는 6.7m, 너비 4.5m, 잔존 높이 4.5m이다. 이곳에 올라서면 남문 너머의 국내성 일대가 한 눈에 조망된다. 장대 인근에는 병영터로 추정되는 건물지가 있다. 동남쪽에는 '음마지飮馬池'로 불리는 연못이 있다. 산성에서 장기 농성전을 하기 위해서는 물의 확보가 필수적이다.

### 평양성, 고구려 전성기의 세 번째 수도

장수왕은 재위 15년(427)에 국내성에서 평양으로 천도를 단행하였다. 『삼국사기』에는 장수왕의 평양 천도를 달랑 한 줄로 기록했지만, 수도의 천도가 아무런 준비 없이 갑작스럽게 단행되지는 않았을

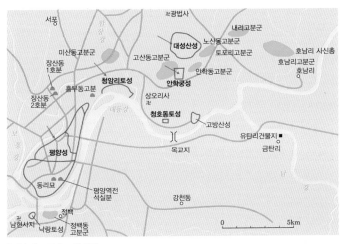

| 평양의 고구려 도성 위치

것이다. 후기 평양성인 장안성長安城을 쌓는데 35년(552~586)이 소요되었으므로 전기 평양성[안학궁+대성산성]의 기반시설과 왕궁을 조성하는 데도 그에 못지않은 상당한 기간이 소요되었음이 분명하다. 그렇게 보면 광개토왕이 재위 2년(392)에 9개의 절을 평양에 창건한 것과, 장수왕이 재위 2년(414) 사천蛇川[평양 합장강]에서 사냥을 한 것은 모두 수도를 평양으로 옮기기 위한 사전 정지작업으로 이해할 필요가 있다(평양 천도의 배경은 1부 '광개토왕과 장수왕, 고구려 전성기를 이끌다' 참조).

〈대성산성〉
• 위치- 평양 시가지의 배후에 위치한 대성산을 둘러싸고 지은 포곡식包谷式 산성이다. 대성산성의 서남쪽에는 대동강으로 향하는 계곡이 있고, 동쪽과 서쪽은 경사도가 급하다. 산성은 정상 주위를 둘러싼 산정식[테뫼식]과 산의 능선과 계곡까지를 포함하는 포곡식으로 나눈다. 산정식은 둘레 1km 이내의 중소형이고, 포곡식은 그보다 큰 중대형이 많다. 포곡식은 계곡을 끼고 있기 때문에 수원水源의 확보에 유리하고, 그에 따라 장기 농성전을 벌일 수 있다. 고구려의 경우 요동지방과 임진강 이북 황해도 일대에 포곡식 산성이 많다.
• 성벽과 성문- 둘레는 이중으로 쌓은 남벽을 모두 합하면 9284m이다. 자연석을 장방형으로 네모지게 다듬은 후, 성벽의 바깥은 큰 돌로 쌓고 안쪽은 돌과 흙을 다져서 채워 넣었다. 남문 부근은 5.5m의 성벽이 잘 남아 있는데, 양쪽 방면으로 방어력을 높이기 위해 이중으로 축성한 것이 특징적이다. 전체 성에 모두 65개의 치雉가 발견되어 방어시설에 만전을 기했음을 알 수 있다. 국사봉·장수봉 등 적군의 동태를 살피기 좋은 곳에는 전망대[장대將臺]를 설치하였다.

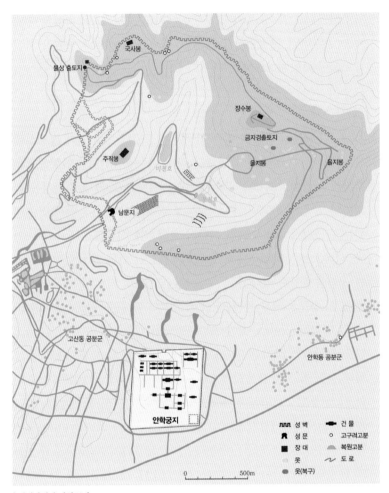

| | 성벽 | | 건물 |
|---|---|---|---|
| | 성문 | ○ | 고구려고분 |
| | 장대 | | 복원고분 |
| | 못 | | 도로 |
| ● | 못(복구) | | |

0          500m

| 대성산성과 안학궁지

- 발굴 성과– 산성 안을 발굴한 결과 연꽃무늬가 새겨진 와당을 비롯한 고구려시대의 기와와 금동불상이 들어 있는 돌함이 출토되었다. 또한 고구려 초기 무덤인 무기단 적석총이 발견되었다. 그렇다면 이것은 대성산성 축조 이전에 조성되었을 가능성이 큰 것이다.

포곡식 산성답게 성 안에는 100여 개의 연못이 있다. 대성산 주변에는 궁궐터인 안학궁지와 적석총, 평양천도 이후의 무덤인 석실봉토분이 곳곳에 위치해 있다.

〈안학궁성〉

- 개관- 대성산성 남쪽에 있는 고구려의 궁궐터이다. 전기 평양성에서 대성산성이 유사시 대피했던 산성 기능을 했다면, 안학궁성은 평상시 국왕이 거주하는 평지성이었다. 1958~1971년 김일성 종합대학의 발굴과 2006년 남·북 공동조사가 실시되었다. 안학궁 주변에는 고구려시대의 무덤인 기단식 적석총과 석실봉토분이 다수 있다. 서쪽으로 2.5km 지점에 고구려 때의 또 다른 왕성으로 추정되는 청암동토성이 있다.
- 성벽과 성문- 전체 둘레는 2488m이며, 형태는 마름모꼴로 38만㎡의 면적에 달한다. 조선시대의 법궁인 경복궁의 면적이 43만㎡임을 감안하면 적지 않은 규모임을 알 수 있다.
  성벽은 돌과 흙을 섞어서 쌓았다. 성벽의 안과 밖에 10여단(2~3m)의 돌을 쌓고, 그 안에 진흙을 다져넣었다. 성벽의 두께는 8~10m, 높이는 6m 가량 된다. 남쪽 성벽에 3개의 정식 성문이 있고, 동쪽 옆에 배수 기능의 작은 수구문이 있다. 북쪽 성벽에도 남쪽 수구문의 물길과 연결되는 수구문이 있다. 동·서·북쪽 성벽에 각각 1개씩의 성문지가 발견되었다. 동쪽과 서쪽 벽 바깥에는 방어용 도랑인 해자가 있었던 흔적이 남아 있다.
- 건물지- 궁궐 안의 건물은 크게 남궁[외전], 중궁[내전], 서궁, 북궁[정전], 동궁의 5구역으로 나뉜다. 중궁 1호 궁전지는 정면 90.5m, 측면 33m의 대형 건물지이다. 이곳에서 지붕의 용마루 양쪽 끝에 올렸던 장식기와인 치미雉尾가 출토되었는데, 높이가 210cm이다.

국립경주박물관에 있는 황룡사지 출토 치미가 186cm임을 감안하면 현재까지 출토된 국내 최대 치미로서 압도적인 건물의 규모를 상상하게 한다. 성 안에는 21개의 건물과 그것들을 연결하는 담장인 회랑의 흔적이 남아 있다.

- 논란의 여지- 궁궐터 아래 부분에서 고구려시대의 고분이 발견됨으로써 안학궁이 고구려가 아닌 고려시대에 축조되었다는 주장도 있다. 주로 일본인 학자들의 견해가 많다.


〈청암동토성〉

- 개관- 평양성과 안학궁 사이에 위치해 있다. 토성은 대동강 북쪽의 넓은 평야를 두른 낮은 구릉을 따라 반달 모양으로 축조되어 있다.
- 성벽과 성문- 동서 약 1.2km, 남북 500m 가량으로 전체 둘레는 3.5km이다. 공교롭게도 한성시기 백제의 왕성이었던 풍납토성의 둘레와 똑같다. 토성 아래 부분의 폭은 약 10m, 윗부분의 폭은 2.5m이다. 동·서·북쪽 성벽에 문지가 남아 있다. 북문에서 동북쪽으로 대성산성의 남문으로 통하는 길이 있다. 이곳에서 대성산성까지는 3.5km 거리이다. 청암동토성과 대성산성이 어떠한 형태로든지 상호 간에 유기적인 관계를 가지고 운영되었음을 시사한다.
- 발굴 성과- 1938~1939년 내부 건물지를 발굴한 결과 청암리절터 [금강사지]에서 금동관이 출토되었다. 그리고 평양성이나 안학궁보다 더 오래된 고구려 와당이 출토되었다.
- 성격- 일부 학자가 장수왕대 천도한 평양성으로 추정한다. 그에 따르면 평지성이 청암동토성이고 산성이 대성산성이 된다. 북한학자들은 고조선의 왕검성 유적으로 이해하고 있다.

전기 평양성과 관련해서는 『주서周書』 고구려전에 관련 기록이
전한다.

국도國都는 평양성平壤城이다. 그 성은 동·서가 6리이며 남쪽으로는 패
수敗水[대동강]에 닿아 있다. 성 안에는 오직 군량과 무기를 비축하여 두
었다가 적군이 침입하는 날에는 곧 성안으로 들어가서 굳게 지킨다. 왕
은 따로 그 곁에 궁실宮室을 마련하였으나 평상시에는 거기에 살지 않
는다. 그밖에 국내성國內城과 한성漢城이 있으니 별도의 도읍지이다.
　　　　　　　　　　　　　　　　　　　- 『주서』 이역열전 고구려전

『주서周書』는 557~581년에 존속했던 북주北周의 역사책이다.
『주서』의 편찬은 당나라 시기인 618~628년 사이에 이루어졌다. 따라
서 연대만 가지고는 여기에서 묘사한 평양성이 전기의 것인지 후기의
것인지 분명하지 않다. 다만 후기 평양성은 그 규모가 동·서 6리를 훨
씬 초과하고, 산성과 평지성이 조합됨으로써 국왕이 늘 거주하는 시
스템이다. 따라서 이 기록에서의 평양성은 북주 당대에 기록된 전기
평양성에 대한 묘사임을 알 수 있다.
　　『주서』 고구려전의 평양성은 대성산성으로 판단된다. 국왕이 평
상시에는 안학궁성 또는 청암동토성으로 비정되는 평지성에서 지내
다가 전쟁이 발생하면 산성에 들어가서 농성전을 벌였음을 알 수 있
다. 또 평양성 시기에도 별도로 국내성과 한성漢城이 존재해 제2의 수
도로서의 기능을 했음도 살필 수 있다. 이때의 한성은 황해도 재령에
있었던 성이다.

〈평양성〉
• 개관- 일명 '장안성長安城'이다. 중국 당나라의 수도 장안長安에서

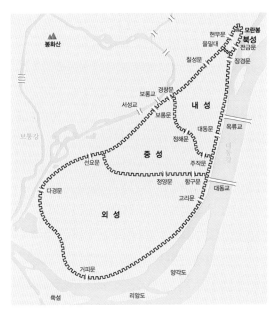

| 평양성 평면도

따왔다. 『삼국사기』에 따르면, 양원왕 8년(552)에 쌓기 시작하여 평
원왕 28년(586)에 이곳으로 도읍을 옮겼다. 평양성 성 돌에 새겨진
명문에는 566년부터 내성內城을 축조해 593년에 이르러 공사가 완
료된 것으로 되어 있다. 그렇게 보면 도성을 완공도 하기 전에 국왕
이 거처를 옮긴 셈이 된다. 그것은 당시 북방에서는 수나라가 581
년에 중국을 통일한 후 호시탐탐 고구려를 노리고 있었고, 남쪽에
서도 신라가 북방으로의 진출을 도모하는 대외적 위기상황이 도래
했기 때문이었다.

평양성은 동남쪽으로는 대동강이, 서쪽으로는 보통강이 감싸고 있
어서 천연 방어선[해자] 역할을 하였다. 평양지역의 산과 평지를 넓
게 아우르는 산성과 평지성이 결합된 구조이다. 외성은 평지에, 중

성은 평지와 산, 내성과 북성은 가장 높은 지대에 위치해 있다. 전체 바깥 둘레는 16km인데, 안쪽까지 포함하면 23km의 대형 도성이다. 같은 시기 당나라 수도였던 서안의 장안성이 14km임을 감안하면 고구려 장안성의 규모와 위용을 잘 알 수 있다.

- 북성- 평양시내에 우뚝 솟은 금수산[모란봉이 최고봉]을 감싸고 내성의 북쪽에 연접해 있다. 왕이 거주했을 것으로 추정되는 내성을 보호하기 위한 목적으로 축조된 것 같다. 성벽은 남쪽의 을밀대에서 현무문을 지나 북쪽으로 모란봉을 감싸고 동남쪽으로 내려와 부벽루를 거치고 전금문을 지나 다시 을밀대에 이른다(평양성 평면도 참조). 성안에는 고구려시대의 절터로 알려진 영명사가 있다.

- 내성- 고구려왕이 거주했던 왕궁이 있었던 곳이다. 동쪽에는 평양성 성문 중 규모가 가장 큰 대동문이 있다. 지금의 문은 1635년(인조 13)에 재건한 것이다. 서북쪽에는 칠성문, 남쪽에는 주작문이 있다. 북성과 내성이 교차하는 지점에 방어시설이자 감시시설로써의 치성[북장대]이 있는데, 높이가 11m에 달한다. 을밀대는 1714년(숙종 40) 이곳에 세운 것이다. 내성 안 만수대의 건물지에서 고구려의 주춧돌과 와당, 기와편이 다량으로 출토되었다.

  내성 성벽에서 평양성의 축조과정[시기, 공사책임자 이름 등]을 새긴 성 돌 6개가 발견되었다. 명문 내용에 따르면, 내성은 평원왕대(559~590)인 566~569년에 집중적으로 축성되었다. 이 시기는 평원왕이 아들 원元을 태자로 책봉한 후 본격적인 왕권 강화와 체제정비를 추진했던 때였다. 대규모의 노동력 징발을 통해서만 가능했던 궁궐의 역사役事는 강력한 왕권을 기반으로 하지 않고서는 불가능했을 것이다. 평원왕은 별다른 문제없이 장안성을 쌓았을 뿐만 아니라 재위 28년(586)에는 결국 도읍을 옮기기까지 하였다.

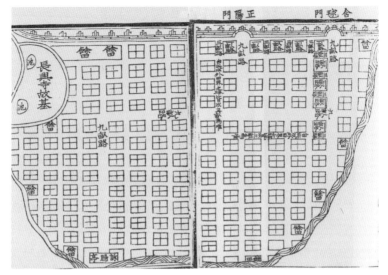

| 『구암유고』에 남겨진 평양성 외성

• 중성과 외성– 중성에는 중앙 관청이 있어 귀족들이 살았던 것으로 추정된다. 서북쪽에는 보통문, 남쪽에는 정양문과 함구문이 있다. 보통문은 고구려 때 만들어진 후 고려시대 서경西京의 서문 역할도 했다. 현재의 문은 조선 성종(1469~1495) 때 중건한 후 여러 차례 보수를 거쳐 오늘날에 이른 것이다.

외성은 일반 백성들의 거주구역이었다. 고구려 시기의 정연한 도로망의 흔적이 남아 있다. 한백겸의 『구암유고久菴遺稿』(1640년 간행)에는 그가 직접 평양성을 답사한 후 그린 외성의 구조가 잘 남아 있다. 그에 따르면, 집은 '田'자 모양으로 모이게끔 배치하였다. 도로의 폭도 대로는 9묘로畝路, 중로는 3묘로, 소로는 1묘로로 구분하였다. 1묘가 약 1.4m이므로, 9묘로는 12.6m의 폭을 가진 큰 길이었음을 알 수 있다.

# 고구려의 산성과 방어체계

## 개관

고구려高句麗는 '산성의 나라'이다. 『삼국지』 위서 동이전에 따르면, '구루溝瓁'란 고구려 사람들이 성城을 부르는 말이다. '句麗'와 '溝瓁'는 고구려가 중국의 한자를 빌려 표기하면서 다르게 표기되었지만 실제로는 같은 것이다. 곧 '고구려'는 '높은 성'이라는 뜻을 가지고 있다. 고구려는 나라 이름에서 이미 '산성의 나라'로서의 정체성이 뚜렷하다. 그에 걸맞게 현재까지 확인된 고구려 산성은 중국에 200여 기, 북한에 40여 기, 남한지역에 40여 기에 달한다. 중국과 북한지역의 것은 둘레 1km가 넘는 중형급 이상의 산성이 많고, 남한지역에는 200~300m 미만의 작은 산성인 보루堡壘가 많다.

고구려 산성은 주로 하천을 따라 교통로의 길목에 위치해 있어 적군의 동향을 감시하고 통제하는 데 유리하였다. 중형급 이상의 산성은 단순한 방어성으로써 뿐만이 아니라 행정지배를 할 수 있는 지방통치의 단위로서도 기능하였다. 임진강 이남에 있었던 보루들은 군사들이 주둔함으로써 백제나 신라의 침략을 억제한 군사적 거점의 역할을 수행하였다.

고구려 산성은 신라나 백제에 비해 돌로 쌓은 석성이 많다. 양식은 산비탈을 깎아 석축을 하고 안쪽을 흙이나 돌로 채워넣는 '내탁식' [단면축조법]과 내외의 성벽을 모두 돌로 쌓는 '협축식'[양면축조법]으로 구분한다.

성벽 축조의 특징으로는 높은 성벽이 하중을 잘 받쳐 무너지지 않도록 성벽 하단을 계단식으로 들여쌓기 하였다. 그리고 성문을 보호하기 위해서 옹성甕城과 어긋문, 방어용 치성雉城, 몸을 숨길 수 있는 성가퀴[여장女墻]가 설치되었다. 평지성에는 성의 바깥 둘레에 방어용 물길인 해자垓字를 꼭 마련하였다. 대형 산성의 경우 계곡을 끼고 있어 물 걱정을 할 필요가 없고, 소형의 경우도 반드시 저수시설이 마련되어 있어 장기 농성전에 대비하였다. 이러한 것들은 도성이나 산성이나 마찬가지였다.

| 요동지역의 고구려 산성

## 요동지역의 고구려 산성

### 1. 압록강 중·상류의 주요 산성

〈환인桓仁 고검지산성高儉地山城〉

- 위치- 중국 요령성遼寧省 환인현桓仁縣 목우자진木盂子鎭 고검지촌 북쪽 산성자산에 있다. 이곳은 요동의 태자하太子河 방면과 소자하蘇子河 방면에서 환인으로 들어오는 교통로의 요충지이다. 환인 서북방 외곽의 방어를 담당하였다.
- 현황- 포곡식 산성이며, 협축 방식의 석성이다. 전체 둘레는 1.5km이다. 성문은 북문 2개, 동문 1개, 남문 1개 등 4개가 발견되었다. 현재 남문지 일대는 붕괴되었지만, 동북 벽과 동남 벽의 보존 상태는 양호하다. 남아 있는 북벽의 높이는 5m 정도 되는데, 성가퀴가 남아 있다.

〈신빈新賓 흑구산성黑溝山城〉

- 위치- 요령성 신빈현新濱縣 홍묘자향紅廟子鄕 흑구촌 북쪽에 있는 해발 700m의 산에 있다. 흑구산성의 동쪽으로 부이강富爾江이 흐른다. 신빈에서 부이강을 경유해 환인으로 들어오는 요충지에 위치해 환인 북쪽의 방어를 맡았다.
- 현황- 산성 전체의 둘레는 1.5km이다. 자연 절벽이 1km이고, 돌로 쌓은 석축 구간은 500m이다. 성문은 북문과 동문 2개가 확인되었다. 동문지에 장방형의 옹성이 설치되어 있다. 동문의 방향이 부이강을 향하고 있어 정문의 역할을 한 것으로 추정된다. 서벽의 석축 구간이 가장 긴데, 성벽 위에 1.5m 간격으로 돌구멍 25개가 배열되어 있는 것이 특징적이다. 치의 흔적은 곳곳에 있지만 성가퀴는 남

아 있지 않다.

## 2. 혼하와 요하 중·상류의 주요 산성

〈무순撫順 고이산성高爾山城[신성]〉

- 위치– 요령성 무순시撫順市 북쪽의 고이산에 있다. 고이산성은 혼하와 소자하 일대에서 가장 중요한 전략적 요충지에 위치해 있다. 요동 방면으로 쳐들어오는 중국의 고구려 침략경로 상 최일선 방어성의 기능을 담당하였다. 『삼국사기』에 나오는 신성新城으로 추정된다.
- 관련 기록(『삼국사기』 고구려본기)

① 서천왕 19년(288) 여름 4월에 왕이 신성新城에 행차하였다.

② 봉상왕 2년(293) 가을 8월에 모용외慕容廆가 침략해왔다. 왕이 신성으로 가서 적을 피하고자 하였다. 행차가 곡림鵠林에 이르렀는데 모용외가 왕이 나간 것을 알고 병력을 이끌고 이를 추격하였다. 거의 따라잡게 되자 왕이 두려워하였다. 그때 신성 재宰 소형小兄 고노자高奴子가 기병 5백을 거느리고 왕을 맞이하러 왔다가 적을 만나 그들을 힘껏 공격하니, 모용외의 군대가 패하여 물러갔다. 왕이 기뻐하고 고노자에게 벼슬을 올려 대형大兄을 삼고, 겸하여 곡림을 주어 식읍으로 삼았다.

③ 고국원왕 5년(335) 봄 정월에 나라 북쪽에 신성을 쌓았다.

④ 광개토왕 2년에 연왕 성盛이 우리 왕의 예절이 오만하다고 하여 몸소 병력 3만을 거느리고 불의에 쳐들어왔다. 표기대장군 모용희로서 선봉을 삼아, 신성과 남소성南蘇城의 두 성을 쳐서 빼앗고 땅 7백여 리를 넓히고 5천여 호를 옮기어 돌아갔다.

⑤ 양원왕 3년(547) 가을 7월에 백암성白巖城을 고쳐 쌓고, 신성을 수리 하였다.

⑥ 영양왕 24년(613) 여름 4월에 황제[수 양제]의 행차가 요하를 건너와 서 우문술과 양의신을 보내 평양으로 가게 하였다. 왕인공이 부여도 로 나와 진군하여 신성에 이르자, 우리 병력 수만이 대항하여 싸웠다.

⑦ 보장왕 4년(645) 여름 4월에 [이]세적이 통정通定에서 요수를 건너 현도에 이르니, 우리 성읍이 크게 놀라 모두 문을 닫고 지켰다. 부대 총관 강하왕 도종이 병력 수천을 거느리고 신성에 도착하여, 절충도 위 조삼량이 기병 10여 명을 이끌고 곧바로 성문을 압박하니, 성 안 에서는 놀라 감히 나가는 자가 없었다. 영주도독 장검이 호병胡兵을 거느리고 선봉이 되어 나아가 요수를 건너 건안성建安城으로 가서, 우리 병력을 깨뜨리고 수천 명을 죽였다. 이세적과 강하왕 도종이 개 모성盖牟城을 공격하여 빼앗아, 1만 명을 사로잡고 양곡 10만 석을 얻 어 그 땅을 개주盖州로 삼았다.

장량이 수군을 거느리고 동래東萊에서 바다를 건너 비사성卑沙城을 습격하였다. 성은 4면이 깎은 듯하고 오직 서문만이 오를 수 있었다.

『삼국사기』에 따르면, 신성은 늦어도 3세기 후반 무렵에는 국왕이 행차할 정도의 비중을 가진 성으로 축조되었다. 이후 7세기 중반까 지 고구려가 중국의 침략을 저지하는 방어성으로서 충실히 기능하 였다.

• 현황- 전체 둘레는 4km로서 이 일대의 성 중에서는 규모가 가장 크다. 동성과 서성의 기본 구조에 서북쪽과 동남쪽에 3개의 작은 위성이 붙어 있다. 동성이 중심성인데, 이곳에서 고구려시대의 유 물이 집중 출토되었다. 성벽은 흙으로 쌓은 구간과 흙과 돌을 함께

| 고이산성 표지석(2014년)

쌓은 토석혼축 구간이 있다. 동성에서 남문·북문·동문의 문지가 조사되었고, 남문에서는 옹성 구조가 확인되었다. 현재 동성의 한 가운데 남북 방향으로 도로가 나 있다.

- 출토 유물- 무기류로 투구·갑옷편·화살촉·창·칼이 출토되었다. 농·공구류는 도끼·삽·낫·보습이, 마구류는 등자鐙子가 출토되었다. 등자는 말을 탈 때 딛고 올라가고 말 위에서 발을 고정해주는 장치이다. 생활용구로는 항아리·동이·시루·사발 등이 출토되었다. 와당, 암·수키와 등 기와도 다량으로 출토되었다.

### 3. 태자하와 요하 하류의 주요 산성

〈등탑燈塔 연주성燕州城[백암성]〉

- 위치- 요령성 등탑시燈塔市 서대요향西大窯鄉 관둔촌官屯村의 동쪽 산에 있다. 중국 측이 요동평야에서 천산산맥千山山脈으로 진입하는 곳이자, 요양遼陽에서 태자하를 거쳐 본계本溪로 진입할 경우 거

쳐야 하는 요충지이다. 요동 일대를 확보한 고구려가 인근 요양에 위치한 요동성을 중심으로 하면서 그 배후에 축조한 거점성이다. 『삼국사기』에 고구려 후기 대중국 거점성으로 기록되어 있는 백암성白巖城으로 추정된다.

- 관련 기록

> ① 양원왕 3년(547) 가을 7월에 백암성白巖城을 고쳐 쌓고, 신성을 수리하였다.
>
> -『삼국사기』 권19, 고구려본기7, 양원왕 3년
>
> ② 보장왕 4년(645) 이세적이 백암성 서남쪽으로 진격하고 황제가 그 서북쪽에 이르니, 성주城主 손대음이 몰래 심복을 보내 항복을 청하였다. 성에 도착해 칼과 도끼를 던지는 것으로 신표로 삼고 말했다. "저는 항복하기를 원하나 성에는 따르지 않는 자가 있습니다." 황제가 당唐의 깃발을 그 심부름꾼에게 주면서 말했다. "기필코 항복하려고 한다면 이것을 성 위에 세워라." 손대음이 깃발을 세우니, 성 안의 사람들이 당의 병력이 이미 성에 올라온 것으로 알고 모두 그를 따랐다. 황제가 요동성에서 승리를 거두었을 때 백암성이 항복을 청했다가 얼마 후에 후회하였다. … 성 안의 남녀 1만여 명을 얻어 물가에 천막을 설치하고 그들의 항복을 받았다. 먹을 것을 하사하고 80세 이상에게는 비단을 차등 있게 주었다. 다른 성의 병력으로 백암성에 있던 자는 모두 위로하고 깨우쳐서 양식과 무기를 주어 제 마음대로 가게 하였다. … 백암성을 암주巖州라 하고, 손대음으로 자사를 삼았다.
>
> -『삼국사기』 권21, 고구려본기9, 보장왕 상

『삼국사기』에는 백암성이 6세기 중반 이전에 축조되었음을 전한다. 신성과 함께 수리한 것을 감안할 때, 요동 방면 외곽 방어의 거

| 백암성

점성이었음을 알 수 있다. 645년 고구려와 당나라 사이 벌어진 1차 전투에서도 평지성인 요동성이 함락된 다음에 이어서 함락되었다.

• 현황– 전체 둘레는 2km이다. 협축 방식의 석성이다. 남쪽의 태자하를 천연 해자로 삼아 동·서·북쪽에만 성을 쌓았다. 성벽의 하단 부분에 고구려 성의 특징인 계단식 들여쌓기가 잘 남아 있다. 8.6m 높이의 북벽에는 4개의 치雉가 남아 있다. 성문은 서문지만 발견되었다. 성벽 곳곳에 명나라 때 보수해서 재활용한 흔적이 남아 있다. 성 안에서 다량의 고구려 토기 및 적갈색 연꽃무늬 와당과 기와가 출토되었다.

〈해성海城 영성자산성英城子山城[안시성]〉

- 위치- 요령성 해성시海城市에서 동남쪽으로 7.5km 위치의 팔리진향八里鎭鄕 영성자촌에 있다. 요동평원에서 요하 하류와 합류하는 태자하의 지류인 해성하海城河를 따라 압록강 하류 방면으로 진출하는 요충지에 해당한다. 곧 중국이 요동에서 육로를 이용해 평양성으로 진격할 때 반드시 거쳐야 할 곳이다. 영성자산성 남쪽의 개주시蓋州市에 고려성산성高麗城山城[건안성]이 있고, 북쪽에는 백암성이 있다. 일반적으로 645년 대당 전투의 항쟁지였던 안시성安市城으로 비정한다. 다만 분명한 증거가 있는 것은 아니어서 향후 좀 더 조사가 필요해 보인다. 『삼국사기』 고구려본기 보장왕 4년(645)조에는 안시성 전투의 전황이 자세하게 남아 있다.
- 현황- 포곡식 산성이다. 토성으로 전체 둘레는 2.7km이다. 성문은 서문·북문·동문지가 남아 있다. 서문이 정문 역할을 했으며, 옹성 구조를 가지고 있음이 드러났다. 성곽 서북쪽 모서리에 전망대가 남아 있다.

### 4. 요동반도와 압록강 하류의 주요 산성

〈대련大連 대흑산산성大黑山山城[비사성]〉

- 위치- 요령성 대련시大連市 금주구金州區 동쪽 우의향優誼鄕 팔리촌八里村의 대흑산(해발 663m)에 있다. 고구려가 7세기 대에 쌓았던 천리장성千里長城의 시발점인 비사성卑沙城으로 추정된다. 고대로부터 산동반도에서 출발한 중국 수군水軍이 요동반도에 들어오거나 평양으로 나아갈 때 반드시 지나야 하는 해상 교통의 요충지이다. 비사성에서는 발해만과 서해 방면 모두를 감시하고 통제할 수 있다.

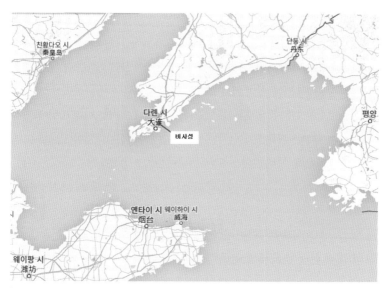

| 비사성의 지정학적 위치(구글지도 활용)

| 비사성이 있는 대흑산 전경(2014년)

- 관련 기록

> 보장왕 4년(645) 4월 장량이 수군을 거느리고 동래東萊[중국 산동성 래주萊州]에서 바다를 건너 비사성卑沙城을 습격하였다. 성은 4면이 깎은 듯하고 오직 서문만이 오를 수 있었다. 정명진이 병력을 이끌고 밤에 도착하여, 부총관 왕대도가 먼저 올랐다. 5월에 성이 함락되어 남녀 8천 명을 빼앗겼다.
>
> – 『삼국사기』 권21, 고구려본기9, 보장왕 상

- 현황– 전체 둘레는 5km이다. 『삼국사기』에 따르면, 비사성은 사면이 절벽으로 둘러싸여 있어 서문을 통해서만 오를 수 있다고 되어 있다. 645년 당 태종의 고구려 원정 때도 당나라 수군이 평양성 진격에 앞서 먼저 공격한 곳이 비사성이었다.

현재 중국 측에 의해 서문이 복원되었지만 고구려 성과 무관하게 복원되었다. 성벽은 전체적으로 성가퀴 없이 훼손된 곳이 많다. 전망이 좋은 서북쪽 장대지 부근이 관광지로 개발되어 차량으로 정상까지 올라갈 수 있다. 이곳에 당 태종 이세민을 기리는 당왕전唐

| 이름만 남아 있는 비사성(2014년)

王殿이 서 있는데, 발해와 서해로의 조망권이 좋아 비사성의 지리적인 조건을 살피기에는 더할 나위 없이 좋다.

### 〈봉성鳳城 봉황산성鳳凰山城[오골성]〉

- 위치- 요령성 봉성시鳳城市 동남쪽 5km 지점에 소재한 봉성산鳳凰山(930m)에 있다. 요동반도 동남부에서 압록강 하류를 거쳐 평양으로 연결되는 교통로상의 요충지이다. 중국이 서쪽의 안시성이나 백암성 방면에서 동남쪽의 한반도로 진출할 때 반드시 경유해야 하는 경로에 위치한다. 『삼국사기』의 645년 대당 전투에서 나오는 오골성烏骨城으로 추정된다. 요동의 중심성으로서 고구려 최고 지방관인 욕살褥薩이 파견된 대성大城의 하나로 생각된다.
- 현황- 전체 둘레는 15km이다. 현재 남아 있는 고구려 성으로는 가장 큰 규모이다. 성문은 남문·북문·동문지가 발견되었는데, 남문이 정문의 역할을 했다. 북문 서쪽에 전망대[장대]가 있는데, 옹성과 성가퀴가 남아 있다.

### 〈단동丹東 호산장성虎山長城[박작성]〉

- 위치- 요령성 단동시丹東市 동북쪽 10km 지점 애하靉河와 압록강이 합쳐지는 곳의 호산(146m)에 있다. 고구려시대의 박작성泊汋城으로 추정된다. 압록강 하구에서 수륙이 교차하는 교통로의 감시·통제에 유리한 지리적 조건을 가지고 있다. 호산장성 인근에 고구려 때 서안평西安平의 치소로 추정되는 평지성인 애하첨고성靉河尖古城이 있다.

- 관련 기록

  보장왕 7년(648) 9월 [당] 태종이 장군 설만철 등을 보내 쳐들어왔다. 바다를 건너 압록강으로 들어와 박작성泊灼城 남쪽 40리 되는 곳에 도달하여 진영을 멈추니, 박작성주 소부손이 보병과 기병 1만여 명을 거느리고 이를 막았다. 만철이 우위장군 배행방을 보내 보병과 여러 군대를 거느리고 이를 이기니, 우리 병력이 무너졌다. 행방 등이 병력을 보내 성을 포위하였다. 박작성이 산에 의지하여 방어시설을 해놓고 압록수를 사이에 두고 굳게 막아 공격했지만 빼앗지 못하였다. 우리 장수 고문이 오골烏骨·안지安地 등 여러 성의 병력 3만여 명을 거느리고 나와 지원하였는데, 두 진으로 나누어 설치하였다. 만철이 군사를 나누어 이에 대응하니 아군이 패하여 무너졌다.

  　　　　　　　　　　　　－『삼국사기』권21, 고구려본기9, 보장왕 상

- 현황- 전체 둘레는 1.2km로 추정된다. 하지만 현재 일부 고구려 성벽의 흔적만이 발견될 뿐이다. 중국이 호산장성을 명대 만리장성의 동쪽 끝 지점 성으로 규정하면서 고구려 성을 훼손하고 명나라 식으로 무분별하게 복원하였다.

| 호산장성 전경

# 남한지역의 고구려 성

## 1. 임진강과 한탄강 유역

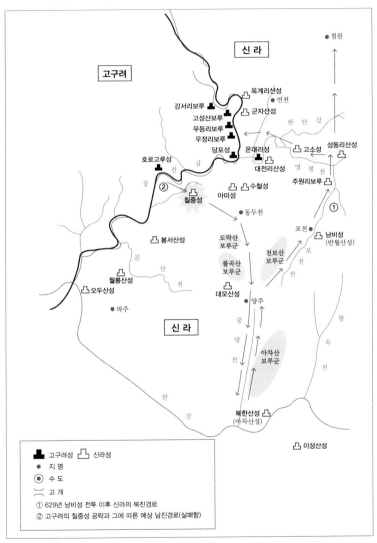

강서리보루, 고성산보루, 무등리보루, 우정리보루, 당포성, 옥계리산성, 군자산성, 온대리성, 대전리산성, 성동리산성, 고소성, 주원리보루, 호로고루성, 칠중성, 아미성, 수철성, 봉서산성, 도락산보루군, 불곡산보루군, 대모산성, 천보산보루군, 낭비성(반월산성), 월롱산성, 오두산성, 아차산보루군, 북한산성(아차산성), 이성산성, 철원, 연천, 한탄강, 영평천, 동두천, 포천, 양주, 문산천, 중랑천, 한강, 왕숙천, 파주, 임진강, 웅, 포천

고구려성 / 신라성
● 지 명
◉ 수 도
)( 고 개
① 629년 낭비성 전투 이후 신라의 북진경로
② 고구려의 칠중성 공략과 그에 따른 예상 남진경로(실패함)

**신라 / 고구려 / 신라**

| 7세기 임진강·한탄강 유역의 고구려·신라 관방유적과 국경선(장창은, 『고구려 남방 진출사』, 336쪽)

임진강과 한탄강 유역에는 20여 개의 고구려 관방유적이 남아 있다. 이들 고구려성은 임진강·한탄강 유역을 따라 동-서로 배치되어 있다. 주로 임진강의 북쪽과 한탄강의 서쪽에 위치해 강을 천연 방어선[해자]으로 삼은 것이 특징이다. 또한 대부분 수심이 낮아 강을 건너기 좋은 지정학적 요충지에 성이 위치해 있다. 이 지역에 있는 고구려 성은 요동지방과 달리 산성보다는 강을 끼고 있는 평지성이나 작은 보루堡壘가 많다. 보루는 학자마다 기준이 다르기는 하지만 둘레 300~400m 이내의 성을 지칭하는 용어이다.

이 일대의 고구려 관방유적이 모두 같은 시기에 존속한 것은 아니다. 대체로 5세기 후반~6세기 중반까지는 백제의 북진에 대비하기 위한 용도로, 7세기 대에는 신라의 북진에 대한 방어성으로 기능한 것으로 추정된다.

〈연천 은대리성〉

┃은대리성에서 바라본 한탄강 물길

• 위치- 한탄강과 그 지류인 차탄천이 합류하는 지점의 삼각형 대지 위에 조성되었다. 임진강 동쪽에 해당한다. 강가의 절벽을 끼고 있는 평지성이어서 '강안평지성江岸平地城'이라고 부른다. 성의 위치와 출토 유물로 볼 때 호로고루·당포성과 달리 6세기 초반까지만

활용되다가 폐성된 듯하다. 은대리성의 용도는 신라가 6세기 중반 한강 유역을 장악하기 이전에 활용된 대백제 방어용이었다.

- 현황과 발굴 성과- 은대리성은 내성과 외성의 이중 구조를 가지고 있다. 외성의 둘레는 1km, 내성은 230m이다. 발굴 결과 문지는 3개가 확인되었다. 또한 대형 건물지 1개와 치성 3개도 확인되었다. 치성은 문지 주위에 방형으로 조성되었다. 성벽은 석성을 쌓기 전에 먼저 점토를 다져 쌓은 후 그 바깥 면에 붙여서 석성을 쌓는 '토심석축' 방식이다. 이러한 축조방식은 요동지방과 구별되는 임진강 일대 고구려 성의 특징이다.

| 은대리성 동벽(2018년)

〈연천 당포성〉

- 위치- 임진강과 한탄강이 만나는 지점에 위치해 있다. 은대리성과 마찬가지로 수직 절벽 위에 있는 삼각형의 강안평지성이다.
- 현황과 발굴 성과- 전체 둘레는 450m이다. 남아 있는 성벽의 높이는 6m이다. 남벽과 북벽은 15~20m의 수직 절벽을 활용했고, 동벽만 50m를 쌓았다. 동벽 바깥에 깊이 3m, 폭 6m의 방어용 해자 흔적이 발견되었다.

성벽 단면의 조사 결과 아래 부분인 기저부와 중심부는 흙을 다져가며 쌓은 판축기법으로 만들었음이 드러났다. 판축토 위에 성의

| 당포성 동벽 측면과 임진강(2018년)

| 밖에서 본 당포성 동벽(2018년)

| 동벽 위에서 본 당포성 안(2018년)

중심부인 체성벽이 올라가고 체성벽 바깥쪽에 돌로 보축성벽을 쌓아서 체성벽의 중간 부분까지 이르도록 했다. 보축성벽의 바깥쪽에는 중간 부분까지 다시 점토로 보강했는데, 이것은 7세기 후반 이 지역을 점유한 신라가 덧붙여 쌓은 것이다. 고구려 보축성벽의 바깥쪽에는 호로고루와 당포성 등에서 이와 같이 신라가 성벽을 보강한 흔적이 확인되었다. 성벽에는 일정한 간격으로 수직 홈이 파여져 있고, 그 끝에 동그랗게 판 확돌이 있다. 이곳에 성문의 기둥을 꽂았던 것으로 추정된다.

〈연천 호로고루〉

• 위치- 경기도 연천군 장남면 원당리 고랑포 북쪽에 있다. 이곳은 강의 수심이 얕은 여울이 발달하여 고대로부터 중요한 교통로의 요충지였다.

• 현황- 은대리성·당포성과 같이 삼각형 모양의 강안평지성이다. 전체 둘레는 401m이다. 남벽과 북벽은 천연 절벽을 활용했고, 동벽만 93m를 쌓았다. 7세기 중반 이후 신라가 호로고루를 차지한 후 동벽 바깥에 보축성을 쌓았다. 발굴 결과 남벽과 북벽에서 2개의 치가 확인되었다. 전체적인 성벽의 축조방식은 당포성과 같다.

| 호로고루에서 본 고랑포 여울목

| 호로고루 동벽의 고구려 성벽과 신라 보축 성벽(2018년)

| 호로고루 동벽 위에서 본 성 안(2018년)

- 출토 유물과 의미‑ 발굴 결과 연꽃무늬 와당·치미·착고기와 등
  다량의 기와는 물론 호자·벼루와 '상고相鼓' 명문이 새겨진 토기가
  출토되었다. 이러한 유물은 건물의 위계와 그 안에서 문서행정을
  담당했던 관료의 존재를 상정케 한다. 고구려에서는 기와가 궁궐·
  관청·사찰·사당 등에 한정되어 사용되었기 때문이다. 호자虎子는
  남성이 사용한 휴대용 소변기이다. 혼자서 사용하기보다는 갑옷을

| 호로고루 출토 연꽃무늬 와당과 기와
(토지주택박물관)

| 호로고루 출토 호자 조각(토지주택박물관)

착용한 장군이 시종의 도움을 받아 이용했을 것이다.

'상고' 명문이 새겨진 토기는 전쟁을 치를 때 군사의 진격과 후퇴 신호로 사용된 북으로 볼 수 있다. 어쩌면 전쟁에서의 승리를 점치거나 기원하는 차원에서 거행된 제사의례 때 사용되었을 가능성도 있다. 부여의 '영고迎鼓'와 비슷한 경우라 할 만하다. 출토 유물의 양상으로 볼 때, 호로고루가 임진강 일대의 국경을 총괄하는 사령부 기능을 했을 가능성이 크다.

〈연천 무등리 보루군〉

- 위치- 경기도 연천군 왕징면 임진강 서쪽에 있다. 왕진면 무등리와 군남면 진상리를 잇는 나루를 감시·통제할 수 있는 요충지이다.
- 현황- 보루는 1보루와 2보루로 구성되어 있다. 1보루 전체 둘레는 168m이고, 2보루는 244m이다. 2보루에서 2개의 치가 발견되었다.
- 출토 유물과 의미- 2보루에서 많은 양의 불에 탄 곡물이 출토되었다. 이는 이곳에 전쟁에 필요한 군수물자를 비축할 수 있는 창고가 있었음을 시사한다. 또한 2011년 발굴 조사에서는 완전한 형태의 고구려 찰갑札甲이 출토되어 주목을 받았다. 찰갑은 철로 만든

미늘조각들을 이어 붙여 만든 갑옷으로 내구성이 강하고 활동성이 뛰어나다. 갑옷을 만드는 데 상당한 공력이 들어간 까닭에 높은 신분의 장군만이 착용할 수 있었다. 따라서 무등리 보루에 찰갑을 소유할 만한 고급 지휘관이 주둔해 있었음을 알 수 있다.

## 2. 한강 유역

〈아차산 고구려 보루군〉

• 아차산의 지리적 조건 - 고대시기 서울 분지의 중심지는 조선시대와 달리 한강 북쪽의 중랑천과 남쪽의 탄천이 합류하는 지역이었다. 아차산 일대는 중랑천과 탄천이 합류하는 지역을 감시하고 통제하기 좋은 지점이었다. 아차산의 동쪽으로는 왕숙천을 따라 북쪽으로 길이 뻗어 있다. 중랑천로를 통해서는 의정부 - 동두천 방면으로 북쪽과 연결되고, 왕숙천로를 통해서는 포천 방면으로 나아갈 수 있다. 지금도 3번 국도와 47번 국도가 이곳을 따라 남북을 연결하는 주요 간선도로로 기능하고 있다. 아차산 남쪽에 있는 광진廣津은 고대로부터 조선시대까지 한강을 건너는 주요 나루였다. 광나루에서 한강을 건너면 남쪽의 탄천로와 연결된다. 탄천로를 통해서 남쪽으로 가면 경기 동남부인 성남 - 용인을 경유해 충청도와 경상도의 각 지역으로 갈 수 있다.

곧 아차산 일대는 고대로부터 남북 간 육상교통로와 동서 간의 한강 물길 교통로가 교차하는 전략적 요충지였다. 때문에 삼국의 각축지역으로 부각되었고, 그에 따른 관방유적이 많이 남아 있다. 백제는 475년까지 아차산에 아단성阿旦城을 쌓아 고구려의 침략에 대비하였다. 5세기 후반~6세기 중반 무렵 고구려는 아차산 산봉우리 곳곳에 보루를 쌓아 백제의 북진을 감시·통제하였다. 신라도 6세기

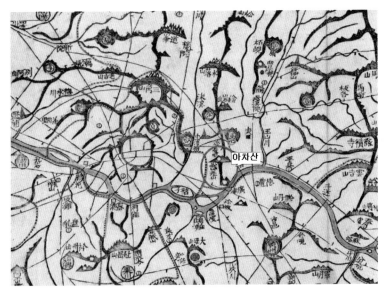

| 아차산의 지리적 조건(대동여지도, 규장각 홈페이지)

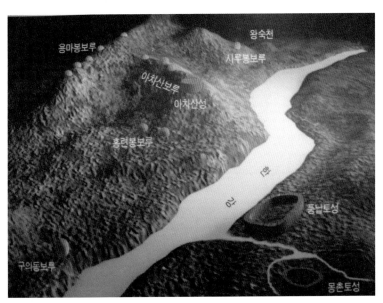

| 아차산의 고구려 보루 배치도

중반 한강 유역을 차지하고 늦어도 6세기 후반에는 이곳에 북한산성北漢山城[지금의 아차산성]을 쌓아 북방 진출의 거점성으로 삼았다.

- 아차산 고구려 보루의 조망권- 원래 이 지역 산은 모두 '아차산'이었지만, 오늘날에는 서쪽의 산줄기는 용마산, 동쪽의 산줄기는 아차산으로 구별해서 부른다. 용마산 산줄기를 따라 늘어서 있는 보루들은 주로 중랑천 일대를 감시·통제하기 위하여 배치되었다. 아차산 줄기의 보루들은 동쪽의 왕숙천변과 한강의 물길, 그리고 그 이남 지역을 감시·통제하기 위해 배치되었다. 특히 홍련봉과 구의동 보루에서는 한강 일대를 한눈에 조망하기에 가장 유리하다. 각각의 보루는 독립적으로 위치하면서도 보루 간 거리가 400~500m를 유지하고 있어 서로 유기적인 관계를 형성하고 있다.

〈홍련봉 1보루〉

- 위치- 아차산 산줄기의 남쪽 끝자락에 있다. 해발은 116m이며, 북서쪽으로 60m 가량 거리에 홍련봉 2보루가 있다. 고구려가 한강을 남쪽에 두고 백제와 대치할 때 최전방 초소이다.
- 현황- 외곽 석축의 둘레는 140m이다. 남아 있는 성벽의 높이는 최대 1.8m이지만 원래는 3~3.5m로 추정된다. 성벽 안쪽에서 1.5m 간격으로 기둥을 꽂았던 구덩이가 확인되었다. 치稚의 흔적은 확인되지 않았다.

발굴 결과 보루 안에서 18기의 기단 건물지와 1기의 수혈 건물지, 2기의 수혈유구, 3기의 저수시설, 4기의 배수시설 등이 확인되었다. 기단건물 중에서 1호와 12호 건물 주변에서 많은 양의 기와가 출토되었다. 고구려에서는 궁궐·사당·사찰·관청 등에 한정해 기와를 사용했으므로, 두 건물은 홍련봉 보루에서 가장 중요한 인물이 머물렀던 공간으로 추정된다.

- 출토 유물과 의미- 토기류와 철기류가 주를 이루고 있지만, 기와류와 수막새[와당瓦當]가 출토된 점이 다른 보루와 구별되는 특징이다. 출토된 수막새는 6점인데, 연꽃 문양이 새겨져 있고, 기와는 5,368 개체에 달할 만큼 많다. 홍련봉의 지리적 입지조건과 기와

| 홍련봉 1보루 출토 수막새(국립중앙박물관)

류의 출토양상으로 볼 때 홍련봉 1보루가 아차산 일대의 보루 중 가장 위계가 높은 중심 보루의 역할을 한 것 같다.

〈홍련봉 2보루〉

- 위치- 홍련봉의 북쪽에 위치한다.
- 현황- 성벽의 둘레는 218m이다. 남아 있는 성벽의 높이는 2~3m 정도인데, 원래는 3~4m에 달했던 것으로 추정된다. 성벽의 바깥으로 2~3m 쯤 떨어져 방어용 도랑으로써 '외황外湟'이라고 부르는 마른 해자가 보루를 감싸고 있다. 해자의 길이는 228m, 폭 1.5~2m, 깊이 0.6~2.5m이다. 성벽에서 7개의 치가 확인되었는데, 치가 없는 홍련봉 1보루의 구조와 대조적이다.

발굴 결과 내부 시설물로 건물지 9기, 저장시설 2기, 저수시설 2기, 우물 3기, 방앗간 1기, 배수시설 등이 조사되었다.

- 출토 유물과 의미- 출토된 유물은 토기류와 철기류가 대부분이다. 특히 '경자庚子'로 판독된 글자가 새겨진 토기 접시가 출토되어 주목을 받았다. '경자'가 연간지일 경우 520년에 해당하는데, 홍련봉 보루를 비롯한 아차산 보루의 조성과 운영시기를 알 수 있는 중요

한 기준이 될 수 있다. 다만 토기 그릇에 제작연대를 새긴 다른 사례가 없다는 점과, 글자 자체가 경자가 아닌 '호자虎子'라는 주장도 있다.

홍련봉 2보루는 보루의 규모에 비해서 건물의 수가 적은 편이다. 보루 내부의 구조적인 특징과 대규모의 저장시설, 그리고 소성시설과 단조용 집게의 존재 등

| 庚子 글씨가 새겨진 토기 접시(국립중앙박물관)

을 감안할 때, 홍련봉 2보루는 군수물자의 생산과 보급을 담당하는 특수한 기능을 담당했던 것으로 추정된다.


〈아차산 3보루〉

• 위치- 아차산 주봉 남쪽의 작은 봉우리[해발 296m]에 위치한다. 북쪽으로 약 600m 지점에 아차산 4보루가 있고, 남쪽으로 500m 정도 떨어져 아차산 1보루가 있다.

• 현황- 성벽의 둘레는 420m이다. 아차산 일대의 보루 중에서 규모가 가장 크다.

발굴 결과 기단 건물지 8기, 배수시설 3기, 방앗간 1기, 대장간시설 1기, 저장시설 1기가 확인되었다. 건물지에서는 2호 건물지를 제외한 나머지 모두에서 쪽구들 온돌시설이 확인되었다.

• 출토 유물과 의미- 발굴 결과 22개 기종 401개체의 토기류가 출토되었다. 주로 생활용기들인데, 원통형 세발 달린 토기[원통형삼족기

圓筒形三足器]가 5점 출토된 것이 특징적이다. 철기류는 185점 출토되었다. 무기류, 마구류, 농·공구류 등 용도가 다양하지만, 비중은 무기류가 84%로 압도적이다. 아차산 3보루가 군사용 숙소보다는 간단한 철기 등을 수리할 수 있는 대장간시설 및 군수물자의 저장시설이 중심 기능을 했던 곳으로 판단된다.

〈아차산 4보루〉

- 위치 - 아차산 산줄기의 가장 북쪽에 있는 산봉우리[해발 285m]에 남북으로 긴 말안장 모양을 하고 위치해 있다.
- 현황 - 남북 77m, 동서 25m, 성벽의 둘레는 256m이다. 발굴 당시 성벽은 가장 많이 남아 있는 부분이 11단 2m 정도였지만, 원래는 20단 4m 정도로 추정된다. 성벽에는 5개의 치가 확인되었다.

발굴 결과 내부시설로 건물지 17기, 저수시설 2기, 간이대장간 1기,

| 아차산 4보루에서 본 한강(2014년)

| 아차산 4보루 조감도(현장 설명 사진)

배수시설 등이 확인되었다. 1호 건물지[동서 15m, 남북 8m]가 다른 건물보다 1.5m 정도 높은 곳에 있는데, 건물 내부의 동쪽 온돌 아궁이에서 갑옷 투구 1점이 발굴되었다. 또 건물지 가운데에서 등자鐙子와 말재갈 등 마구류가 출토되었다. 여기에 보루 안에서 가장 중요한 인물이 거처했을 것으로 추정된다. 건물지 내부에서는 모두 17기의 쪽구들 온돌이 확인되었다.

• 출토 유물과 의미− 발굴 결과 26개 기종 753개체의 토기류가 출토되었다. 출토된 접시 중에 '후부도○형後卩都○兄', '염모형冄牟兄', '지도형支都兄'의 글자가 새겨진 것이 출토되어 주목을 받았다.

'후부後卩'는 '후부後都'로 판독되는데, 고구려 행정구역인 5부 중의 하나이다. '도○都○'·'염모冄牟'·'지도支都'는 아차산 4보루에 주둔해 있던 인물들이 유력하다. 그렇다면 이들이 이름이 새겨진 전용 식기를 사용할 정도의 지위를 가졌던 것으로 볼 수 있다.

## 3. 금강 유역

고구려 장수왕(413~491)이 475년에 백제 한성漢城을 공략한 후 5세기 후반~6세기 전반 한강 유역을 넘어 금강 유역까지 진출한 정황이 이 일대의 산성 유적에서 드러났다. 1990년대의 조사 결과 대전의 월평동 산성에서 5세기 말을 하한으로 하는 고구려 토기 조각 20여 점이 출토되었다. 2013년 중앙문화재연구원에 의해 시굴조사가 실시된 세종시 나성에서도 5세기 후반의 고구려 토기가 다수 출토되었다.

2000년대 들어와 고구려가 직접 축조한 산성으로 세종시 부강면 남성골산성이 발굴·조사되었다. 1차 발굴 결과 고구려식 집터와 고구려 토기류 130여 점 및 철제 무기류가 다량 발굴되었다. 2차 발굴에서는 고구려 양식의 금제 귀걸이와 철제 말재갈이 출토되었다. 유적의 연대는 목책 구덩이에서 나온 숯의 방사성 탄소연대 값이 5세기 후반 경으로 나왔다.

이와 같은 고고학적 정황은 고구려가 475년 이후 웅진[충남 공주시]으로 천도한 백제를 압박해 금강 유역까지 진출했음을 시사한다. 그러나 진출시기와 경로, 지배의 형태[영역지배인지 군사적 거점지배인지]에 대해서는 학계의 논란이 분분하다. 남성골산성이 돌로 쌓은 성이 아니라 목책성木柵城인 점을 감안하면, 비교적 짧은 기간에 걸친 군사적 진출로 보는 것이 합리적이다. 진출경로도 한성에서 경기 남부지역을 경유한 남진으로 한정할 필요는 없다. 왜냐하면 국원國原[충북 충주시]이 고구려 남방 진출의 중요한 군사적 거점으로 여전히 건재했기 때문이다. 고구려의 남방 진출과 백제에 대한 압박은 전방위적으로 추구되었다고 생각한다. 다만 그 시기는 5세기 후반을 넘어서지는 않았던 것 같다.

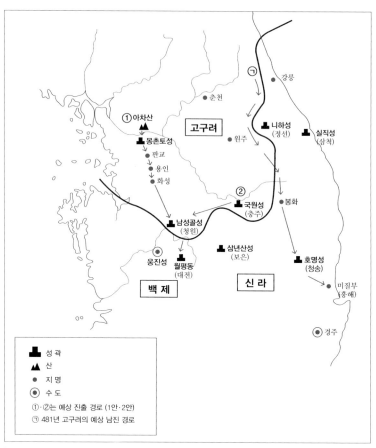

춘천

① 아차산
몽촌토성

고구려

강릉

니하성
(정선)

실직성
(삼척)

판교
용인
화성

원주

② 국원성
(충주)

봉화

남성골성
(청원)

웅진성

월평동
(대전)

삼년산성
(보은)

호명성
(청송)

미질부
(흥해)

백 제

신 라

경주

🏯 성 곽
🔺 산
● 지 명
◎ 수 도
①·②는 예상 진출 경로 (1안·2안)
㉠ 481년 고구려의 예상 남진 경로

▎475년 이후 고구려의 남진경로와 범위(장창은, 『고구려 남방 출판사』, 142쪽)

# 고구려 고분의 변천과 분포양상

고구려 고분은 시대에 따라 그 양식이 변천되었다. 기본적으로 돌로 쌓은 '돌무지무덤[적석총積石塚]'임에는 공통적이지만 후대로 갈수록 기단과 계단을 만들어 안정성을 추구했고, 규모와 높이가 점점 더 커졌다.

기원 전후의 시기에는 돌로만 무덤을 쌓은 '무기단식 돌무지무덤'을 만들었다. 무덤 안의 돌방에 시신을 안치했는데, 그 위치가 지상이라는 것이 특징이다. 같은 시기 중국과 부여의 경우 지하에 시신을 안치해 대비가 된다. 2~3세기 무렵에 '기단식 돌무지무덤'이 출현하였다. 기단 없이 강가의 둥근 냇돌을 쌓다보니 시간이 지난 뒤 무너지는 경우가 많았다. 따라서 무덤의 하단 부분을 네모나게 다듬은 돌로 기단을 쌓고 돌무지무덤을 만들었다. 이로써 무덤의 붕괴를 방지하고 안정성을 확보할 수 있었다. 기단식 무덤은 기단의 층수가 2~3개로 늘어가면서 4~5세기에 이르러서는 '계단식 돌무지무덤'을 거쳐 '계단식 돌무지 돌방무덤'으로 완성되었다. 고구려 수도 국내성에 있는 태왕릉과 장군총 등이 대표적인 사례이다. 계단식 돌무지 돌방무덤의 경우 시신을 안치했던 널방이 무덤 전체 높이의 3/4 지점에 위치해 있다.

한편 4세기 중반 무렵부터 굴식 돌방무덤, 곧 석실봉토분石室封土墳이 조성되어 고구려가 멸망하는 7세기까지 유행하였다. 석실봉토분

| 계단식 돌무지 돌방무덤의 전형, 장군총(2008년)

은 죽은 사람이 살아생전에 누렸던 주거 구조를 무덤 안에 재현한 것으로, 고분 안에 벽화를 그리게 되는 배경이 되었다. 석실봉토분의 구조는 처음에 여러 칸에서 후대로 갈수록 두 칸, 한 칸으로 단순화 되었다.

돌방무덤 안에 그려진 벽화 내용도 시대에 따라 그 경향성이 변화되었다. 초기인 4세기 중엽~5세기 초 벽화고분의 주제는 주로 생활풍속이었다. 다만 일부에서는 사신四神[청룡·백호·주작·현무]이나 장식무늬가 나타나기도 했다. 생활풍속은 여러방무덤에, 사신·장식무늬는 외방무덤인 경우가 대부분이었다. 생활풍속의 경우 무덤 칸의 구조와 벽화 내용이 죽은 사람 생전의 주거 구조를 그대로 재현하였다. 무덤 주인공의 초상화가 뚜렷하고, 행렬도 등 생전의 공적인 모습

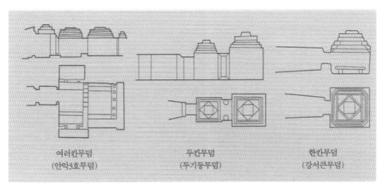

여러칸무덤
(안악3호무덤)

두칸무덤
(쌍기둥무덤)

한칸무덤
(강서큰무덤)

| 고구려 돌방무덤 구조의 변화과정

과 사적인 생활공간을 함께 그려 넣었다. 평양권 일대의 고분벽화는 중국적 분위기가 강한 것이 특징적이다. 이 시기의 대표적인 무덤으로는 황해도에 있는 안악 3호분과 덕흥리고분 등이 있다.

중기인 5세기 중엽~6세기 초에는 생활풍속을 중심으로 생활풍속+사신, 또는 생활풍속+장식무늬가 외방무덤이나 두방무덤에 그려졌다. 평양과 황해도 일대에서는 전자가 그려진 반면에 환인과 집안지역에서는 후자와 장식무늬 위주의 무덤이 많다. 이때 장식무늬로는 연꽃문, 동심원문, 구름문, 불꽃문, 당초문 등이 있다. 특히 연꽃무늬가 중심 주제로 많이 활용되는 것이 특징적인데, 불교의 공인에 따라 극락정토 왕생을 염원했던 표현인 듯하다. 전체적으로 그림이 초기의 중국풍에서 고구려다운 서정이 풍기는 것으로 변화되었다. 이 시기의 대표적인 무덤으로는 중국 집안지역의 무용총, 각저총, 장천 1호분이 있고, 황해도 지역에는 안악 2호분, 삼실총, 쌍영총 등이 있다.

후기인 6세기 중엽~7세기 대에는 사신四神을 중심으로 각종 신이 널방만 있는 외방무덤에 그려졌다. 사신은 청룡靑龍(左·東), 백호白虎(右·西), 주작朱雀(前·南), 현무玄武(後·北)인데, 음양오행사상과 결합

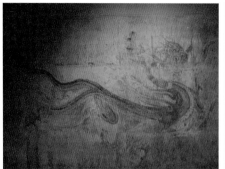
┃강서대묘 사신, 청룡 모사도(국립중앙박물관)

┃강서대묘 사신, 백호 모사도(국립중앙박물관)

┃강서대묘 사신, 주작 모사도(국립중앙박물관)

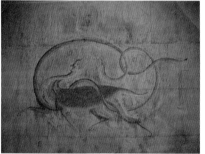
┃강서대묘 사신, 현무 모사도(국립중앙박물관)

해 방위 및 오방색이 덧붙여졌다. 그리고 방위신을 뛰어넘어 죽은 자의 세계를 지켜주는 우주적 수호신으로 부각되었다.

　무덤 안 널방의 천장 고임에는 장식무늬 이외에 해와 달신[日月神], 별자리, 천인天人, 서수瑞獸가 그려졌다. 이는 도교에서 불로장생의 신선이 되는 승선昇仙 관념과 불교에서 연꽃으로 다시 환생한다는 연화화생蓮花化生 관념이 더해진 결과였다. 다만 6세기 중엽 이후 고분벽화의 불교적 소재는 급격히 줄고 도교적 신선사상의 소재가 주류를 차지하였다.

618년에 당 고조高祖 이연李淵이 당나라를 건국한 후 도교를 국교로 정했다. 노자老子가 이씨李氏 성이어서[노자의 이름은 이이李耳다.] 그의 권위를 빌려 도교로써 통치이념을 삼고자 한 것이었다. 당나라 때에는 노자를 절대적으로 숭배했고, 그에 따라 과거시험 과목에 노자가 쓴 것으로 알려진 『도덕경道德經』을 포함시켰다. 대당 유화책의 차원에서 연개소문의 요청으로 집권 초기인 643년 당 태종이 고구려에 도사道士와 노자의 『도덕경』을 보내줌으로써 고구려 문화의 도교적 성격은 더욱 강화되었다. 이 시기의 대표적인 무덤으로는 중국 집안지역의 오회분 4·5호묘와 평안남도의 진파리 1·4호분, 황해도 지역의 강서대묘, 강서중묘 등이 있다.

### 집안지역의 고구려 고분

### 1. 돌무지무덤

〈서대총西大塚〉

서대총은 원래 계단식 돌무지 돌방무덤이었으나 일찍이 도굴되어 무덤 가운데가 둘로 갈라졌다. 남아 있는 계단은 최고 11층, 최저 4층이다. 명문이 새겨진 말린 구름문양인 권운문卷雲紋 와당이 출토되었다. 명문의 내용은 '세재歲在 연조年造', '기축년己丑年 우리작于利作' 등이다. 와당의 형식 변천과 '기축년' 간지로 볼 때 무덤의 조성연대는 329년으로 비정된다.

| 서대총 전경

6층 이상에서 많은 양의 깨진 기와가 출토되었는데, 이는 무덤 위에 제사시설로서의 건축물이 있었음을 시사한다. 장군총 등 다른 무덤에서도 이와 같은 사례가 발견되었다. 무덤 주변 40m 지점에서 담장의 흔적이 확인됨으로써 무덤공간의 구획이 분명했음을 알 수 있다. 무덤의 주인공은 미천왕(300~331)으로 추정하는 견해가 있는데, 확실한 것은 아니다.

〈천추총千秋塚〉

천추총도 원래 계단식 돌무지 돌방무덤이었다. 하지만 훼손이 심해 현재 잡석이 노출되어 있다. 애초에는 10층 계단이었을 것으로 추정된다. 무덤 한 변의 길이는 63m이고, 남아 있는 높이는 최대 10.9m이다. 일제강점기 때 '천추만세영고千秋萬歲永固[천 년 만 년 오래도록 견고하기를]'와 '보고건곤상필保固乾坤相畢[하늘과 땅이 없어질 때까지 굳게 보존되기를]'이 새겨진 전돌이 발견되었다.

| 태왕릉과 천추총 출토 전돌(국립중앙박물관)

2003년 조사 시 'ㅇ미재영락ㅇ未在永樂'이 새겨진 기와가 출
토되었다. '영락'은 광개토왕(391~412) 때 사용한 연호이다. 따라
서 연간지 'ㅇ未'는 '을미乙未'(395)와 '정미丁未'(407) 중 하나일 것이
며, 곧 무덤의 조성연대일 가능성이 크다. 무덤의 주인공으로는 미
천왕(300~331), 고국원왕(331~371), 소수림왕(371~384), 고국양왕
(384~391)이 언급되었다.

〈태왕릉太王陵〉

태왕릉 역시 계단식 돌무지 돌방무덤이었으나 훼손이 심해 잡석
이 노출되어 있는 상태이다. 무덤 한 변의 길이는 62m이며, 남아 있
는 높이는 최고 14m이다. 계단은 11층까지 확인되었다. 시신을 안치
한 널방이 무덤 윗부분 중앙, 전체적으로 3/4 지점에 위치해 있다. 천
추총과 마찬가지로 일제강점기에 무덤의 정상 부분에서 '원태왕릉안
여산고여악願太王陵安如山固如岳[바라건대 태왕릉이 산처럼 안정되고 언덕
처럼 굳건하기를]'이 새겨진 전돌과 연꽃무늬 와당이 출토되었다.

| 태왕릉 전경(2008년)

2003년 조사 시에는 '신묘년辛卯年 호태왕好太王 무?조령巫?造鈴 구십육九十六[신묘년에 호태왕의 무가 방울을 만들었다. 96]' 명문이 새겨진 청동 방울이 출토되었다. 신묘년은 391년으로 추정된다. 무덤의 주인공으로는 광개토왕(391~413)이 유력하지만 고국양왕(384~391)이라는 주장도 있다.

〈장군총將軍塚〉

장군총은 현전하는 계단식 돌무지 돌방무덤으로서는 가장 온전하게 남아 있어 '동방의 피라미드'라는 별명도 가지고 있다. 전체 7층의 높이는 12.5m이고, 무덤 한 변의 길이는 30m이다.

장군총이 1500여 년의 세월을 온전하게 견딜 수 있었던 데에는 각별한 축조법에 그 비밀이 숨어 있다. 먼저 장군총은 무덤 주위 바닥에 왕릉의 무게를 견딜 수 있는 완벽한 기초공사를 하였다. 또한 지대석의 밑면을 바닥의 암석 모양을 따라 다듬어 맞추는 '그랭이 공법'을 사용했고, 위로 올라 갈수록 들여쌓기 함으로써 안정감을 확보하였다. 그리고 무덤 돌 가장자리 끝에 홈을 파서 돌이 바깥으로 밀려내려 가지 않도록 했다. 무덤 기단석에는 무덤의 하중을 견디고 붕괴를 방지하기 위한 호석護石이 괴여져 있다.

무덤 위에서 많은 양의 기와가 출토되었고, 기둥을 꽂았던 구멍이 발견되었다. 서대총과 같이 무덤 위에 제사 건물이 있었을 가능성이 크다. 무덤의 주인공은 장수왕이 유력하지만 광개토왕으로 보는 견해도 있다. 무덤의 양식과 규모로 볼 때 적어도 지금 중국에서 이름 붙인 '장군의 무덤'은 분명 아니다.

무덤 주변에는 고인돌처럼 생긴 배총陪塚이 있다. 현재는 1기가 남아 있지만 원래 5기가 있었다. 무덤의 주인공과 관련한 인물의 무덤일 것으로 추정된다.

| 장군총의 들여쌓기와 그랭이 공법(2008년)

| 장군총의 위용(2008년)

집안지역의 돌무지무덤에 사용된 대형 장방형 돌은 집안시 서북쪽 16km 지점에 있는 채석장에서 공급받았던 것으로 보인다. 이곳에서 국내성까지는 겨울철에 얼은 강물 길을 이용하거나, 통나무를 이용해 운반한 것으로 추정한다.

## 2. 고분군과 석실봉토분

중국에는 현재 고구려의 수도였던 환인과 집안지역을 중심으로 고분군과 벽화 고분이 집중적으로 남아 있다. 환인에는 중국 측에 의해 '미창구 장군묘'로 지칭되는 무덤이 남아 있는데, 고구려 왕족 내지 귀족과 같은 유력세력의 무덤으로 추정된다.

집안지역에는 동북쪽 하해방 고분군에 3기, 중심부인 우산하 고

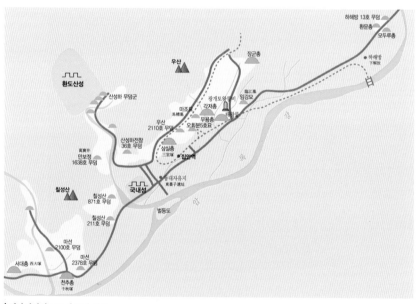

집안지역의 고구려 고분 분포

환인의 미창구 장군묘(2014년)

고분벽화를 공개하고 있는 오회분 5호묘(2009년)

분군에 11기, 환도산성 인근 산성하 고분군에 14기, 압록강 북쪽 대안의 장천분지에 3기, 통구하 서쪽의 만보정 고분군에 4기, 국내성 서쪽의 마선구 고분군에도 1기의 석실봉토분이 남아 있다[〈집안지역의 고구려 고분 분포〉 그림 참조].

　　중국에 남아 있는 고분군과 벽화고분이 남겨진 석실봉토분의 목록을 간단히 표로 정리하면 다음과 같다.

**중국지역 벽화고분의 분포**

| 지역 | 고분군 명칭 | 벽화 고분 |
|---|---|---|
| 집안 | 하해방 고분군 | 하해방 31호분, 모두루총, 환문총 |
| | 우산하 고분군 | 우산하 1041호분, 각저총, 무용총, 통구 12호분, 산연화총, 삼실총, 통구사신총, 오회분 4호묘·5호묘, 우산하 3319호분, 2174호분 |
| | 산성하 고분군 | 산성하 332호분(王字墓), 산성하 983호분, 미인총, 산성자 귀갑총, 산성하 절천정묘, 동대파 365호분, 산성하 798호분, 산성하 1305호분, 산성하 1405호분·1407호분·1408호분, 산성하 0491호분, 산성하 1020호분, 산성하 725호분 |
| | 만보정 고분군 | 만보정 1368호분, 만보정 645호분, 만보정 709호분, 만보정 1022호분 |
| | 마선구 고분군 | 마선구 1호분 |
| | 장천 고분군 | 장천 1호분·2호분, 장천 4호분 |
| 환인 | 미창구 | 미창구 장군묘 |
| 무순 | 시가구 고분군 | 시가구 1호분 |

『고구려 유적의 어제와 오늘』–고분과 유물–, 257쪽 인용

### 북한지역의 고구려 고분

북한지역에는 평양과 황해도 안악 일대에 석실봉토분으로서 고분벽화가 그려진 무덤이 많다. 무덤의 구조는 여러방무덤 계열과 외방무덤 계열로 나뉜다. 초기 및 중기에는 생활풍속계 벽화고분이, 중기에는 장식무늬, 후기에는 사신四神을 주제로 삼은 벽화고분이 많다.

평양 일대의 대표적인 벽화고분으로는 덕흥리고분, 약수리고분, 수산리고분, 쌍영총, 진파리 1호분·4호분, 강서대묘, 강서중묘 등이 있다. 황해도 안악 일대의 대표적인 벽화고분으로는 안악 1호분·2호분·3호분 등이 있다.

### 남한지역의 고구려 고분

남한에서는 5세기 후반 이후 고구려의 남방 진출과 관련해서 주요 교통로 상의 요충지에 고구려 산성과 함께 고분이 위치하였다.

한반도 중부를 남북으로 이어주던 '죽령로竹嶺路'의 북쪽에 해당하는 춘천에는 방동리 고분 2기, 신매리 고분 1기, 천전리 고

| 연천 신답리 1호분과 2호분(2010년)

분 1기가 발굴·조사되었다. 임진강과 한탄강 유역에서는 연천 강내리 고분 9기, 신답리 고분 2기가 발굴되었다.

고구려 남방 진출의 최대 거점이었던 국원[충주]의 두정리에서도 고분 6기가 발굴되어 그 위상에 부합하는 성과를 보였다. 경기도 남부의 성남 판교동 고분 2기, 용인 보정동 고분 2기, 화성 청계리 고분 2기는 고구려의 남방 진출경로를 시사하는 중요한 발굴 성과였다. 남한지역에서 발굴된 고구려 고분 중에서 연천 강내리와 충주 두정리 유적의 규모가 가장 크다. 이는 고구려가 이들 지역을 오랜 기간 영역으로 지배했음을 말해준다.

남한지역에서 조사된 고구려 돌방무덤은 위로 올라갈수록 점차 오므라드는 모줄임식 천장[말각조정末角藻井] 구조를 하고 있다. 무덤으로 들어가는 통로인 연도羨道는 오른쪽에 치우진 우편재의 경향을 보인다. 신라와 백제의 연도가 좌편재이거나 중앙에 있는 것과 비교되는 특징이라 할 만하다.

성남 판교동 고구려 1호 돌방무덤(판교박물관)　　성남 판교동 고구려 2호 돌방무덤(판교박물관)

남한의 고구려 고분 분포

# 한성도읍기 백제의 도성

## 한성도읍기 백제의 도성은 어디에 있었나?

백제 '한성시대'(기원전 18년~기원후 475년)는 678년 백제 역사에서 대부분의 기간을 차지한다. 그럼에도 불구하고 이 시기 도성[왕성]의 구체적인 위치와 그 실체에 대해서 그동안 논란이 분분했었다. 왜 그랬을까? 관련 기록부터 차분히 살펴보기로 하자.

① 주몽이 북부여에 있을 때 낳은 아들[유리]이 와서 태자가 되자, 비류와 온조는 태자에게 용납되지 못할까 두려워 마침내 오간·마려 등 십신十臣과 남쪽으로 갔는데 따르는 백성이 많았다. 마침내 한산漢山에 이르러 부아악負兒嶽에 올라 살만한 곳을 바라보았다. 비류가 바닷가에 살고자 하니 십신이 간하여 말했다.

"생각하건대 이 강 남쪽의 땅은 북쪽으로는 한수漢水[한강]를 띠처럼 두르고 있고, 동쪽으로는 높은 산을 의지하였으며, 남쪽으로는 비옥한 벌판을 바라보고, 서쪽으로는 큰 바다에 막혔으니 그 천험의 지리적 이로움이 얻기 어려운 형세입니다. 여기에 도읍을 세우는 것이 또한 마땅하지 않겠습니까?" 비류는 [신하들의 말을] 듣지 않고 그 백성을 나누어 미추홀彌鄒忽[인천]로 돌아가 살았다. 온조는 하남위례성河南慰禮城에 도읍을 정하고 십신을 보좌로 삼아 국호를 십제十濟라 하였다.

－『삼국사기』 권23, 백제본기1, 시조 온조왕 즉위년

② 여름 5월에 왕이 신하에게 말하였다. "나라의 동쪽에 낙랑이 있고 북쪽에는 말갈이 있어 영토를 자주 침략하므로 편안한 날이 적다. 하물며 이즈음 요망한 징조가 자주 나타나고 국모國母[소서노]께서 돌아가시니 형세가 스스로 편안하지 않다. 반드시 장차 꼭 도읍을 옮겨야 하겠다. 내가 어제 순행을 나가 한수漢水 남쪽을 보니 땅이 기름지므로 마땅히 그곳에 도읍을 정하여 오래도록 편안할 수 있는 계책을 도모해야겠다."

가을 7월에 한산 아래로 나아가 목책木柵을 세우고 위례성의 민가들을 옮겼다. … 북쪽으로는 패하浿河[예성강]에 이르렀고, 남쪽으로는 웅천熊川[안성천 또는 공주]을 경계로 하였고, 서쪽으로는 큰 바다에 막혔고, 동쪽으로는 주양走壤[춘천]에 이르렀다. 9월에 궁성과 대궐을 세웠다.

봄 정월에 도읍을 옮겼다. … 가을 7월에 한강 서북쪽에 성을 쌓고 한성漢城의 백성을 나누어 살게 하였다.

- 같은 책, 시조 온조왕 13·14년

③ 서울을 한산漢山으로 옮겼다.

- 같은 책, 근초고왕 26년(371)

④ [개로왕은] 사람들을 징발하여 흙을 쪄서 성을 쌓고(烝土築城), 안에는 궁실과 누각 등을 지었는데 웅장하고 화려하였다. … 강을 따라 둑을 쌓았는데 사성蛇城 동쪽에서 숭산崇山 북쪽에까지 이르렀다.…고구려가…군사를 거느리고 와서 북성北城을 공격하여 7일만에 함락시키고, 남성南城으로 옮겨 공격하였다.

- 같은 책, 개로왕 21년(475)

⑤ 왕이 사는 곳에는 동·서로 두 성이 있다.

-『구당서』백제전

사료 ①과 ②는 『삼국사기』 백제본기 온조왕대의 기록이다. 그러나 같은 책 안에서도 백제의 첫 도읍지에 관한 기록이 서로 다르게 전한다. 사료 ①에 따르면, 온조는 처음부터 하남위례성에 도읍을 정하였다. 반면에 사료 ②에서는 애초에는 한수 이북에 있었는데, 낙랑과 말갈이 자주 침략하자 한강 이남으로 수도를 옮긴 것으로 되어 있다. 백제의 첫 도읍지에 대해서 각각 다른 전승이 전해졌고, 그것을 모아 함께 기술하는 과정에서 초래된 듯하다.

사료 ④와 ⑤는 방위상에 차이가 있지만, 늦어도 5세기 무렵에 백제의 왕성이 두 개가 있었음을 알려준다. 다만 언제부터 그러했는지는 분명하지 않다. 이와 같은 기록을 가지고 한성도읍기 백제의 도성에 대한 이슈를 살펴보겠다.

### 하북위례성河北慰禮城은 어디인가?

'강 북쪽의 위례성'을 의미하는 하북위례성은 그 실존 여부에서부터 논란이 있다. 먼저 하북위례성의 실존을 인정하는 연구자들은 온조왕 14년조의 기록을 주목하여 하남위례성으로 천도하기 전에 하북위례성이 있었다고 주장하였다. 다만 하북위례성의 위치에 대해서는 삼각산[북한산] 일대설과 중랑천 일대설로 나뉜다. 다산 정약용과 고산자 김정호, 그리고 두계 이병도는 북한산 서남쪽의 세검정 계곡이나 북한산성 안에 하북위례성이 있었던 것으로 보았다. 이와 달리 노중국·이도학·차용걸 등은 상계동 토성을 주목하여 중랑천 일대로 하북위례성의 위치를 비정하였다. 다만 이들 지역이 현재 주거지로 개발이 완료됨에 따라 추후 고고학적 발굴 성과로써 하북위례성을 찾기는 어려운 형편이다.

하북위례성의 실존을 인정하지 않는 경우는 온조왕 원년조의 기록에 주목하여 온조가 처음부터 하남위례성에 도읍을 정하였다고 보았다. 하북위례성의 존재를 인정하더라도, 온조왕이 즉위 14년 만에 천도하였으므로 시설이나 기능 면에서 의미를 찾기 어려우므로 하남위례성이 실질적인 최초의 도읍지였다고 주장한 연구자도 있다. 박순발·신희권 등이 대표적이다.

백제의 첫 도읍지에 관한 온조왕본기의 기록은 얼핏 상충되어 보이지만 사실 다르게 전할 뿐이다. 백제 왕실이 낙랑과 말갈 같은 외적의 침입에 대비하고자 하북에서 하남위례성으로 천도했다는 기술은 천도의 원인과 결과가 구체적이고 분명하다. 온조왕은 한강 이북에서 한강 이남으로 수도를 옮김으로써 기존에 배후에 한강을 둔 배수진의 형세에서 한강을 천연 방어선으로 변화시킨 것이다. 그렇다면 하북위례성의 실존은 부정하기 어렵다고 생각한다.

한편 하북위례성에서 하남위례성으로 옮긴 시기에 대해서는 기록 그대로 온조왕대로 보거나, 후대의 사실이 온조왕대에 붙은 것으로 이해하면서 5대 초고왕(166~214) 혹은 11대 비류왕(304~344) 이루어진 것으로 보는 등 견해가 다양하다. 고고학적 실체가 발굴되지 않는 이상 하북위례성의 위치와 존속시기는 미궁에 빠질 수밖에 없다.

### 하남위례성河南慰禮城은 어디인가?

하남위례성의 위치를 두고도 전통시대부터 오늘날까지 논란이 분분하였다. 그 성과를 경향별로 분류해 보면 대체로 5가지로 정리할 수 있다.

〈충남 직산설〉
• 개요 및 근거-『삼국유사』의 편찬자 일연 이래 조선시대 다산 정약용의 주장 이전까지 주로 믿어졌다. 현재도 '위례성'으로 불리는 산성이 존재한다.

- 한계- 백제의 도성이 한강 인근에 있었다는 문헌자료의 분위기와 맞지 않는다. 또한 고대 초기에는 왕성 근처에 고분군이 자리하는데 이곳의 경우 백제 고분이 없다. 위례성은 발굴 결과 통일신라시대에 축조된 것으로 밝혀졌다. 다만 성 안에서 많은 양의 백제 토기가 나왔다. 이것은 마한 연맹체의 초기 주도권을 가지고 있었던 목지국目支國과 관련한 것으로 파악된다.

〈몽촌토성설〉
- 개요- 몽촌토성의 전체 둘레는 2.3km이고, 면적은 67,000평(221,487m²)이다. 1926년 일제강점기의 고적조사 때 존재가 알려졌다. 1980년대 88서울올림픽 공원의 조성을 위한 발굴조사 결과 주변의 석촌동·가락동 고분군과 관련한 백제의 거점성 내지 도성으로 주목받았다.

▎하늘에서 본 몽촌토성(문화재청 국가문화유산포털)

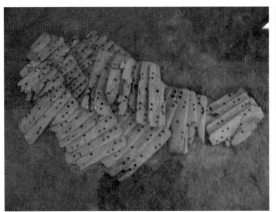

| 몽촌토성 출토 뼈로 만든 찰갑(서울대학교 박물관) | 몽촌토성 출토 네귀 달린 입 큰 항아리<br>(서울대학교 박물관) |

• 발굴 성과- 몽촌토성의 발굴 결과 집터, 창고터, 토기·기와 등 3~5세기 대의 백제 유물이 다량으로 출토되었다. 전반적으로는 풍납토성보다 출토 유물의 시기가 다소 늦다. 중국에서 3~4세기 서진~동진 대에 만들어 유행한 동전무늬도기[전문도기錢文陶器]가 출토됨으로써 축조시기의 상한선을 3세기로 보는 근거가 되었다. 또한 뼈로 만든 완전한 형태의 찰갑이 출토되어 이곳에 높은 신분의 사람이 거주했던 것으로 추정된다. 특이한 사항은 5세기 후반의 고구려 집자리와 네귀달린 입 큰 항아리[광구장경사이호廣口長頸四耳壺] 같은 고구려 토기 등이 출토된 것이다. 이로써 475년 이후 고구려가 이곳을 차지하여 백제를 압박했던 남진의 거점으로 삼았음을 알 수 있게 되었다.

2015~2016년 토성 북문지 일원의 발굴 결과 삼국시대의 도로와 백제·고구려의 각종 토기가 출토되었다. 특히 '관官'이 새겨진 백제시대 곧은 입 항아리[직구단경호直口短頸壺]가 출토되어 주목을 받았다.

| 몽촌토성 안의 전경과 발굴지역(2018년)

- 한계- 몽촌토성에서 출토된 유물 연대의 상한이 3세기 후반~4세기 대이다. 따라서 몽촌토성만으로는 한성 백제 초기의 도성에 대한 정보를 알 수 없다. 또한 토성 안에서 아직까지 왕성의 궁궐·관청터로 추정되는 대형 건물지가 발굴되지 않았다.

〈풍납토성설〉

- 개요- 풍납토성의 둘레는 3.5km이고, 면적은 17만평(561.983m²)이다. 1925년 을축년 대홍수 때 유물이 노출되었고, 1964년 서울대학교의 김원룡 교수가 시굴조사를 하였다. 1980년대 이르러 몽촌토성이 발굴되면서 백제 도성으로서 주목받지 못한 채 성 안이 주택가로 변했다. 1997년 아파트 지하주차장 터파기 공사과정 중 지하 4m 지점에서 백제 토기 파편이 출토됨으로써 긴급 구제 발굴되었다. 동쪽 성벽의 단면을 절개한 결과 토성의 높이 11m, 하부 폭 40m의 규모가 밝혀졌다.

한성백제박물관의 전시관 로비 입구에는 이때 절개한 동벽의 단면을 얇게 떠서 전사해 온 성벽 단면이 전시되어 있어, 풍납토성의 규모와 위용을 가늠할 수 있게 해 준다. 여기에는 토성의 축성 시 나무로 칸막이를 만들고 켜켜이 다져가면서 쌓아 올린 판축版築기법과, 층층 사이마다 나뭇잎 등 유기물질을 넣은 부엽敷葉공법으로 만든 과정을 잘 재현해 놓았다.

• 출토 유물- 1925년에 주로 제사 시 액체를 데울 때 사용했던 청동제 초두가 발견되었다. 그리고 중국제 유약을 바른 도기[시유도기施釉陶器]와 몽촌토성과 같이 3~4세기 서진~동진 대의 동전무늬 도기가 출토되었다.

토성 전체의 중앙 윗부분 권역에 해당하는 '경당지구'에서는 제사에 사용한 각종 토기와 제의용 희생동물로써의 말머리 뼈, 그리고 흙으로 만든 말모양 제품이 다량으로 출토되었다. 고대시기에 제사

┃풍납토성 출토 초두(국립중앙박물관)

┃풍납토성 출토 大夫명 항아리(한성백제박물관)

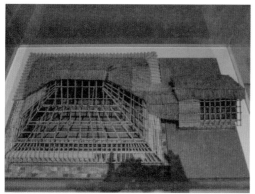
┃풍납토성 경당지구 제사건물 추정 복원(한성백제박물관)

┃풍납토성 출토 동전무늬 수막새
　(한성백제박물관)

공간이 도성 안에 있는 것이 일반적임을 감안하면, 경당지구의 발
굴이 풍납토성이 한성도읍기 백제의 왕성이었을 가능성을 높여 주
었다. '대부大夫'라는 글자가 새겨진 토기는 관직과 관련되었을 가
능성도 있고, 도교의 신선인 팽조彭祖를 지칭한다는 주장도 제기되
었다. 도교에서 신선이 되기 위해 먹어야 하는 선약仙藥인 운모가
함께 출토된 점이 고려된 듯하다. 경당지구 서쪽의 '미래마을지구'
(197번지)에서는 한성 백제 최대의 움집 주거지와 수천 점의 기와

를 올린 대규모 초석 건물이 발굴되었다.

이와 같은 일련의 발굴 결과 풍납토성은 늦어도 3세기 대에 축조된 백제 초기 왕성으로 주목받았다. 토성 안에서 도랑 구덩이인 환호環濠가 3중으로 크게 둘러쳐져 있었던 흔적이 발견되었다. 그렇다면 목책성 단계의 3중 환호가 폐기된 후 토성으로 다시 쌓았던 것으로 추정할 수 있다. 그 분기점은 현재까지의 고고학 성과로는 3세기 무렵으로 비정된다.

• 한계- 몽촌토성과 마찬가지로 풍납토성에서도 결정적으로 왕성을 입증할 만한 대형 건물지가 발굴되지 않았다. 다만 몽촌토성에 비해 발굴 면적이 토성 내 일부였음은 감안되어야 한다.

한편으로는 풍납토성이 강가에 인접해 있어 수리시설이 발달하지 않았던 고대시기에 한강이 범람할 우려가 컸고, 겨울에 한강이 얼었을 때 고구려의 침략을 쉽게 받을 수 있다는 지리적 조건의 한계를 지적하는 견해가 있다. 말하자면 도성으로서 입지 조건이 안 좋아 풍납토성을 한성도읍기 백제의 왕성으로 볼 수 없다는 것이다. 그러나 고구려 국내성과 신라 월성도 강가에 있었다. 또한 발굴 결과 풍납토성의 내부는 외부보다 4m 높은 것으로 밝혀졌다. 홍수에 대비한 나름대로의 대비 시공을 했던 것이다.

〈절충설 : 몽촌토성(남성) + 풍납토성(북성)〉

• 개요 및 근거- 절충설은 앞의 사료 ④와 ⑤를 존중하는 입장이다. 1997년 풍납토성 발굴 이후 문헌자료와 고고학적 발굴 성과를 존중하면서 풍납토성을 북성北城, 몽촌토성을 남성南城으로 파악하였다. 이 경우 풍납토성은 왕이 평상시에 거주하는 평지성이고, 몽촌토성은 유사시에 대피하는 산성이다. 실제로 475년에 장수왕이 한성을 공격해 왔을 때, 백제 개로왕(455~475)은 북성[풍납토성]에 있

| 몽촌토성과 풍납토성의 모형(한성백제박물관)

다가 남성[몽촌토성]으로 대피하였다.

- 한계– 문헌상 한성시기 말의 상황을 설명해주는 데는 유효하지만, 초기 하남위례성의 위치는 여전히 모호하다. 다만 풍납토성 이전에 토성 안에 있었던 3중 환호를 3세기 이전 위례성의 흔적으로 보면 어느 정도 합리적인 이해가 가능하다. 곧 3중 환호와 목책으로 둘러싼 위례성이 3세기 무렵 대규모 축성공사를 통해 한성으로 거듭났다는 추정이다.

〈하남시 춘궁리 일대설〉

- 개요 및 근거– 하남시에는 '춘궁리春宮里'라는 지명과 인근에 절터가 남아 있다. 여기에 1986년에 발견되어 발굴·조사한 이성산성이

| 풍납토성과 몽촌토성에서 출토된 각종 유물(한성백제박물관)

정치·군사적 위치에서 중요성을 주목받아 '평지성-산성체제'의 산성으로 설정되었다. 근초고왕대(346~375) 일시적으로 천도한 '한산'을 이곳으로 본 견해도 있다.

• 한계- 자료에 보이는 하남위례성의 입지 조건과 맞지 않고 왕성으로서 너무 외진 곳이다. 또한 석촌동·가락동 등 백제 고분군과도 멀리 떨어져 있다. 이성산성을 발굴한 결과 백제 유물보다 6세기 중반 이후의 신라계 유물이 대다수였다. 결국 이성산성은 통일신라기 신주新州[한산주漢山州] 중심지의 배후 거점성으로 밝혀졌다.

# 웅진도읍기 백제의 주요 유적

## 웅진성[공산성], 급박했던 두 번째 수도 이전

〈역사와 현황〉

475년 9월에 장수왕의 공격을 받고 백제 한성시대는 끝났다. 전쟁의 와중에 개로왕(455~475)은 전사했고, 신라에 구원군을 요청하러 떠난 동생 문주가 한성에 돌아왔을 때 한성은 이미 파괴되어 있었다. 문주는 왕위에 오른 후 475년 10월에 수도를 웅진熊津[충남 공주시]으로 옮겼다. 웅진도읍기의 시대가 개막한 것이다.

'웅진성熊津城'은 475년(문주왕 1)~538년(성왕 16)까지 5대 64년간 백제 웅진시대의 도성이다. 고려시대 이후에는 '공산성公山城'으로 불렸는데, 오늘날에도 이 이름으로 알려져 있다. 웅진성은 북쪽으로 금강을 해자로 삼아 천연 방어선으로 활용하였다. 고구려의 남침에 대비하기 위한 최적의 지리적 조건이었던 셈이다. 성 안의 규모가 크지 않음에도 불구하고 도성으로 선택받았던 가장 큰 이유이다. 백제 의자왕(641~660)이 660년 7월 부여 사비성에서 웅진성으로 피신해 와 부하였던 웅진방령 예군·예식진의 반역으로 붙잡힌 백제 멸망의 현장이기도 하다.

현재 남아 있는 돌로 쌓은 성벽은 조선시대까지 지속적으로 개축한 결과물이다. 1624년(인조 2) 이괄의 난 때 인조가 피신했던 몽진처로 사용되었는데, 이후에는 '쌍수산성雙樹山城'으로 불리기도 했다.

| 공산성 서벽 위에 있는 금서루

| 공산성 서북벽 구간(2008년)

산성은 계곡을 포함하는 포곡식이다. 전체 둘레는 2,660m인데, 이중에서 돌로 쌓은 구간이 1,770m이다. 돌로 쌓은 성벽은 가운데에 흙이나 돌을 넣고 안팎을 돌로 쌓는 협축 방식으로 축조하였다.

## 〈웅진성의 축조시기〉

〈웅진성 관련 자료〉

① 문주왕 즉위년(475)…개로왕이 즉위한 지 21년에 고구려가 쳐들어와서 한성漢城을 에워쌌다. 개로는 성문을 닫고 스스로 굳게 지키면서 문주로 하여금 신라에 구원을 요청하게 하였다. [문주가] 군사 1만을 얻어 돌아오니 고구려 군사는 비록 물러갔지만 성은 파괴되고 왕은 죽었으므로 드디어 왕위에 올랐다.…겨울 10월에 서울을 웅진熊津으로 옮겼다.

　　　　　－『삼국사기』 권25, 백제본기4, 문주왕 즉위년(이하 같은 책)

② 3년(477) 봄 2월에 궁실을 고치고 수리하였다.

③ 동성왕 22년(500) 봄에 임류각臨流閣을 궁궐 동쪽에 세웠는데 높이가 5장丈이었다. 또 연못을 파고 진기한 새를 길렀다. … 여름 5월에 왕은 근신들과 더불어 임류각에서 연회를 하였는데 밤새도록 환락을 다하였다.

④ 성왕 4년(526) 겨울 10월에 웅진성熊津城을 수리하고 사정책沙井柵[대전시 중구 사정동]을 세웠다.

웅진성의 축조시기는 천도 이전에 이미 축조했다는 견해, 천도 이후에 축조했다는 견해, 절충설의 입장에서 천도 전에 공산 정상부 중심의 토성을 쌓았고 천도 후에 개축했다는 견해로 나뉜다.

천도 이전에 축조했다면 웅진으로의 천도가 사전에 어느 정도 계획되었다는 이야기이다. 천도 이후 축조설은 장수왕의 한성 공격에 따라 어쩔 수 없이 급박하게 천도했으므로 미리 축조한 것이 논리적으로 맞지 않다는 주장이다. 위의 사료 ②에 따르면, 477년 2월에 웅진성의 궁실을 고치고 수리하였다. 475년 10월에 수도를 옮긴 지 14개월 만에 고쳐야 하는 궁실의 상황이라면, 천도과정과 그 이후 급하게 만들고 이후 지속적으로 수리한 것이 아닌가 추정된다.

〈왕궁의 위치〉

　　웅진도읍기 백제의 왕성을 공산성 바깥으로 보는 입장도 있다. 도성으로서 지대가 높은 산성일 뿐만 아니라 성 내부가 협소하기 때문이다. 또한 왕궁으로 추정할 만한 대형 건물지가 아직까지 발굴되지 않은 점도 고려되었다. 이 경우 웅진성은 공산성 바깥, 곧 지금의 공주시내에서 찾아야 한다. 그러나 공주시내 역시 시가지 개발로 인

| 왕궁지로 추정되는 공산성 안의 건물지(2008년)

| 공산성 북벽에 있는 공북루와 성안마을 발굴현장(2009년)

해 고고학적 발굴 성과를 기대하기 힘든 형편이다.

웅진성의 경우는 고구려의 급습에 따른 임시 천도임을 감안해야 할 것이다. 성왕은 사비로의 천도를 수십 년간 계획적으로 준비하여 538년(성왕 16)에 단행하였다. 이는 역설적으로 웅진성이 고구려의 침략을 효과적으로 방어하기 위한 임시적 성격의 도성이었음을 시사한다. 때문에 아직까지는 공산성을 웅진성으로 보는 입장이 더 우세하다. 공산성의 서남쪽 쌍수정 인근에서 왕궁으로 추정되는 건물터가 발굴되었다. 규모는 각각 24칸과 10칸이며, 많은 양의 와당이 출토되었다. 다만 초석을 사용한 건물이 백제시대의 것인지는 불확실하다.

무령왕릉 출토 묘지석에 따르면, '왕궁의 서남쪽에 왕릉이 있고, 서쪽에서 왕비의 빈장을 치렀다'고 되어 있다. 왕비의 빈장을 치른 왕궁의 서남쪽은 정지산 유적임이 유력하다[자세한 내용은 1부 '동아시아 교류사의 보물창고, 무령왕릉' 참조]. 이러한 점을 종합적으로 감안할 때, 현단계에서는 공산성이 웅진성으로서 유력해 보인다.

〈발굴 성과〉

2011년 성안마을 4차 발굴조사 시 '정관십구년貞觀十九年'의 명문이 써진 가죽 옻칠 갑옷 편과 마갑馬甲이 저수시설 안에서 출토되었다. '정관貞觀'은 당 태종 이세민李世民 통치시기의 연호이다. 정관 19년은 645년인데, 의자왕 재위 5년에 해당한다. 아마도 갑옷의 제작 시기일 것이다. 가죽의 표면에는 옻칠을 주로 했고, 부분적으로 황칠을 했다. 황칠나무는 한반도 서남해안에서만 산출되는 것으로 알려져 있다.

그런데 백제는 고구려나 신라와 달리 연호年號를 사용하지 않았다. 다만 중국과 교류할 경우에 한해 중국의 연호를 사용한 사례는 있다. 그렇다면 이 갑옷은 백제가 교류 차원에서 중국에 보내 준 것이

▌정관 19년이 쓰여진 옻칠 갑옷 편

백제 멸망기 전쟁과정에서 웅진성에 매납되었을 가능성이 있다. 칠갑옷과 함께 출토된 대도大刀와 장식도가 백제의 것이어서 이러한 추론에 무게감을 실어준다. 『삼국사기』 고구려본기에 따르면, 645년 5월 당 태종이 고구려의 요동성을 공격할 때에 백제가 금색 옻칠한 갑옷[금휴개金髤鎧]과 검은 쇠로 무늬를 놓은 갑옷을 바쳤다. 당나라 군사가 이것을 입었는데, 당 태종과 장군 이세적이 만나자 갑옷의 광채가 햇빛에 빛났다고 한다. 공산성 안에서 출토된 갑옷과 요동성 전투에서 당나라군

이 백제로부터 선물 받아 착용한 갑옷이 같다고 단정할 수는 없겠지만, 645년이라는 동일한 연도는 두 자료의 상관성을 높여준다. 물론이 갑옷이 왜 공산성의 저수시설에서 출토되었는지는 여전히 베일에 가려져있다. 혹자는 사람과 말의 무장 갖춤새 2벌이 정연하게 출토된 양상으로 볼 때, 660년 백제 멸망 시 의례를 치루면서 인위적으로 폐기·매납된 것으로 추정하였다.

2014년 저수시설의 발굴조사에서도 추가로 명문이 적힌 옻칠 갑옷 조각이 출토되었다. 2011년 조사 때 출토된 옻칠 갑옷의 다른 글자에서도 그러했지만 2014년의 조사에서도 외교와 군사 업무와 관련한 관직명이 주를 이루었다.

2015년 8차 발굴조사에서는 백제시대 건물지 31동과 연못이 발굴되었다. 특히 건물지 중 제사와 관련된 용도로 추정되는 육각형 건물지가 발굴된 것은 주목된다. 왜냐하면 고대시기의 제사시설이 주로 왕궁 안에 있는 경우가 많기 때문이다. 또한 수조 안에서 형태가 온전한 너비 70~80cm, 길이 6m의 나무 사다리가 출토되었다. 저수시설을 오르내리는데 사용되었을 것이다. 공산성에 담긴 백제 웅진성의 진면모는 현재진행형인 셈이다. 향후의 발굴 성과가 더 기대된다.


### 수촌리 고분군, 웅진 천도의 비밀이 이곳에 있다

〈발굴 과정〉

2003년 9월, 충남 공주시에서 의당면에 농공단지를 조성하려고 예정 부지를 구제 발굴·조사하였다. 수촌리 고분군은 이때 발견되었다. 고분군은 천태산에서 서남쪽으로 뻗은 능선의 끝단 구릉에 위치해 있다.

발굴은 1지점과 2지점으로 나누어 진행되었다. 1지점에서는 2기

▎공주의 유적 분포와 수촌리 고분군의 위치(다음지도 활용)

▎수촌리 고분군 2지점 전경(문화재청 국가문화유산포털)

| 수촌리 고분군(문화재청)

의 움무덤[토광묘]과 돌널무덤[석관묘]이 발굴되었다. 이곳에서 세형
동검·꺽창·청동창 등 각종 청동기 유물이 출토되었다. 2지점에서는
한성도읍기 수장급의 백제 고분 6기가 발굴되었다. 무덤은 널무덤[토
광목곽묘] 2기, 앞트기식 돌방무덤[횡구식 석실분] 1기, 굴식 돌방무덤
[횡혈식 석실분] 2기, 구덩식 돌덧널무덤[수혈식 석곽묘] 1기였다. 특히
2지점의 고분에서 출토된 위세품적 성격의 각종 유물이 큰 주목을 받
았다.

〈발굴 성과와 무덤의 성격〉

　2지점의 고분은 고분 양식과 시대성을 고려하여 '1~6호 무덤'으
로 이름 붙였다. 1호 무덤이 가장 이른 시기에 조성되었고, 6호 무덤
이 가장 나중에 만들어진 것이다.

　1호 무덤과 2호 무덤은 덧널무덤[토광목곽묘]이다. 1호 무덤을 발

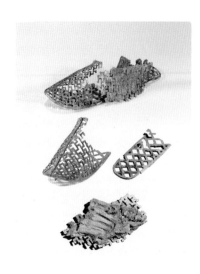

│ 수촌리 1호분 출토 금동 신발
　(문화재청 국가문화유산포털)

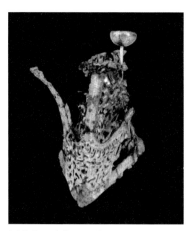

│ 수촌리 4호분 출토 금동관
　(문화재청 국가문화유산포털)

굴한 결과 금동관, 귀걸이, 허리 띠, 금동 신발, 고리자루큰칼[환 두대도], 중국 동진에서 만든 청 자항아리, 마구류 등 다양한 고 급 위세품류가 출토되었다. 환 두대도가 고대시기 남성의 전유 물인 점을 감안할 때 무덤의 주 인공이 남성임을 알 수 있다. 2 호 무덤에서는 머리장식구슬, 귀 걸이 1쌍, 목걸이, 토기 3점이 출 토되었다. 장신구의 출토 양상으 로 볼 때 무덤의 주인공이 여성 일 것이다. 1·2호 무덤은 무덤의 양식과 출토 유물의 양상으로 볼 때 부부의 무덤일 가능성이 크 다. 무덤의 조성시기는 4세기 무 렵으로 추정한다.

　3호 무덤은 앞트기식 돌방 무덤[횡구식 석실분]이다. 여기에 서도 금동 신발과 환두대도가 발 굴되었고, 마구류, 철모, 토기 6 점도 출토되었다.

　4호 무덤과 5호 무덤은 모 두 굴식 돌방무덤[횡혈식 석실분] 이다. 4호 무덤에서도 1호 무덤 과 마찬가지로 금동관, 귀걸이, 허리띠, 금동 신발, 환두대도가 출토되었다. 또한 중국에서 만든 검은색 유약을 바른 닭머리모양 주전자[흑유계수호黑釉鷄首壺]와 손잡이가 달린 병[흑유양이병黑釉兩耳瓶]이 발굴되어 큰 주목을 받았다. 이러한 자기들은 동진과 같은 중국 남조 국가들에서 제작해 4~5세기에 유행한 것이었다. 출토 유물로 볼 때 무덤의 주인공은 역시 남성으로 판단된다. 반면에 5호 무덤에서는 유리구슬, 귀걸이 2점, 삼족 토기가 출토됨으로써 여성의 무덤으로 밝혀졌다. 4·5호 무덤에서는 각각 반으로 쪼개긴 대롱옥이 발견되었는데, 맞추어 보니 꼭 맞아떨어졌다. 부절符節이 꼭 맞아 '부합符合'한 것이다. 따라서 두 무덤의 주인공은 부부였다고 추정이 가능하다.

| 수촌리 4호분 출토 흑유계수호
(높이 23cm, 국립공주박물관)

| 수촌리 4호분 출토 흑유양이병
(높이 13.6cm, 국립공주박물관)

6호 무덤은 구덩식 돌덧널무덤[수혈식 석곽묘]이다. 여기에서는 다른 무덤에 비하여 부장품이 나오지 않아 토기 2점만 발굴되었다.

수촌리 고분군은 1호와 4호 무덤에서 금동관이, 1호·3호·4호 무덤에서 금동 신발이 출토되었다. 이것은 백제 중앙에서 지방의 유력 세력들에게 나눠준 최고급 위세품[위신품]이다. 1호와 4호 무덤에서

| 수촌리 4호분 출토 토기와 자기(문화재청 국가문화유산포털)

출토된 중국제 자기도 마찬가지의 의미를 가진다. 백제의 영역 중 같은 고분군 안에서 이와 같이 고급 위세품의 출토량이 많은 사례는 아직까지 없다.

〈수촌리 고분의 역사적 의미〉

수촌리 고분군의 조성시기는 무덤의 양식과 출토 유물을 고려할 때 4세기 후반~5세기 중반으로 비정한다. 특히 같은 권역 안에 시차를 두고 부부묘가 조성된 것을 감안하면 전체가 가족 공동무덤일 가능성도 충분하다. 그렇다면 무덤을 만든 사람의 기준으로 1·2호분[토광목곽묘]은 4세기대의 증조할아버지와 할머니, 3호분[횡구식 석곽묘]은 할아버지, 4·5호분[횡혈식 석실분]은 5세기 중반의 부모 무덤으로 보아도 무방할 듯하다.

고분군을 만든 세력으로는 한성도읍기 대성大姓 8족 중 금강 유역의 토착세력인 백씨苩氏가 유력하다. 백제가 웅진 천도 이전부터 이들과 긴밀한 관계를 맺고 있었기 때문에 475년 한성이 고구려에 의해 함락된 이후 갑작스런 천도과정에서 공주지역이 왕도로 선택될 수 있었을 것이라는 견해가 있다. 그리고 웅진 천도과정에서 수촌리 백제 고분군 조영세력의 역할이 크게 작용함으로써 이들이 웅진 천도 후 신진세력으로 중앙정치에 등장할 수 있었을 것으로 추정된 바 있다. 한성도읍기에 백제 중앙 왕실이 이곳의 지방세력에게 집중적으로 위세품을 선물로 준 이유와 웅진으로 수도를 옮긴 배경은 분명한 관련이 있어 보인다. 수촌리 고분군이 가지는 백제 역사상의 의미가 곧 여기에 있다.

# 사비도읍기 백제의 주요 유적

## 사비성, 계획된 수도

### 〈사비성으로의 천도〉

성왕聖王(523~554)은 무령왕(501~523)의 아들로서 백제 26대 왕으로 즉위하였다. 성왕의 여러 업적 중에서 단연 주목할 만한 것이 바로 재위 16년(538)에 단행한 사비泗沘[충남 부여군]로의 천도이다.

성왕이 수도를 사비성으로 옮긴 배경은 크게 네 가지 관점에서 살필 수 있다. 첫째, 475년 고구려의 침략에 따라 임시로 천도한 웅진성의 지리적 협소성을 극복하기 위함이다. 둘째, 사비는 웅진보다 금강의 하류에 위치해 있어 바닷길을 이용해 중국과 교류하기에 유리하였다. 셋째, 사비지역은 북서쪽으로 금강[백마강]이 감싸고 있고, 동쪽으로는 계룡산과 대둔산이 이어져 있어 고구려와 신라를 방어하기에 유리한 지리적 조건을 가졌다. 넷째, 이 지역은 청동기시대 이래로 농경활동에 최적의 생산성을 갖춘 곳이었다. 남쪽으로도 한반도 최대의 곡창지대인 호남평야가 인근에 있다. 부여지역에 청동기시대의 대표인 '송국리 문화'가 꽃핀 이유가 여기에 있었다.

사비성은 외곽 방어시설로서 나성羅城을 북쪽과 동쪽에 걸쳐 쌓았다. 나성은 성벽의 안쪽은 판축기법으로 흙을 쌓았고, 바깥쪽은 돌로 쌓은 토석혼축성이다. 사비성의 서남쪽은 백마강이 천연 해자 역할을 하고 있어 굳이 나성을 축조할 필요가 없었다. 이로써 사비성은

| 복원된 부여 나성(문화재청 국가문화유산포털)

백제 역사상 처음으로 명실상부하게 '도성都城'에 걸맞는 구조를 갖추게 되었다.

사비도성 안에는 웅진도읍기에 비해 사찰이 비약적으로 증가하였다. 정림사, 능사[능산리사지], 왕흥사, 군수리사지, 천왕사지 등 부여 읍내만 해도 알려진 절과 각종 유물이 출토된 절터가 많다. 이는 성왕을 비롯한 사비도읍기의 백제 국왕이 부처의 권위를 빌려 왕권을 강화하고자 한 의도의 산물이었다.

〈왕궁의 위치〉

사비성에서 국왕이 거주했던 왕궁이 있었던 곳은 부소산 남쪽의 관북리 일대가 유력한 후보이다. 13차례의 발굴 결과 대형 건물지(동서 35m 남북 18.5m 7×4칸)와 저장시설, 그리고 백제시대의 도로 유적이 확인되었다. 다만 왕궁이라고 단언할 만한 실체는 아직까지 찾지

| 부소산과 관북리 유적 전경(문화재청 국가문화유산포털)

못했다. 이에 부소산성 동쪽의 쌍북리와 서쪽의 구아리 일대를 새로운 왕궁 후보지로 삼기도 했다.

　부소산성과 관북리 유적에서 '으뜸가는 부'라는 뜻을 가진 '수부首府'명 암키와가 출토되었다. 곧 부소산성과 관북리 일대가 산성과 평지성으로서 유력한 왕궁 후보지임을 시사하는 대목이다.

　〈부소산성〉

　부소산扶蘇山은 부여의 진산鎭山으로 수도 내 모든 경관을 조망할 수 있는 요충지에 위치해 있다. 부여는 백마강이 남·북·서쪽을 활처럼 에워싸고 흐르는 형세이다. 백마강을 낀 부소산의 정상 부분에 부소산성을 쌓았다.

　부소산성 동문지에서 양梁나라 무제武帝 대의 연호인 '대통大通(527~529)' 글자가 도장무늬처럼 새겨진 인각와印刻瓦가 출토되었다.

| 부소산성(문화재청 국가문화유산포털)

| 부소산성 낙화암에서 본 백마강

이는 곧 이 산성이 사비 천도 이전인 6세기 전반에 이미 축조되었음을 말해준다. 곧 성왕의 사비 천도가 538년에 단행되었더라도, 왕궁과 도로 등 각종 기반시설의 마련은 그 이전에 어느 정도 준비되었다고 보는 것이 자연스럽다. 실제로 동성왕(479~501)이 사비에 여러 번 행차했는데, 역시 사비 천도를 위한 사전 정지작업의 성격이 짙은 것으로 생각된다.

부소산성은 정상 부분에 테뫼식[산정식]으로 쌓은 후, 주변을 포곡식으로 보완한 복합 산성이다. 전체 둘레는 2.5km이고, 면적은 74만m²이다. 바깥 부분의 포곡식 산성이 백제시대에 축조된 것이다. 백제의 전형적인 토성 축조법인 판축기법으로 쌓았다. 성 아랫부분인 기저부 너비는 5~6m이고, 높이는 3m 내외이다. 내부의 테뫼식 산성은 통일신라시대 이후의 것이다. 전체적으로 동·서·남·북 4개의 문지가 확인되었다. 특히 북문은 백마강 포구와 연결되며, 고란사가 위치해 있어 백제 당시에도 중요한 역할을 했을 것으로 추정된다.

〈사비도성의 구조〉

사비도성은 여러 해에 걸쳐 기반시설을 조성하고 계획적으로 천도한 곳인 만큼 웅진성과 달리 정비된 형태를 갖추고 있었다. 각종 문헌자료에 따르면, 사비도성 안에는 5부部[상부上部(東)·전부前部(南)·중부中部(中)·하부下部(西)·후부後部(北)]가 있었고, 그 아래에 5항巷이 있었다.

① 도성에는 1만호가 거주하며 5부로 나누었는데, 상부上部·전부前部·중부中部·하부下部·후부後部로서 거느린 군사는 5백 명이었다.

－『주서周書』백제전

② 기내畿內는 오부五部로 나뉘는데, 부에는 오항五巷이 있으며 사인士人
들이 산다.

- 『수서隋書』 백제전

부여 궁남지에서 출토된 '서부
후항西部後巷'명 목간, 동남리 출토
'전부前部'명 표지석, 부소산성 출토
'상부上部'·'중부中部'명 인각와 등
이 고고학적 실물 자료이다.

부여읍내의 절터와 건물지 등
을 발굴한 결과 대부분이 동서남
북에 축을 맞추어 질서정연하게 자
리를 잡고 있음이 드러났다. 도로
도 남북이 직선으로 교차하는 형
태이다. 이는 곧 백제가 사비도성
을 일정한 계획 하에 건설했음을 시
사한다. 특히 정림사지가 랜드마크
(Landmark)처럼 사비도성의 한 가운

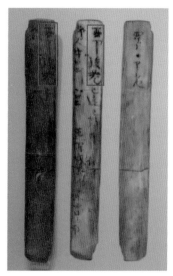

| 서부후항이 쓰여진 궁남지 출토 목간
(국립부여박물관)

데 자리 잡고 있는 점은 불교를 통해 왕권을 과시하고자 한 특별한 의
도를 가지고 구조화했음을 읽어낼 수 있다.

결국 문헌과 고고자료를 종합적으로 분석한 결과에 따르면, 사
비도성의 북쪽에는 왕궁과 관청, 그 남쪽으로 귀족과 평민들이 거주
하는 5부와 5항, 도성의 한 가운데 사찰이 배치되었음을 알 수 있다.

## 부여 능산리 사지, 아비 잃은 아들의 사부곡

〈발굴 경위〉

능산리 사지는 사비 도성의 외곽을 둘러싼 나성과 능산리 고분군 사이의 골짜기 밑에 위치하였다. 1992년 일제강점기에 발굴되었던 능산리 고분군의 모형관을 짓기 위한 배수로 공사에서 여러 점의 연꽃무늬 수막새가 출토됨으로써 그 존재가 알려졌다. 1992년 12월~1993년 1월까지 실시된 시굴조사에서 건물의 초석과 지대석 등 백제시대 유적이 확인되었다. 이후 16년간 11차례의 발굴조사 결과, 부처를 모신 금당과 불탑이 1개씩 나란히 배치된 백제의 전형적인 '일탑일금당一塔一金堂'의 가람배치를 기본으로 한 절터임이 밝혀졌다. 특히 2차 발굴(1993.10.26~12.24)에서 백제금동대향로가 출토되었고, 4차 발굴(1995.5.15~10.15)에서는 「창왕명석조사리감」이 출토되어 절의 창건 시기와 성격을 알 수 있게 되었다.

| 능산리 사지의 위치(EBS 문화유산코리아 영상캡처 활용)

### 〈능산리 절의 창건 배경〉

554년에 백제와 신라 간에 벌어진 관산성[충북 옥천군 옥천읍] 전투에서 성왕(523~554)은 전쟁터에서 고생하는 아들 여창[나중의 위덕왕]을 위로하기 위해 밤에 관산성으로 가는 도중에 신라 매복군에게 붙잡혀 어이없는 죽임을 당했다. 성왕의 갑작스러운 전사로 인해 관산성 전투는 3만여 명의 군사가 몰살당하는 백제의 완패로 끝났다.

관산성 전투를 주도적으로 이끌었던 여창(위덕왕, 554~598)이 즉위한 후 해야 했던 가장 급한 일은 아버지 성왕을 추모하면서 즉위 초의 정치적인 위기를 극복해 나가는 것이었다. 이에 위덕왕이 능산리에 절을 창건하였다. 인근에 있는 성왕 무덤을 지키는 원찰願刹적 성격을 감안해 '능사陵寺'라고도 부른다. 1995년에 출토된 「창왕명석조사리감」에 따르면, 위덕왕은 재위 14년(567)에 능사를 창건하였고, 누이동생으로 하여금 사리장엄의식을 주도하게 한 것으로 밝혀졌다.

### 〈능산리 절의 폐기시점〉

능산리 절의 중심 사역은 백제가 660년에 나·당 연합군에게 멸망할 때 화재로 인해 일시에 폐기된 것으로 추정된다. 다만 7세기 후반의 유물인 도장무늬가 찍힌 토기[인화문토기印花文土器] 및 무늬없는 수막새[소문와당素文瓦當]와 바람개비무늬 수막새[파문와당巴文瓦當]가 공방지·강당지 등 중심 사역 서북쪽과 외곽 사역에서 발굴되었다. 이로써 보면 7세기 후반까지는 명맥을 유지한 것 같다.

### 〈능산리 절의 구조〉

능산리 절은 중문-탑-금당-강당이 남북 일직선상에 배치되고 주위를 담장[회랑回廊]이 둘러싸고 있는 백제의 전형적인 '1탑 1금당'의 가람배치를 하고 있다. 이는 정림사지, 왕흥사지 등 사비도읍기 백

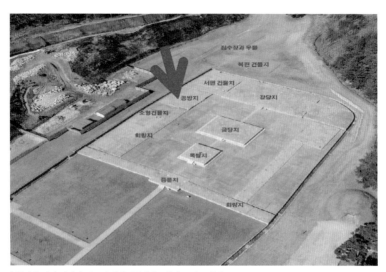

| 부여 능산리 사지의 구조와 백제금동대향로가 출토된 공방지

제 주요 사찰들의 공통된 구조이다.

　금당과 목탑으로 이루어진 사찰의 중심부는 동·서·남 회랑이 둘러싸고 있다. 목탑지는 이중 기단으로 조성되었는데, 11.37m~11.79m 크기의 정방형이다. 금당도 이중 기단 위에 세워졌는데, 정면 5칸, 측면 3칸 규모(21.62m×16.16m)의 장방형이다.

　동·서 회랑의 북쪽에는 각각 2동의 건물이 배치되어 강당과 연결되어 있다. 대중들에게 설법하는 장소인 강당은 일반적으로 트여 있는 구조인데, 이곳은 두 개의 공간으로 나뉘어 있다. 규모는 37.4m×18m이다. 서쪽 공간은 중앙에 신神이 앉는 자리로 추정되는 대석臺石이 있고, 동쪽은 내부에 초석이 없는 통칸으로 남쪽은 벽체 없이 내부가 트여있는 구조이다. 따라서 이 강당은 제사와 관련된 사묘祠廟의 기능을 했을 것으로 추정된다. 아마도 성왕 관련 추모시설이지 않을까 싶다.

서회랑의 북쪽 건물지에서는 화덕자리[노지爐址] 등의 생산시설과 금공품의 잔편들이 다량 출토되어 절에 물품을 공급하는 공방으로 밝혀졌다. 이곳 공방지의 나무로 만든 수조 안에서 백제 문화재의 정수인 백제금동대향로가 발굴되었다.

사찰의 외곽 동·북·서쪽에는 커다란 배수로를 만들어 계곡 상류로부터 흘러드는 물을 바깥으로 흘려보냈다. 사찰 경내로 진입하기 위해서는 동·서 배수로 위에 세워진 돌다리를 건너야 했다. 현재의 능산리 사지는 이러한 발굴 성과를 충실히 반영해 복원한 것이다.

### 〈창왕명 석조사리감〉

「창왕명석조사리감」은 1995년 발굴 시에 사찰의 중심에 있던 목탑지의 심초석 위에 비스듬히 넘어져 있는 상태로 출토되었다. 명칭 그대로 창왕[위덕왕]의 이름이 새겨진 석제 사리감실이다. 아랫면이 네모나고 윗부분이 둥근 아치형으로 전체 높이는 74cm이다. 원래 감실 안에 부처의 사리를 봉안한 사리기가 있어야 하는데, 발굴 당시에 이미 없었다. 감실 앞부분에는 뚜껑을 덮을 수 있도록 얕은 턱을 두었다.

| 창왕명 석조사리감(국립부여박물관)

화려한 사리기가 없음에도 불구하고, 사리감 앞쪽 좌우면에 새겨져 있는 글자가 능산리 절의 창건 연대에 결정적인 자료를 제공해 주었다. 바로 "백제창왕십삼년태세재百濟昌王十三秊太歲在 정해매형공주공양사리丁亥妹兄公主供養舍利"의 명문이다. 이는 "백제 창왕 13년, 태세太歲로 정해丁亥가 되는 해에 [위덕왕

| 왕흥사지 출토 청동사리함(국립부여박물관)

의] 맏누이동생인 공주公主가 사리를 공양했다"는 내용이다. 이를 통해 창왕 13년, 곧 567년에 능산리 절의 목탑을 세웠음을 알 수 있다. 자연 사찰의 완공도 567년에서 멀지 않은 시점에 이루어졌을 것이다.

부처의 진신사리를 탑에 매납하는 사리장엄의식은 단순한 종교적 의미를 넘어 고도의 정치적 의도가 담겨 있다. 사리공양회는 당대의 유력 귀족세력들이 함께 참여하여 그들의 귀한 물건을 함께 매납하는 정치적 이벤트였다. 익산 미륵사지 서탑에서 출토된 엄청난 양의 사리공양구가 그 대표적인 경우이다. 비록 위덕왕이 567년의 사리장엄의식을 누이동생으로 하여금 주도하게 했더라도 그것은 위덕왕의 정치적 의도 하에 추진된 것으로 보아야 한다. 다만 위덕왕이 전면적으로 나서지 못한 데에서, 554년 성왕 전사 후 아직까지 왕권이 완벽히 회복되지 못했음을 알 수 있다. 결국 567년 능산리 절의 사리장엄의식은 위덕왕이 아버지 성왕의 추모사업을 통해 정치적인 행보를 본격화하기 위한 차원에서 기획되었을 가능성이 크다.

2007년 부여 왕흥사지王興寺址 목탑지에서 출토된 사리장엄구는 이러한 위덕왕의 정치적 의도가 극대화된 결과물이다. 당시 출토된 청동 사리함에는 '577년에 위덕왕이 죽은 왕자를 위해서 탑을 세우고 여기에 사리 2매를 묻었는데 신묘한 변화로 3개가 되었다는 내용[정유년이월십오일丁酉年二月十五日 백제왕창위망자입찰百濟王昌爲亡子立刹 본사리이매장시신화위삼本舍利二枚葬時神化爲三]'이 새겨져 있다. 567년과 달리 위덕왕이 직접 사리장엄의식을 주도함으로써 보다 진전된 위덕왕의 왕권과 정치적 위상을 보여준 것이다.

〈백제금동대향로〉

백제금동대향로는 능산리 사지 공방지 중앙 공간의 목곽 수조 안에서 발견되었다. 아마도 백제 멸망과정에서 능산리 절의 승려가 나라의 정신이 깃든 보물이 훼손되지 않도록 급박하게 숨겨둔 것으로 추정된다. 향로의 전체 높이는 61.8cm이고, 무게는 11.85kg이다. 원래 금동 향로의 겉면에 금으로 도금을 하여 화려함이 극에 달했을 것인데, 수조 안에서 1300여 년의 세월을 견뎌내면서 황금

| 백제금동대향로(국립부여박물관)

빛이 벗겨져 나갔다. 그럼에도 불구하고 조형성과 그 안에 담겨져 있는 백제인의 문화사상 만으로 세계 어디에서도 찾아볼 수 없는 독창적 미美가 보는 이를 압도한다.

백제금동대향로는 중국 한나라 때 신선들이 산다는 삼신산三神

| 평양 석암리 출토 낙랑 박산향로(국립중앙박물관)

山[봉래산蓬萊山·영주산瀛洲山·방장산方丈山]을 상징적으로 표현한 박산향로博山香爐의 전통을 계승하였다. 그러나 백제인은 향로라는 기본적인 모티브만 빌려왔을 뿐 백제 고유의 요소를 가미해 명품 향로로 완전히 재창조하였다.

금동대향로는 전체적으로 천상계[봉황] + 지상계[인간계] + 수중계[용]의 수직적 공간 구조를 하고 있다. 향로를 받치고 있는 수중동물인 용龍은 음陰을 대표하며, 꼭대기의 봉황鳳凰은 양陽을 상징함으로써 음양사상을 기본으로 담고 있다. 몸체는 3층의 연꽃잎을 중첩하여 둘렀고, 연꽃잎 사이에 27마리의 짐승과 2명의 인물을 도드라지게 부조하였다. 뚜껑에는 74곳의 봉우리와 5명의 악사樂士, 17명의 인물, 호랑이와 코끼리를 비롯한 각종 동물과 식물, 바위 등이 배치되었다. 사이사이에는 시냇물·폭포 등이 표현되었다. 이곳이 바로 신선들이 사는 이상적인 세계이다.

뚜껑에는 5개씩 2열로 둘러가며 모두 10개의 연기구멍이 뚫려 있어 향로로써의 가능에도 충실하다. 국립부여박물관에 가면 꼭 찬찬히 백제금동대향로를 살펴보고 음미하시기 바란다.

# 신라의 적석목곽분과 출토 유물

경주 시내를 답사하다 보면 곳곳에 언덕처럼 솟아오른 고분을
쉽게 볼 수 있다. 돌무지덧널무덤[적석목곽분積石木槨墳]이 바로 그것
이다. 4세기 중반~6세기 전반까지의 김씨 마립간麻立干 시기 왕족들
의 무덤이다. 이 시기의 신라왕은 나물왕·실성왕·눌지왕·자비왕·소
지왕·지증왕이 있었다.

적석목곽분은 시신을 매장한 후 완전히 밀폐되기 때문에 재출입
이 불가능하다. 무덤 조성 후 오랜 기간이 지나면 지상에 세워서 만

| 경주시내의 적석목곽분

든 나무널이 썩어서 붕괴됨으로써 윗부분이 함몰된 동산의 모습을 띤다. 따라서 짧은 기간에 도굴이 원천적으로 불가능하다. 그러한 까닭에 무덤 안에서는 금관을 대표로 하는 신라의 황금 문화재가 다량으로 출토되었다. 여기에서는 그 중에서 황남대총, 천마총, 호우총, 서봉총과 고분에서 출토된 주요 유물의 의미를 살펴보기로 한다.

### 황남대총, 신라 최대의 무덤

| 황남대총 전경

〈발굴 경위〉

황남대총皇南大塚은 이름 그대로 '황남동에 있는 큰 무덤'이다. 일제강점기에는 '98호분'으로 명명되었다. 경주시내에 있는 적석목곽분 가운데 규모가 가장 크다. 남북으로 두 개의 무덤이 붙어 있는 부표이다. 규모는 남북 120m, 동서 80m이고, 높이는 남북 각각 21.9m, 22.6m이다. 남쪽의 고분을 먼저 만들고 뒤이어 북쪽 고분을 잇대어 조성하였다. 부장 유물의 분석을 통해 남분에 남자가, 북분에 여자가 피장되었음이 밝혀졌다. 문화재관리국에서 1973년 7월~1975년 10월까지 2년 3개월 동안 발굴하였다. 현재 대릉원 안에 위치해 있다.

〈출토 유물〉

### 1) 남분

황남대총은 규모뿐만 아니라 그에 상응할 만큼 부장품의 출토량이 다른 고분에 비해 압도적으로 많다. 먼저 왕으로 추정되는 남분에서 출토된 주요 유물을 살펴보기로 한다.

남분은 왕의 무덤이지만 금관이 나오지 않고 금동관이 출토되었다. 오히려 금관은 왕비의 무덤인 북분에서 출토되었다. 이로써 금관이 국왕의 전유물일 것이라는 선입관이 깨졌다. 이곳에서 출토된 금동관에는 곱은옥[곡옥曲玉] 16개가 달려 있는데, 금동관으로서는 유일하다. 금동관과 함께 새날개 모양의 관모 장식[관식冠飾]이 출토되었다. 이와 별개로 관 밖의 부장 갱에서 은관이 출토되었다.

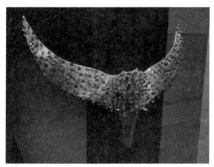 

| 황남대총 남분 출토 금제 관모 장식(국립중앙박물관)　　| 황남대총 남분 출토 은관(국립중앙박물관)

시신의 가슴 부분에서는 수천 개의 유리구슬과 곱은옥·금판을 엮어 만든 가슴 꾸미개가 가죽실만 썩은 채 원래의 상태대로 발굴되었다. 가슴꾸미개는 두 겹으로 겹쳐 있었는데, 북분의 것이 홑겹인 것과 차이가 난다.

허리 부분에서는 물고기, 곱은옥 등이 매달려 있는 금제 허리띠가 출토되었다. 그리고 왼쪽 허리춤에는 약 90cm의 고리자루큰칼[환두대도環頭大刀]이 있었다. 환두대도는 남성의 전유물로서 모두 3자루가 발굴되었다. 그 외에 다수의 투겁창[철모鐵鉾]과 화살촉이 출토되었다. 발에서는 금동 신발(34.5cm)이 출토되었는데, 생전에 신었던 것이 아닌 시신을 위한 장례용품으로 제작된 것이다.

마구류로는 말안장꾸미개·등자·말띠드리개 등이 출토되었다. 특히 말안장꾸미개는 수 만장의 비단벌레의 날개로 장식함으로써 화려한 미의 극치를 보여준다. 금·은으로 만든 굽다리접시·합·사발 등 용기류도 다수 출토되었다. 이들 유물은 실제로 사용하기에는 내구성이 떨어진다. 그럼에도 불구하고 금·은으로 그릇을 만든 까닭은 도교의 신선사상 때문인 것 같다. 중국 고대로부터 금·은으로 만든 그릇에 음식을 담아 먹으면 불로장생한다는 믿음이 있었기 때문이다. 남

| 황남대총 남분 출토 말안장꾸미개, 복원품(2010년 황남대총 특별전, 국립중앙박물관)

| 비단벌레

| 황남대총 남분 출토 돌절구
(2010년 황남대총 특별전, 국립중앙박물관)

분에서 출토된 높이 16.2cm의 작은 돌절구를 도교의 선약 제조용 약사발로 추정한 것도 같은 맥락이었다.

　서역계 유물로 유리잔과 봉수형 유리병 등 로만글라스 3개가 출토되었다. 봉수형 유리병의 손잡이를 자세히 살펴보면, 파손된 부분

| 황남대총 남분 출토 서역계 봉수형 유리병
(국립중앙박물관)

| 황남대총 남분 출토 서역계 유리잔
(국립중앙박물관)

을 금실로 보수한 흔적이 남아 있다. 유리병이 금보다 귀한 위세품으로 취급되었음을 잘 보여준다.

이 외에도 옥玉으로 만든 유리구슬과 곱은옥이 다량으로 출토되었다. 또한 청동으로 만든 솥·다리미·초두·시루·세발쟁반·긴목 항아리 등이 출토되었다. 청동제 시루와 세발 쟁반은 황남대총에서만 출토되었다.

청동 솥은 뚜껑에 둥근 고리꼭지가 있는 고구려의 것과 매우 유사하다. 북분에서 출토된 고구려계 금동 신발과 귀걸이를 종합적으로 고려하면, 고구려 문화의 영향을 받은 산물로 생각된다. 실제로 4세기 후반~5세기 중반 무렵 신라는 고구려에 정치적인 간섭을 받았다. 실성왕과 눌지왕의 즉위를 고구려군사가 좌지우지할 정도였고, 신라 영토 안에 고구려 군사가 주둔해 있었다. 두 나라 간에 활발한 인적·물적 교류가 있었고, 고구려의 문화가 신라에 영향을 미쳤을 것이다.

| 황남대총 남분 출토 고구려계 청동 솥(2010년 황남대총 특별전, 국립중앙박물관)

| 황남대총 남분 출토 제의용 토기(2010년 황남대총 특별전, 국립중앙박물관)

한편 봉분 표면 아래 50cm 전후한 곳에서 봉토에 덮인 채 항아리 4개가 출토되었다. 그 안에서 작은 그릇과 짐승뼈·물고기뼈·조개껍데기가 발견되었다. 무덤의 봉분을 조성하는 과정에서 치룬 제사용 토기류와 그 안에 담긴 제물인 것으로 추정된다.

## 2) 북분

| 황남대총 북분 출토 부인대명 은제 허리띠(국립경주박물관)

북분에 묻힌 사람은 왕비로 추정된다. 그것은 '부인대夫人帶'라는 명문이 새겨져 있는 은제 허리띠가 출토되었기 때문이다.

북분에서는 화려한 장식이 되어 있는 금관이 출토되었다. 금관은 정면의 세움 장식이 나뭇가지 모양의 '출出'자형이다. 정면의 나뭇가지 모양과 옆면 2개의 사슴뿔 모양의 세움 장식에는 원형의 금판으로 만든 달개와 곱은옥이 가득 달려 있다. 관테에

| 황남대총 북분 출토 금관, 국립중앙박물관
(문화재청 국가문화유산포털)

6개의 굵은 고리 귀걸이가 달려 있는 것이 다른 금관과 비교되는 특징이다.

수천 개의 유리구슬과 곱은옥·금판을 엮어 만든 가슴 꾸미개도 출토되었다. 남분과 다르게 홑겹이다. 시신의 허리 부분에는 금관과 세트로 금제 허리띠가 배치되어 있다. 허리띠에는 여성용 손칼, 물고기, 곱은옥 등이 매달려 있다.

| 황남대총 북분 출토 금제 허리띠(2010년 황남대총 특별전, 국립중앙박물관)

왕비의 무덤임을 대변하듯이 채색이 되어 있는 가락바퀴[방추차]도 출토되었다. 가락바퀴는 실을 뽑을 때 꼬챙이를 가락바퀴에 끼어 회전력을 높이는 둥근 판이다. 신라시대에 왕실 여성이 길쌈을 담당했으므로 그와 관련한 유물일 것이다. 옥으로 만든 유리구슬과 곱은옥으로 만든 장신구도 다량으로 출토되었다.

운모 조각도 출토되었다. 장신구의 소재로 쓰였을 가능성도 있으나, 최근에는 도교의 선약仙藥으로 재해석되고 있다. 남분에서 출토된 돌절구와 관련한 신선사상의 산물일 가능성도 있다.

┃ 황남대총 북분 출토 금동 신발, (右) 복원
(2010년 황남대총 특별전, 국립중앙박물관)

북분에서도 고구려계 유물이 출토되었다. 얇은 판에 굵고 긴 스파이크를 박은 금동 신발바닥은 고구려의 것과 흡사하다. 삼실총 등 고구려 고분벽화를 참고하면, 기마병이 발에 끼워 적을 공격할 때 사용했음을 알 수 있다. 고리가 굵은[태환太鐶] 귀걸이가 3쌍도 고구려계이다. 굵은 고리와 중간 장식으로 작은 금제 고리가 연이어 붙어서 다면체를 구성하고 속이 빈 공예기법은 고구려 귀걸이의 특징이다.

┃ 황남대총 북분 출토 금제 감옥 팔찌(국립중앙박물관)

남분과 마찬가지로 북분에서도 서역계 유물이 출토되었다. 로만글라스 계열의 유리잔 2개와 금제 감옥嵌玉팔찌가 그것이다. 특히 금제 감옥팔찌는 제작기법이 독특하다. 팔찌 면의 위아래에 테두리를 만든 기다란 뒤판에, 터키석 등의 각종 보석과 누금세공으로 장식한 앞판을 끼워 조립하였다. 전형적인 중앙아시아 혹은 서아시아의 것이다. 신라가 이들 나라와 직접 교역했을 가능성보다는 중국을 매개로 하여 들여왔을 가능성이 크다.

| 황남대총 북분 출토 금제 굽다리접시(국립경주박물관)

청동으로 만든 솥·다리미·초두·시루·쟁반·긴목항아리도 출토되었고, 금·은으로 만든 굽다

| 황남대총 북분 출토 금제 굽다리접시(국립경주박물관)

리접시[고배高杯], 합, 사발 등의 용기류도 많은 양이 출토되었다.

〈무덤의 연대 및 주인공〉

황남대총은 출토 유물의 양상으로 볼 때 4세기 후반~5세기 중반 마립간시기의 국왕 무덤인 것은 분명하다. 다만 무덤의 주인공은 나물왕(356~402)과 눌지왕(417~458)을 놓고 논란이 분분하다. 최근에는 실성왕(402~417)을 피장자로 추정하는 연구도 발표되어 좀 더 복잡한 양상을 띠고 있다.

적석목곽분 중에서 '최대 규모'라는 점에서 김씨왕실을 개창한 나물왕도, 고구려세력을 물리치고 김씨왕실의 세습체제를 구축한 눌지왕도 자격으로는 충분한 대상이 된다. 그러나 결정적인 자료가 출현하지 않는 한 황남대총의 주인공에 대한 논의는 평행선을 달릴 수밖에 없다.

### 천마총, 말다래 그림의 비밀

〈발굴 경위〉

천마총天馬塚은 일제강점기 때는 '155호분'으로 명칭되었다. 1973년 7월 황남대총 발굴을 앞두고 연습 시험용으로 발굴하였다. 그런데 예상 밖으로 금관, 금제 장신구류, 가슴 꾸미개, 유리구슬과 철제품, 각종 토기류 등 1만 여 점의 유물이 쏟아져 나왔다. 출토된 유물 중에서 천마도가 그려진 말다래가 대표적이어서 무덤의 이름으로 삼았다.

┃ 천마총 입구

## 〈'천마'인가 '기린'인가?〉

| 천마총 출토 천마 말다래(문화재청 국가문화유산포털)

천마총의 간판 유물이 된 천마天馬가 그려진 말다래는 2점이 발견되었다. 말다래가 말을 타는 사람에게 진흙이 튀지 않도록 막아주는 기능을 하는 것이어서 말 몸통 아래의 양쪽에 드리웠기 때문이다. 다만 한 점의 보존상태는 좋지 않다.

천마총의 말다래는 백화수피白樺樹皮, 곧 자작나무 껍질로 만들어진 것으로 알려져 왔다. 그러나 목재조직학 전문가인 박상진 교수는 자작나무와 유사한 백화수피를 가진 거제수나무와 사스레나무가 태백산 줄기에 흔히 자생하는 점에 주목해, 천마총 말다래의 재료를 이들 나무로 파악하였다.

그런데 고분의 명칭으로까지 굳어진 말다래의 그림이 최근 들어 '천마'가 아닌 '기린麒麟'이라는 주장이 제기되어 큰 반향을 일으켰다. 기린은 우리가 동물원에서 볼 수 있는 기린이 아닌, 동양 고대로부터 성인聖人이 세상에 나올 징조로 나타난다는 상상의 동물이다. 생김새의 특징으로는 몸은 사슴과 같고, 꼬리는 소의 꼬리와, 발굽과 갈기는 말과 같으며 빛깔은 오색을 띤다고 알려져 있다. 기린의 특징은 '우미일각牛尾一角', 곧 '소꼬리에 뿔이 한 개'이다. 실제로 적외선 촬영을 해보면 천마도 머리에 뿔과 같은 것이 선명하게 있다. 신기神氣를 내뿜고 있는 것도 기린의 전형적인 특징이다.

한편으로는 천마도가 주로 북방에서 자라는 자작나무 껍질에 그려진 점, 초원 지역의 제사나 의식에 말 머리를 뿔로 장식하는 풍습을 고려해 북방[알타이] 문화와 관련짓는 견해도 있었다.

그러나 말다래 본연의 기능을 생각할 필요가 있다. 마구로써 만들어져 그려진 그림에 말이 아닌 기린이 도상으로 들어간다는 것은 왠지 어색하다. 기린의 뿔이라고 주장한 것도 말의 이마 또는 정수리 쪽 앞갈기를 위로 모아 올린 장식적 요소로 파악할 수 있다는 반론도 있다. 중국 남북조시대의 기린 도상이 말과 유사하다는 분석을 참고하면, 천마총 출토 말다래에 그려진 동물은 '천마'일 가능성이 여전히 크다고 생각한다.

〈그 밖의 출토 유물〉

천마총에서도 금관이 출토되었다. 출자형出字形 금관이지만, 정면의 세움 장식은 황남대총 금관보다 1단 높은 4단이다. 나뭇가지 모양의 전면과 사슴뿔 모양의 측면 세움 장식에 곱은옥과 달개가 가득 달려 있어 출토된 신라 금관 중에서도 화려한 편에 속한다. 관테의 아래에는 1쌍의 드리개가 있는데, 가는 고리 아래쪽으로 귀걸이 형태의

길고 짧은 장식 2개를 매달
았다.

　금제 관모와 관모 장식
[관식冠飾]도 출토되었다. 관
모는 마름모·T자·반고리형
등 각종 무늬를 맞새김[투조
透彫]한 금판을 결합하여 만
들었다. 관모의 아랫부분에
일정하게 구멍이 뚫려 있어
끈으로 꿰어 얼굴에 고정했
음을 알 수 있다. 관모의 앞
부분에 꽂아 결합시키는 구
조의 새 날개 모양 금제 관모
장식도 세트로 출토되었다.
관모 장식에는 동그랗고 얇
은 금판으로 만든 달개가 가
득 달려 있어 장식적 효과를
극대화했다. 나비 모양의 금
제 관모 장식도 함께 출토되
었다.

| 천마총 출토 금제 관모(국립경주박물관)

| 관모 아랫부분의 구멍

　황남대총과 같이 가슴
꾸미개도 출토되었는데, 실제로 황남대총 북분 출토품과 비슷하다.
푸른색과 연녹색의 유리구슬과 금구슬을 6줄로 꿰어 만들었다. 중간
양쪽에 비취빛 곱은옥이 있고, 드리워진 맨 아랫부분에 좀 더 큰 곱은
옥을 매달았다.

　이 외에도 금제 귀걸이 등 각종 장신구와 유리구슬로 만든 목

걸이 제품 등의 장신구도 다량으로 발굴되었다. 세고리자루큰칼(90cm)과 금동제 봉황장식 고리자루큰칼(97cm)도 각각 1점씩 출토되었다.

목관의 동쪽에 있는 부장품 궤에서도 굽다리긴목항아리 등 각종 토기류와 금동제 그릇이 출토되었다. 또한 고구려의 영향을 받은 청동 용기류와 서역계 로만글라스 유리잔도 2점 출토되었다.

〈무덤의 주인공〉

천마총에 묻힌 주인공으로는 출토 유물의 편년을 고려하여 소지왕(479~500)이나 지증왕(500~514)으로 추정하는 견해가 다수이다. 황남대총과의 분포 관계와 규모를 감안하여 천마총의 피장자를 왕의 동생으로 파악하기도 한다. 어느 경우이든 아직까지 분명하게 단언할 만한 수준은 아니다.

### 호우총, 신라 수도에서 발견된 광개토왕의 유물

〈발굴 경위〉

1943년 4월 3일, 경주읍내 노서리에 사는 김씨가 정원 앞바닥에서 호박을 심다가 장신구 10여 점을 발견하였다. 이것이 계기가 되어 광복 후인 1946년 5월 2일 국립박물관이 이곳을 재발굴하였다. 광복 후 우리 단독으로 실시한 첫 발굴이었다. 다만 고분은 민가 건축으로

| 호우총과 서봉총이 있는 경주 노서리 고분군(2014년)

이미 오래 전에 파괴되어 봉분은 거의 남아 있지 않은 채 약 2m 정도 높이의 대지만 남아 있는 상태였다.

발굴을 시작한 지 10여 일이 지난 5월 14일, 목관 안에서 16자의 글자가 양각으로 주조된 청동 호우가 출토되었다. 나중에 '호우총壺杅塚'이라는 무덤의 이름까지 붙여준 간판 유물이었다.

〈청동 호우와 역사적 의미〉

청동으로 만든 호우는 뚜껑과 몸체가 거의 완전한 형태로 출토되었다. 그런데 놀랍게도 몸체 바닥에 16자의 글자가 너무도 선명하게 주조된 형태로 남아 있었다. 명문은 "乙卯年國罡上廣開土地好太王壺杅十"이다. 내용은 '을묘년乙卯年에 [만든] 국강상광개토지호태왕國罡上廣開土地好太王의 호우'란 의미이다. '十'은 호우의 제작 숫자[10

| 호우총 출토 청동 호우(국립중앙박물관)

번째]를 의미하는 것인지, 길상吉祥을 의미하는 부호인지 분명하지 않다.

　'국강상광개토지호태왕'은 광개토왕의 시호이다. 따라서 을묘년은 415년임이 유력하다. 실제로 호우에 새겨진 글자는 414년에 건립된 광개토왕비의 글씨체가 거의 같다. 415년은 광개토왕이 죽은 지 3년 째 되는 해이다. 고구려의 장례가 3년상이라는 점을 감안하면, 호우는 광개토왕의 장례의식과 관련해서 제작되었을 가능성이 크다. 문제는 신라의 수도 경주의 무덤에서 고구려 광개토왕의 이름이 새겨진 유물이 출토되었다는 것이다. 그것이 가지는 의미가 무엇일까?

　일단 이 청동 호우는 고구려 제품임이 분명하다. 따라서 고구려에서 신라로 반입되어 무덤에 부장된 것으로 보아야 한다. 그렇다면 누가 언제 호우를 가져왔을까? 먼저 광개토왕의 장례의식에 참여한 신라 사신이 가져왔을 가능성이 있다. 실성왕(402~417)이 즉위 전에 고구려에 볼모로 있다가 고구려의 지원을 받아 즉위했으므로, 광개토왕이 죽은 후 고구려가 실성왕에게 보냈을 것이라는 추정도 가능하다. 또한 눌지왕의 동생 복호가 고구려 인질로 갔다가 418년에 신라로 귀국하면서 가져왔을 가능성도 배제할 수 없다.

무덤의 부장품은 피장자와 밀접한 관련성이 있게 마련이다. 피장자가 생전에 애용했다거나, 국왕일 경우 통치업적과 관련되어 있을 가능성이 매우 크다. 따라서 신라가 제사용구로 추정되는 물건을 고구려 광개토왕의 이름이 새겨진 것으로 사용했거나 무덤에 부장한 행위는 고구려와의 관련성을 떠나서는 달리 해석할 방도가 없다.

『삼국사기』와 『삼국유사』에는 나물왕(356~402)과 실성왕, 실성왕과 눌지왕(417~458) 사이에 정치적 갈등이 심했고, 고구려의 지지 여부에 따라서 신라 국왕의 즉위가 결정되는 내용이 사실적으로 전한다. 나물왕~눌지왕대 신라의 수도와 국방상의 요충지에는 고구려 군사단이 주둔해 있었다. 왜倭가 신라에 쳐들어와 나물왕이 고구려에 군사 원조를 요청하자 광개토왕이 400년에 5만의 대군을 신라에 보내 구원해 준 이후 일부가 남아 주둔했을 가능성이 있다. 결국 호우총 출토 호우는 실성왕~눌지왕 즉위 전후 신라가 고구려에 종속적 간섭을 받았던 실물자료로서의 의미를 가진다.

〈기타 출토 유물〉

호우총에서는 청동 호우 외에도 다양한 유물이 출토되었다. 다만 무덤의 규모가 적석목곽분으로서는 중·소형급이어서 다른 고분에 비해서 출토량이 많지는 않다.

금동관과 금제 가는고리 귀걸이, 곡옥이 달린 유리구슬 목걸이, 금팔찌 1쌍과 금·은반지 각각 5쌍, 은제 허리띠 등의 장신구가 출토되었다. 또한 금동제 환두대도가 출토되었는데, 손잡이 머리장식인 환두 안에 한 마리의 용 조각이 있는 독특한 것이다. 이들 모두는 목관 안에서 출토된 것으로 볼 때 무덤의 피장자가 착용하거나 소유했던 것으로 추정된다.

## 서봉총, 은합은 누가 만든 것인가

| 서봉총 전경(문화재청 국가문화유산포털)

〈발굴 경위〉

서봉총은 일제강점기인 1926년 7월~9월 중 54일간에 걸쳐 경주시 노서동에서 조선총독부가 파견한 고이즈미 아키오(小泉顯夫)의 주도하에 발굴되었다. 서봉총의 발굴이 진행되고 있을 때 스웨덴의 구스타프 아돌프(Gustaf Ⅵ Adolf) 황태자 부부가 일본을 방문 중이었는데, 황태자가 고고학에 관심이 많다는 것을 안 일본은 마침 경주에서 발굴되고 있었던 발굴 현장에 이들을 방문하도록 계획하였다. 그래서 당시 일본 교토대학 교수였던 하마다 고사쿠(濱田耕作)가 황태자를 안내하여 발굴 현장에서 함께 작업을 하게 되었다. 고분의 이름이 '서봉총瑞鳳塚'으로 불리게 된 것도 스웨덴(서전瑞典)의 '서瑞'와 고분에서 출토된 금관의 봉황장식에서 '봉鳳'자를 한 글자씩 따서 붙인 것이다.

서봉총을 발굴한 결과 금관총과 금령총에 이어 3번째로 금관이 출토되었다. 서봉총 금관에는 세움 장식에 다른 금관에서는 찾아볼 수 없는 3마리의 새모양 장식이 있어 특징적이다. 금관의 소유 인물과 관련이 있을 법하다. 이에 지증왕의 어머니 조생부인鳥生夫人과 관련지은 연구자도 있다. '새가 낳은 부인'이므로 금관의 소유주이자 서봉총의 피장자로 본 것이다.

| 서봉총 출토 금관(국립경주박물관)

| 서봉총 금관의 새장식

그 외에도 금제 허리띠, 반지, 귀걸이, 유리제 팔찌 등 다량의 장신구류 유물이 출토되었다. 또한 부장용 유물인 은합, 철부, 칠기, 유리잔, 청동제 초두와 각종 마구류 등이 함께 출토되었다. 그러나 정식 발굴보고서가 발간되지 못해서 금관과 명문이 새겨진 은합만이 주목을 받았다.

서봉총에서 발견된 은합에 명문이 새겨져 있음을 알게 된 것도 발굴로부터 수년이 지난 1932년의 일이었다. 은합에는 밑바닥과 뚜껑 안쪽에 각각 19자와 22자의 명문이 새겨져 있다.

┃ 서봉총 출토 은합 뚜껑(국립중앙박물관)

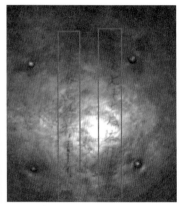
┃ 서봉총 은합 뚜껑 안의 명문

(밑바닥)
延壽元年太歲在辛
三月口太王敬造合杅
三斤

(뚜껑안)
延壽元年太歲在卯三月中
太王敬造合杅用三斤六兩

　　명문의 내용은 뚜껑 안과 밑바닥을 조합해야만 해석이 된다. 왜냐하면 은합의 제작시기를 나타내는 연간지인 '신묘辛卯'를 나누어서 표기했기 때문이다. 이에 각각에 새겨진 명문을 합치면, "연수延壽 원년元年, 태세太歲는 신묘년辛卯年 3월 중에 태왕太王께서 합우合杅를 만드셨다. [은銀] 3근斤 6량兩을 썼다" 정도로 해석이 가능하다.

〈은합의 제작 주체와 제작시기〉

서봉총에서 출토된 은합을 둘러싼 연구상의 쟁점은 연호인 '연수延壽 원년元年'과 간지干支 '신묘년辛卯年'이 의미하는 은합의 제작시기와 태왕太王의 실체, 곧 은합의 제작을 명령했던 주체가 누구였느냐하는 데로 귀결된다.

먼저 은합의 제작 주체와 시기는 ① 고구려 고국양왕 8년(391)설, ② 고구려 장수왕 39년(451)설 / 신라 눌지왕 35년(451)설, ③ 신라 지증왕 12년(511)설로 나뉜다. 현재 고구려 장수왕 39년(451)설이 가장 많은 지지를 받고 있다. '연수延壽' 연호를 장수왕과 관련짓고, 1946년 호우총에서 출토된 청동 호우가 고구려산으로 규명되면서 서봉총 은합도 고구려 제품으로 추정한 것이다.

그러나 호우총 청동 호우와 서봉총 은합의 제작 주체와 시기를 관련짓기에는 재질[청동·은]과 제작방식[주조·단조], 그리고 명문의 새김방식[주출·선각] 등에서 양자 간의 차이가 확연하다. 곧 호우총 청동 호우는 재질이 청동이고, 주물 틀에서 찍어낸 주조 방식이고, 명문도 주조과정에서 생성된 주출鑄出 방식이다. 반면에 서봉총 은합은 은 재질이며, 은판을 단조 방식으로 두드려서 만들었고, 명문도 뾰족한 것으로 새긴 선각線刻 방식으로 되어 있다. 고구려에서는 아직까지 서봉총 은합과 같은 단조 방식으로 제작된 합이 없고, 재질상 은합의 출토 사례도 보고된 바 없다.

신라사에서 '태왕'호를 사용한 시기는 「울주 천전리 각석」(535년) 등 현전하는 금석문상으로는 법흥왕(514~540) 이후가 분명하다. 하지만 지증왕(500~514)이 재위 4년에 '신라국왕新羅國王'호를 칭한 것은 실질적으로는 '태왕太王'호의 의미와 부합한다. 지증왕이 모량부 상공의 딸을 '황후皇后'로 봉한 것은 그 자신이 표방한 황제관념의 산물에 다름 아니다. 물론 '건원建元'이 법흥왕 대에 대내외에 공식적으로 천명한 첫 연호임을 부정할 수는 없다. 다만 '연수'가 지증왕의 비공식적인 연호 내지 역사서에 남아 있지 않은 연호일 가능성도 남아 있다.

### 〈연수 연호의 의미〉

'연수延壽'는 글자 그대로 '수명을 연장함'의 뜻이면서, 도교에서 추구하는 불로장생의 표현인 '연년익수延年益壽'의 줄임말이다. 그동안에는 장수왕長壽王의 시호 때문에 연수 연호를 장수왕대의 것으로 쉽게 생각하였다. 하지만 신묘년인 451년 당시 장수왕은 재위 39년차의 40대 왕이었다[장수왕은 491년 98세에 사망하였다]. 반면에 지증왕은 즉위 당시 이미 64세의 고령이었다. 그렇다면 누가 더 '연수'를 갈망했을까?

### 〈서봉총의 재발굴 성과〉

서봉총은 일제강점기에 발굴된 지 90년 만인 2016~2017년 국립중앙박물관의 주도로 다시 발굴·조사하였다. 일제강점기 때 조사가 매장 주체부에 집중된 반면 재발굴에서는 봉분의 내·외곽까지 조사 범위를 확장하였다.

발굴 조사 결과 서봉총은 대형인 북분과 소형인 남분이 붙어 있는 구조로 밝혀졌다. 북분의 장축은 46.7m이고, 남분은 봉토와 매장 주체부가 북분의 절반 정도이다. 북분의 매장 주체부는 지상식이고, 남분은 이와 달리 지하식으로 밝혀졌다. 한편 북분과 남분의 호석 바깥 가장자리를 따라 매장 후 제사를 지낸 토기가 출토되었다. 출토량은 북분 8기, 남분 9기이다. 또한 남분에는 호석 바깥에 5.2m×3.3m 크기의 제단으로 추정되는 석단이 출토되었다.

서봉총의 주인공도 베일에 가려진 채 여전히 논란 중이다. 향후

서봉총 고분과 출토 유물이 담고 있는 종합적인 의미가 재조명되기를
기대한다.

# 참고문헌

## 1부 • 정치·사회사로 본 고대사

국립공주박물관, 『무령왕릉을 격물하다』(무령왕릉 발굴40주년 기념 특별전), 2011.

권오영, 『고대 동아시아 문명교류사의 빛』, 돌베개, 2005.

김기흥, 『천년의 왕국 신라』, 창작과 비평사, 2000.

김기흥, 『고구려 건국사』, 창작과 비평사, 2002.

김두진, 『한국고대의 건국신화와 제의』, 일조각, 1999.

김두진, 「단군에 대한 연구의 역사」, 『한국사시민강좌』, 27, 일조각, 2000.

김두진, 『삼국시대 불교신앙사 연구』, 일조각, 2016.

김재원, 『단군신화의 신연구』, 1947 : 『한국과 중국의 고고미술』, 문예출판사, 2000.

김태식, 『직설 무령왕릉』, 메디치, 2016.

김현숙, 『고구려의 영역지배방식 연구』, 도서출판 모시는사람들, 2005.

노중국, 「백제사의 재인식」, 『한국고대사론』, 한길사, 1988.

노중국, 『백제정치사연구』, 일조각, 1988.

노중국, 『백제사회사상사』, 지식산업사, 2010.

노중국, 『백제의 대외교섭과 교류』, 지식산업사, 2012.

노태돈, 「고구려의 성립과 변천」, 『한국고대사론』, 한길사, 1988.

노태돈, 『고구려사 연구』, 사계절, 1999.

노태돈, 「고조선 중심지의 변천에 대한 연구」, 『단군과 고조선사』, 사계절, 2000.

노태돈, 「위만조선의 정치구조」, 『단군과 고조선사』, 사계절, 2000.

노태돈, 「역사적 실체로서의 단군」, 『한국사시민강좌』, 27, 일조각, 2000.

동북아역사재단 편, 『고구려의 정치와 사회』, 2007.

동북아역사재단 편, 『고구려를 찾아서』, 2009.

동북아역사재단 편, 『고조선 단군 부여』(개정판), 동북아역사재단, 2015.

문창로, 「부여의 왕과 제천의례」, 『북악사론』, 10, 북악사학회, 2003.

문창로·이종태·여성구·장일규·남무희·장창은, 『주제별로 접근한 한국고대의 역사와 문화』, 국민대
학교 출판부, 2006.

박광용, 「단군신앙의 어제와 오늘」 『한국사시민강좌』 27, 일조각, 2000.

서영대, 「전통시대의 단군인식」 『단군과 고조선사』, 사계절, 2000.

서영대, 「단군 : 국가의 시조, 민족의 시조」 『한국사인물열전』 1, 돌베개, 2004.

서영수, 「고조선의 위치와 강역」 『한국사시민강좌』 2, 일조각, 1988.

서울역사편찬원, 『쉽게 읽는 서울사』(고대편), 2018.

송호정, 『한국고대사 속의 고조선사』, 푸른역사, 2002.

송호정, 「위만, 고조선을 고대의 정복국가로 중흥시킨 왕」 『한국사 인물열전』 1, 돌베개, 2004,

송호정, 『단군, 만들어진 신화』, 산처럼, 2004.

송호정, 『처음 읽는 부여사』, 사계절, 2015.

심재훈, 『고대 중국에 빠져 한국사를 바라보다』, 푸른역사, 2016.

엄기표, 『정말 거기에 백제가 있었을까』, 고래실, 2004.

이근우, 『고대 왕국의 풍경, 그리고 새로운 시선』, 인물과사상사, 2006.

이기백, 「고조선의 국가 형성」 『한국사시민강좌』 2, 일조각, 1988.

이도학, 『고구려 광개토왕릉비문 연구』, 서경, 2006.

이상훈, 『신라는 어떻게 살아남는가』, 푸른역사, 2015.

이한상, 「지석에 새겨진 무령왕 부부의 삶과 죽음」 『고대로부터의 통신』, 푸른역사, 2004.

이희진, 『전쟁의 발견』, 동아시아, 2004.

임기환, 「100년 동안의 논쟁, 광개토왕릉비」 『고대로부터의 통신』, 푸른역사, 2004.

임기환, 『고구려 정치사 연구』, 한나래, 2004.

장창은, 「신라 박씨왕실의 분기와 석씨족의 집권과정」 『신라사학보』 창간호, 2004.

장창은, 『신라 상고기 정치변동과 고구려 관계』, 신서원, 2008.

장창은, 『고구려 남방 진출사』, 경인문화사, 2014.

장창은, 「고구려의 한성 공격과 한강 유역 지배」 『서울2천년사』 6, 서울역사편찬원, 2015.

전덕재, 『이슈와 쟁점으로 읽는 한국고대사』, 역사산책, 2018.

젊은역사학자모임 지음, 『욕망 너머의 한국 고대사』, 서해문집, 2018.

주보돈, 『신라 지방통치체제의 정비과정과 촌락』, 신서원, 1998.

채미하, 「신라 국호의 양상과 '계림'」 『신라사학보』 37, 2016.

최광식, 『우리 고대사의 성문을 열다』, 한길사, 2004.

최종택, 『아차산 보루와 고구려 남진경영』, 서경문화사, 2013.

한국고대사학회 편, 『우리시대의 한국고대사』 1·2, 주류성, 2017.

한국역사연구회, 『한국고대사산책』(전면개정판), 역사비평사, 2017.

## 2부 • 생활·문화사로 본 고대사

강인욱, 『춤추는 발해인』, 주류성, 2009.

국립부여박물관, 『백제인과 복식』, 2005.

김덕원, 『신라중고정치사연구』, 경인문화사, 2007.

김문자, 「우리 옷의 기본형과 시대적 변천」 『옷차림과 치장의 변천』(한국문화사9), 국사편찬위원회 편, 두산동아, 2006.

김선주, 「개방적인 성, 혼인의 폐쇄성」 『혼인과 연애의 풍속도』(한국문화사1), 국사편찬위원회 편, 두산동아, 2005.

노중국, 『백제사회사상사』, 지식산업사, 2010.

문창로·이종태·여성구·장일규·남무희·장창은, 『주제별로 접근한 한국고대의 역사와 문화』, 국민대학교 출판부, 2006.

박종진, 「땅에서 나는 우리 음식재료」 『자연과 정성의 산물, 우리 음식』(한국문화사10), 국사편찬위원회 편, 두산동아, 2006.

박태호, 『장례의 역사』, 서해문집, 2006.

송기호, 『시집가고 장가가고(가족과 의식주)』, 서울대학교출판문화원, 2009.

송기호, 『이 땅에 태어나서(한국인의 삶과 죽음)』, 서울대학교출판문화원, 2009.

장창은, 「사랑을 위한 왕의 야간 잠행—소지왕과 벽화」 『신라속의 사랑 사랑 속의 신라』, 신라사학회 편, 경인문화사, 2006.

전호태, 『고구려 고분벽화의 세계』, 서울대학교 출판부, 2004.

조범환, 『우리 역사의 여왕들』, 책세상, 2000.

한국생활사박물관 편찬위원회, 『한국생활사박물관』 2(고조선생활관), 사계절, 2000.

한국생활사박물관 편찬위원회, 『한국생활사박물관』 3(고구려생활관), 사계절, 2001.

한국생활사박물관 편찬위원회, 『한국생활사박물관』 4(백제생활관), 사계절, 2001.

한국생활사박물관 편찬위원회, 『한국생활사박물관』 5(신라생활관), 사계절, 2001.

한국역사연구회, 『삼국시대 사람들은 어떻게 살았을까』(개정판), 청년사, 2005.

히스토리카 한국사 편찬위원회, 『HISTORICA히스토리카 한국사』(신라+가야), 이끌리오, 2009.

# 3부 · 유물·유적으로 본 고대사

〈연구논문 및 저서〉

강종원, 『백제 국가권력의 확산과 지방』, 서경문화사, 2012.

김낙중, 「백제의 도성」 『삼국시대 고고학개론』 1(도성과 토목 편), 대한문화재연구원 엮음, 진인진,
　　　2014.

김병모, 『금관의 비밀』(개정판), 고려문화재연구원, 2012.

노중국, 『백제사회사상사』, 지식산업사, 2010.

동북아역사재단 편, 『고구려를 찾아서』, 2009.

동북아역사재단, 『고구려 유적의 어제와 오늘-고분과 유물』 1, 2009.

동북아역사재단, 『고구려 유적의 어제와 오늘-도성과 성곽』 1, 2009.

박상진, 『역사가 새겨진 나무이야기』, 김영사, 2004.

배기동, 「세계 구석기 역사의 지형도를 바꾸다: 연천 전곡리 유적」 『천 번의 붓질 한 번의 입맞춤』,
　　　진인진, 2009.

백종오, 『고구려 남진정책 연구』, 서경, 2006.

백종오, 『남녘의 고구려 문화유산』, 서경, 2006.

서영일, 「삼국 항쟁과 아차산성」 『아차산성』, 광진구·광진문화원, 2014.

서울특별시사편찬위원회, 『한성백제사』 3 - 왕도와 방어체계, 2008.

아즈마 우시오(東潮)·다나카 도시아키(田中俊明) 지음 ; 박천수·이근우 옮김, 『고구려의 역사와 유
　　　적』, 동북아역사재단, 2008.

양시은, 『고구려 성 연구』, 진인진, 2016.

여호규, 「고구려 도성의 구조와 경관의 변화」 『삼국시대 고고학개론』 1(도성과 토목 편), 대한문화재
　　　연구원 엮음, 진인진, 2014.

이강승, 「한반도 빗살무늬토기문화의 자취: 강동 암사동 유적」 『천 번의 붓질 한 번의 입맞춤』, 진
　　　인진, 2009.

이건무, 「철을 생산하여 국제무역을 주도하다: 창원 다호리무덤 유적」 『천 번의 붓질 한 번의 입맞
　　　춤』, 진인진, 2009.

이건무·조현종, 『선사 유물과 유적』, 솔, 2003.

이기환, 「30만년 전으로 떠나는 구석기 여행」 『분단의 섬 민통선』, 책문, 2009.

이남규, 「풍납토성 발굴의 성과와 의미」 『한국사 시민강좌』 44, 일조각, 2009.

이내옥, 『백제미의 발견』, 열화당, 2015.

이병호, 『내가 사랑한 백제』, 다산초당, 2017.

이은석, 「황금과 예술의 시대, 쌍둥이무덤에서 기지재를 켜다: 경주 황남대총 유적」『천 번의 붓질 한 번의 입맞춤』, 진인진, 2009.

이한상, 『황금의 나라 신라』, 김영사, 2004.

이현숙, 「공산성 신출토 명문자료」『목간과 문자연구』 14, 한국목간학회, 주류성, 2015.

장창은, 『신라 상고기 정치변동과 고구려 관계』, 신서원, 2008.

장창은, 『고구려 남방 진출사』, 경인문화사, 2014.

장창은, 「서봉총 출토 은합의 성격 재검토」『한국학논총』 43, 국민대 한국학연구소, 2015.

장창은, 「고구려의 한성 공격과 한강 유역 지배」『서울2천년사』 6, 서울역사편찬원, 2015.

장창은, 「고구려와의 관계」『신라의 대외관계와 국제교류』(신라 천년의 역사와 문화 12), 경상북도, 2016.

정원철, 『고구려 산성 연구』, 동북아역사재단, 2017.

조유전·이기환, 『고고학자 조유전의 한국사 미스터리』, 황금부엉이, 2004.

조유전·이기환, 『한국사기행』, 책문, 2010.

조효식, 「삼국시대 성곽과 방어체계」『삼국시대 고고학개론』 1(도성과 토목 편), 대한문화재연구원 엮음, 진인진, 2014.

최종택, 「남한지역 고구려고분의 구조특징과 역사적 의미」『한국고고학보』 81, 한국고고학회, 2011.

최종택, 『아차산 보루와 고구려 남진경영』, 서경문화사, 2013.

한국역사연구회, 『한국고대사산책』(전면개정판), 역사비평사, 2017.

한성백제박물관, 『한성백제의 왕궁은 어디에 있었나』(백제학연구총서 쟁점백제사 3), 2014.

한성백제박물관, 『백제, 한성에서 웅진으로』(백제학연구총서 쟁점백제사 11), 2017.

한창균, 「동굴 속에서 발견한 구석기인의 삶과 자취: 제천 점말동굴 유적」『천 번의 붓질 한 번의 입맞춤』, 진인진, 2009.


〈발굴보고서 및 전시도록〉
경기도박물관, 『임진강』, 2009.

고려문화재연구원, 『연천 강내리유적』, 2012.

국립경주박물관, 『신라황금』, 2001.

국립경주박물관, 『천마, 다시 날다』, 2014.

국립공주박물관, 『백제 사마왕』, 2001.

국립공주박물관, 『무령왕릉을 격물하다』, 2011.

국립문화재연구소, 『남한의 고구려 유적』, 2006.

국립부여박물관·충청남도 역사문화원, 『그리운 것들은 땅속에 있다』, 2007.

국립부여박물관, 「백제 중흥을 꿈꾸다―능산리사지」, 2010.

국립제주박물관, 『제주의 역사와 문화』, 통천문화사, 2005.

국립중앙박물관, 『갈대밭 속의 나라 茶戶里-그 발굴과 기록-』, 2008.

국립중앙박물관, 『황금의 나라 신라의 왕릉 황남대총』, 2010.

국립중앙박물관, 『문자, 그 이후 한국고대문자전』, 2011.

국립중앙박물관, 『한국의 도교문화 행복으로 가는 길』, 2013.

국립중앙박물관, 『세계유산 백제』, 2016.

국립진주박물관, 『국제무역항 늑도와 하루노쓰지』, 2016.

김재원, 『호우총과 은령총』, 국립박물관, 을유문화사, 1946.

동삼동패총전시관, 『동삼동 패총문화』, 2008.

중원문화재연구원, 『충주 두정리 유적』, 2010.

한성백제박물관, 『백제의 왕궁』, 2014.

『계간 한국의 고고학』 37, 2017, 주류성 출판사.

# 찾아보기

# 한국고대사 탐색의 세 가지 시선

2019년 2월 18일 1쇄 인쇄 | 2019년 2월 28일 1쇄 발행

지은이 장창은

펴낸이 한정희
총괄이사 김환기
편집·디자인 김지선 박수진 유지혜 한명진
마케팅 전병관 유인순 하재일

펴낸곳 역사인
출판신고 제313-2010-60호(2010년 2월 24일)

주소 경기도 파주시 회동길 445-1 경인빌딩 B동 4층
대표전화 031-955-9300  팩스 031-955-9310
홈페이지 www.kyunginp.co.kr  전자우편 kyungin@kyunginp.co.kr

ISBN 979-11-86828-14-4 93300
값 25,000원